# Planète maternage

Catherine Piraud-Rouet

# Planète maternage

## Choisir d'élever ses enfants autrement



Marabout

# Sommaire

*« L'espoir qui reste à l'humanité, c'est qu'un jour les parents puissent vraiment agir dans l'intérêt des enfants, qu'ils deviennent assez conscients pour être du côté de l'enfant et pour l'aider à se développer dans la liberté, l'intelligence et l'amour. »*

A.S. Neill

*« Quand le dernier arbre sera abattu, la dernière rivière empoisonnée, le dernier poisson capturé, tu t'apercevras que l'argent ne se mange pas. »*

Proverbe indien

# Introduction

## I – Le maternage « proximal », une tendance neuve qui vient de loin

Dans les années 1950, le psychologue américain Harry Harlow émit un jour une hypothèse audacieuse. Et si les bébés singes passaient tant de temps dans les bras maternels non pas pour s'assurer un accès au lait, mais par pur et simple besoin d'amour ? Pour approfondir sa théorie, Harlow joignit à des petits singes en cage deux fausses mamans en grillage, dont la forme rappelait le corps d'une femelle. La première avait été affublée de mamelles en plastique, reliées à un récipient contenant du lait maternel. La seconde n'offrait aucune nourriture, mais était recouverte d'une chaussette de laine cachant une résistance électrique. Objectif : simuler le contact et la chaleur du corps de la mère.

Ce qu'il constata alors le stupéfia : les quadrupèdes ne quittèrent presque pas les bras de la fausse « maman-chaussette », ne s'en séparant que pour courir se nourrir aussi vite que possible, afin de retrouver au plus tôt l'« affection » qu'elle leur procurait [1]. La dimension biologique du besoin de contact entre un

1. Harlow, Harry F., *The Nature of Love*, Presses de l'université du Wisconsin, 1958. Initialement publié dans la revue *American Psychologist*, n° 13, p. 673-685.

bébé – singe ou humain – et sa mère devenait une réalité indéniable. En corollaire, étaient mises en évidence les conséquences généralement dramatiques de l'isolement des petits mammifères – dont nous faisons partie – après leur naissance.

Un demi-siècle après ces expériences, les travaux de Harlow, ainsi que d'autres, au premier rang desquels ceux de René Spitz [1], de John Bowlby [2], ou encore ceux de Jenny Aubry [3], sont toujours les bases fondatrices de la notion d'attachement précoce mère-enfant, laquelle sous-tend ce qu'on nomme en français le « maternage proximal », ou maternage « intensif ».

Que recouvre ce terme un rien obscur, traduction approximative de l'*attachment parenting* (littéralement : « parentage encourageant l'attachement »), cher aux Anglo-Saxons ? Au-delà de la définition classique du maternage – les soins et l'attention portés à un enfant –, le maternage proximal est axé sur la recherche d'un resserrement du lien primal mère-enfant. Qu'elles choisissent de dormir avec leur(s) enfant(s), de les allaiter des années durant, de ne jamais les punir ou de ne pas les mettre à l'école, les maternantes prennent, à des degrés divers, le contre-pied d'un modèle sociétal qui prône le « se séparer pour grandir » du pédopsychiatre Marcel Rufo, la scolarisation dès deux ans, ou encore (moins fréquent qu'auparavant) le sevrage alimentaire précoce.

À ce credo du respect de l'enfant s'en ajoute un second : celui du respect de l'environnement et de l'indispensable préservation de la planète. Gestion stricte des déchets, éviction des produits jetables, consommation solidaire, voire limitée au

---

1. Spitz, René, *De la naissance à la parole : La première année de la vie*, PUF, 1968, et *Le Non et le Oui*, PUF, 1962.
2. Bowlby, John, *Attachement et perte*, PUF, 1978.
3. Aubry, Jenny, « La Carence de soins maternels » et « Psychanalyse des enfants séparés », in *Études cliniques 1952-1986*, préface d'Élisabeth Roudinesco, Denoël, 2003.

minimum : les maternantes sont aussi, et de manière indissociable, des « mamans nature ».

## II – Un mode d'éducation qui a le vent en poupe

L'expression *attachment parenting* a été forgée à l'orée des années 2000 par le pédiatre américain William Sears, lui-même père de huit enfants et auteur, avec son épouse Martha (animatrice du réseau Leche League), d'une vingtaine de guides de puériculture à succès [1]. Le maternage, né outre-Atlantique, a trouvé de fortes résonances dans les pays d'Europe du Nord (Allemagne, Belgique, pays scandinaves surtout) bien avant de se faire connaître chez nous. « Cela s'explique aisément si l'on considère que dans les pays protestants, les notions de contact physique et de plaisir charnel – car c'est bien de cela qu'il s'agit ici – sont moins taboues que dans les pays latins comme le nôtre. Mais aussi parce que la culture, beaucoup plus pragmatique et individualiste qu'au sud de l'Europe, permet aux gens de se placer plus facilement en retrait des diktats, notamment médicaux », explique Yvonne Knibiehler, professeure émérite à l'université d'Aix-en-Provence et historienne des femmes et de la maternité [2]. « Dans les pays latins, plus collectivistes, on ne va pas s'intéresser aux besoins de l'enfant, mais à ceux de la famille, censée pourvoir aux besoins de celui-ci », poursuit-elle.

Toutefois, l'essor d'Internet a gommé les frontières et permis à la philosophie de l'éducation « respectueuse » et du maternage nature de pénétrer certains foyers français. De nombreux sites

1. Sears, Martha et William, *The Attachment Parenting Book : A Commonsense Guide to Understanding and Nurturing Your Child*, New-York, Little Brown and Company, 2001.
2. Knibiehler, Yvonne, *Histoire des mères et de la maternité en Occident*, PUF, 2002, et *La Révolution maternelle depuis 1945*, Perrin, 1999.

ont vu le jour ces dernières années. La plupart, riches en témoignages et en références, et relayés par des forums de discussion, des blogs et des sites personnels, reçoivent chaque jour des milliers de visites.

En parallèle, les publications spécialisées sur le sujet se multiplient : guides de puériculture, traités d'éducation, brochures d'associations... Les maternantes dévorent les auteurs anglo-saxons comme les auteurs français.

Septembre 2006 a vu la naissance du premier magazine papier dédié au maternage, *Grandir autrement*, pour l'instant vendu uniquement sur abonnement ou par le biais de réseaux associatifs. Tous les deux mois, des centaines de lectrices – ainsi que quelques papas lecteurs ! – se délectent de ses recettes bio et végétariennes, et surtout de ses conseils en matière de couches lavables, d'écharpes de portage ou d'alternatives à la fessée. Le monde de l'écologie alternative s'est aussi enrichi, depuis le printemps 2007, du magazine *NéoSapiens*, qui promeut les initiatives individuelles dans le domaine de la protection de l'environnement et de l'action sociale et solidaire.

En corollaire à ce fourmillement intellectuel, des mamans maternantes de plus en plus nombreuses se regroupent de manière non plus virtuelle, mais réelle cette fois : associations, ateliers portage, massage, couches lavables ou allaitement maternel, loisirs avec leurs bambins... Le premier Salon du maternage s'est tenu à Paris en mars 2007, tandis qu'un nombre croissant de salons bio intègrent désormais un coin « éducation nature ».

Combien sont-elles ? Il est difficile de les compter, aucune structure officielle ne les recensant encore en tant que groupe sociologique, que ce soit en France ou à l'étranger. Un tel recensement est d'ailleurs délicat, vu que leur nombre est en essor constant. « Des associations comme la mienne (massage bébé, portage, allaitement, éducation alternative...), il s'en crée trois par mois rien qu'en région parisienne », estime Emmanuelle Sallustro, maman de quatre enfants, créatrice d'un site de ressources sur le maternage et responsable de l'association Idées pour les parents [1].

Une récente enquête donne néanmoins une idée de l'importance de cette sensibilité dans l'Hexagone [2]. Selon cette étude, menée par l'Association pour la biodiversité culturelle, au terme des travaux d'un groupe de recherche publiés fin 2006, la France compterait 17 % de « créatifs culturels » (soit tout de même quelque dix millions de personnes). Ces « créatifs culturels » qui, pour les deux tiers d'entre eux, seraient des femmes, pensent globalement et agissent localement autour de six axes. L'écologie et le développement durable (bio, consomm'action, méthodes naturelles de santé) ; la reconnaissance des valeurs dites féminines (empathie, coopération, rejet de la violence, autre idée de la réussite) ; le privilège donné à l'être sur le paraître, tant dans leur rapport aux autres qu'à l'argent ; la culture de la connaissance de soi (développement personnel, dimension spirituelle) ; l'implication individuelle et solidaire dans la société (source du social avec une dimension locale) ; enfin une grande ouverture culturelle (respect des différences, multiculturalisme...).

Dans ces valeurs, l'immense majorité des « mamans nature » se reconnaît au moins en partie. « Je suis pas mal attirée par la psychogénéalogie, la biologie totale, les constellations familiales... Tout ce côté de la psychologie encore mal connu », déclare Émilie, 26 ans. Ce qui les révolte ou qu'elles redoutent le plus ? « Les dérives sectaires, communautaristes et radicales en tous genres », précise Sabine, 35 ans. « L'individualisme et la course à la consommation, au mépris des valeurs humaines essentielles », renchérit Emmanuelle.

---

1. http://maternage.free.fr ; www.idees-parents.com
2. Worms, Jean-Pierre (dir.), *Les Créatifs culturels en France*, Éditions Yves Michel, 2007.

De fait, si l'étendue exacte des pratiques maternantes reste imprécise, le chiffre de 15 à 20 % des mamans intéressées de près ou de loin par celles-ci semble une estimation raisonnable. Pourtant, si le maternage demeure un mode de fonctionnement minoritaire, il ne s'apparente pas à un courant branché, surfant sur la mode bio-nature très en vogue aujourd'hui.

## III – Le maternage : un courant ancré dans l'histoire de la maternité

Pour tenter de comprendre dans quel terreau s'ancre le phénomène du maternage, il faut balayer l'histoire des mères depuis la fin de la Seconde Guerre mondiale. « Il y a eu trois générations de femmes entre cette période et la fin des années 1990 », précise Yvonne Knibiehler. Selon l'historienne, la première génération, entre 1950 et 1965, est celle dite « du baby-boom ». Une génération de mères désenchantées : les accouchements se font dorénavant à l'hôpital et non plus à la maison. Avec pour conséquence la disparition des rituels festifs qui accompagnaient la naissance, au profit d'une soumission aveugle aux médecins. Dans leur obsession de réduire la mortalité infantile, les accoucheurs multiplient les abus de pouvoir. Les accouchements se font à la chaîne, en position « gynécologique », ce qui intensifie considérablement la douleur des contractions et de l'expulsion. La discipline est de fer : les pères et les mères sont séparés, les mères et les enfants aussi : c'est le règne des nurseries obligatoires, avec le bébé apporté à heures fixes à sa mère pour un biberon ou, beaucoup plus rarement, pour une tétée. Pourtant, les femmes subissent leur sort sans protester, parce que la maternité est glorifiée.

À partir des années 1950, la diffusion de l'accouchement dit « sans douleur » du docteur Fernand Lamaze marque une relative amélioration, et dans les années 1970 Frédérick

Leboyer rend leur initiative aux parturientes, en ajoutant à l'accouchement la notion de « naissance sans violence ». Cette époque voit l'introduction de la psychologie dans la relation mère-bébé, notamment avec les travaux de Françoise Dolto.

La génération suivante, entre 1965 et 1980, est, toujours selon les termes d'Yvonne Knibiehler, la « génération du refus ». Plus question pour les femmes de subir la maternité telle qu'elle avait été vécue par leurs mères ! La crise de 1968 ouvre une voie royale à la contestation et libère le féminisme. Les féministes ont entre 25 et 30 ans, sont célibataires, sans enfants, instruites. Derrière Élisabeth Badinter et son essai *L'Amour en plus*[1], elles récusent l'instinct, voire l'amour maternel, se définissant comme des victimes de leur propre mère, considérée comme responsable de son sort et du leur. Pour elles, l'idéalisation de la maternité n'est qu'une baudruche masquant l'exploitation des femmes par les hommes. Elles revendiquent une maternité-privilège, librement choisie, et non une maternité-institution, obligatoire.

Insensiblement, leur action porte ses fruits : après avoir libéré la femme, par le double avènement de la contraception et de l'IVG, de la maternité-prison, les féministes redonnent quelque latitude à la mère. Elles recommencent – timidement – à allaiter leurs enfants, à les porter davantage, et même à les accepter dans leur lit la nuit, selon les circonstances. Elles organisent aussi les premières crèches parentales. Quant aux sages-femmes, assujetties au pouvoir médical pendant la génération précédente, elles reprennent le dessus.

La troisième génération de femmes, celle des années 1990, est la « génération du désir », selon Yvonne Knibiehler. La maîtrise de la conception invite à maîtriser de façon rationnelle ce qui échappe à toute raison. Elles veulent tout : à la fois une vie

---

1. Badinter, Élisabeth, *L'Amour en plus : histoire de l'amour maternel (XVII$^e$-XX$^e$ siècles)*, Flammarion, 1981 (rééd. 1997).

politique, sociale, professionnelle et une maternité heureuse. Mais, dans l'entreprise, elles se heurtent de plein fouet au « plafond de verre », qui bloque inexorablement la carrière des femmes sitôt qu'elles ont des enfants. De retour à la maison, elles se retrouvent à devoir poursuivre leur « double journée », les hommes n'ayant pas pris le relais qu'on aurait logiquement attendu d'eux pour les tâches ménagères et les soins aux petits.

Surtout, au retour de la maternité et, à plus forte raison, lorsqu'elles ont choisi de rester au foyer, les jeunes mamans sont prises dans une gangue de solitude et d'isolement extrême. Elles sont souvent éloignées de leur mère, privées de soutien familial et laissées face à des nuées de questionnements quant aux besoins de leurs bébés et à la façon d'y répondre. D'où une montée en flèche des *baby blues* et, plus grave, des dépressions *post-partum.*

L'irruption progressive d'Internet dans les foyers fait voler en éclats cette solitude, en recréant, de manière virtuelle, l'environnement matriarcal qui leur faisait tant défaut. Au détour d'un forum de discussion, certaines mamans découvrent que des questions qu'elles se posaient tout bas, face à un entourage ironique, voire hostile, trouvent un écho chez nombre de leurs semblables. « En découvrant que je n'étais pas la seule à ne pas laisser mon bébé pleurer, à allaiter avec bonheur et à pratiquer le portage peau à peau, j'ai sauté de joie », témoigne l'une d'elles.

Une quatrième génération de femmes est née, qui semble faire la synthèse des trois précédentes. *Primo*, un contexte de baby-boom *bis* (avec plus de 830 000 naissances en 2006, l'Hexagone est champion européen de la natalité). *Secundo*, une maîtrise de leur fécondité et une conscience de leurs droits bien ancrées. *Tertio*, le désir non plus simplement de porter des bébés en elles, mais de les maintenir le plus longtemps possible blottis dans leur chaleur, nourris de l'amour et de la sécurité dus aux petits mammifères qu'ils sont. Ces mamans « new age », au sens propre comme au sens figuré, sont pleinement conscientes non seulement des soins à apporter à la naissance et au bébé, puis à l'enfant, mais aussi à la manière globale de considérer la prise en compte de l'être humain qu'il est et de la planète qui l'accueille.

## 1 – Comment devient-on maternante ?

Certaines, comme Guenaëlle, maman d'un petit Tom de 6 mois, y sont venues tout naturellement avec la grossesse : « Enceinte, j'ai désiré une relation très intense avec mon bébé, et aujourd'hui j'ai envie de faire le meilleur "selon moi" ». Mais, pour la plupart, cette synthèse ne s'est pas faite en un jour. Dans l'immense majorité des cas, on ne naît pas maternante, on le devient, au terme d'un cheminement psychologique parfois long, voire douloureux.

### Témoignage

**« C'est la Leche League qui m'a ouvert les portes du maternage. »**
**Catherine Dumonteil-Kremer**

**Catherine Dumonteil-Kremer est consultante familiale en matière d'éducation non violente, éducatrice Montessori et animatrice en chant prénatal et familial, et auteure de *Élever son enfant... autrement*[1], l'un des ouvrages de référence en matière d'éducation « respectueuse » de l'enfant.**

« J'ai trois filles de 18, 13 et 12 ans. Si j'ai aimé passionnément ma première fille, ce n'était pas une relation de mammifère à mammifère, mais un maternage très intellectuel. Mon

---

1. Dumonteil-Kremer, Catherine, *Élever son enfant... autrement*, Sète, La Plage, 2003.

aînée a été élevée de manière on ne peut plus traditionnelle : lit séparé, punitions, récompenses. Seule chose ancrée dès le départ : pas de fessées. Je ne l'ai pas allaitée. Pour l'éduquer, je me sentais un peu démunie, je me laissais un peu ballotter par les avis des uns et des autres. J'étais très prise par mon travail d'alors, directrice d'un centre social dans les quartiers nord de Marseille, qui me passionnait.

« La lecture de *L'Art de l'allaitement maternel*, de la Leche League, a provoqué un déclic en moi. J'ignorais qu'un tel modèle pouvait exister : dormir avec son enfant, sur un plan psychanalytique, c'est une hérésie totale ! J'ai réalisé que je luttais contre un modèle naturel. Alors, j'ai allaité ma deuxième fille. Ça a tout changé. J'ai découvert un lien très fort par le contact physique de cet allaitement. Mais je n'étais pas encore très sûre de moi : j'avais l'impression que chaque jour d'allaitement gagné était une victoire sur moi-même. Je suis devenue enseignante quand elle avait huit mois. J'ai alors réalisé que je travaillais beaucoup trop et que c'était dommageable. J'ai pris un congé parental de six ans. Ma troisième est née à la maison et a été allaitée jusqu'au sevrage naturel. Du coup, ce fut une petite fille très indépendante, très sécurisée. »

De fait, il est rare que, dès le premier enfant, les mamans adoptent des pratiques souvent en totale contradiction avec ce qui est prôné par nombre de manuels de puériculture et, surtout, par leur entourage : coucher bébé dans une chambre séparée, le laisser pleurer, ne pas l'allaiter « trop longtemps » et ne pas « trop » le prendre dans les bras. Le tout assorti d'un mot d'ordre : ne pas lui inculquer les fameuses « mauvaises habitudes » ! Prendre le contre-pied de ce schéma dominant implique bien souvent non seulement de s'opposer frontalement aux directives plus ou moins larvées de sa mère ou de sa belle-mère, mais aussi d'effectuer une remise en question personnelle, parfois très profonde et intense. « Ce n'est qu'à la naissance de mon troisième enfant que je suis tombée dans la marmite du maternage, témoigne Emmanuelle Sallustro. Avant cela, j'ai allaité mes deux aînés neuf mois, mais à heures fixes. Je ne réfléchissais pas, mon travail était hyper important pour moi. En fait, je répétais ce que j'avais vécu avec ma mère. À la naissance de mon troisième, j'ai fait une dépression *post-partum* très profonde, qui a duré deux ans. Je me suis progressivement laissée gagner par des choses qui étaient enfouies en moi. Je me suis rendu compte que les enfants sont les thérapeutes de leurs parents. Le portage est arrivé quand j'étais enceinte de la quatrième. C'est la seule que j'ai vraiment maternée. »

Cette prise de conscience quasi psychanalytique se retrouve chez un nombre non négligeable de mamans. « Je pense que le maternage correspond chez certaines, moi la première, à quelque chose de réparateur, analyse Anne, 28 ans, maman d'une petite Fleur de 20 mois. Pour moi, l'allaitement et le "co-dodo", dans les premières semaines suivant la naissance notamment, viennent combler un manque issu de ma propre enfance, ainsi que la frustration de la césarienne. »

Pour d'autres mamans, la plongée progressive dans le maternage se veut une démarche avant tout logique. Elle peut être issue d'une réflexion sur l'ethnocentrisme : « Au fil des années et des enfants, j'ai fini par me dire que la façon dont étaient élevés la majorité des enfants dans le monde, en contact physique rapproché avec leur mère, ne pouvait pas être si mauvaise que ça », déclare Rosalie, 38 ans et maman de trois garçons. Elle peut aussi être le fruit d'un glissement naturel, très pragmatique : « Petit à petit, j'ai adopté le pack complet sans même m'en rendre compte, sourit Annick, 34 ans, maman de deux petites filles. J'ai allaité mon aînée deux ans et demi, jusqu'au sevrage naturel, sans l'avoir prémédité... le temps a passé vite ! Si j'ai accouché de ma cadette à la maison, c'est parce que j'avais souffert de la position allongée à l'hôpital. Je co-dodotte parce que c'est tellement plus pratique pour les tétées de nuit. Je porte parce que j'aime le contact de mon enfant contre moi, et aussi, encore une fois, parce que c'est plus pratique qu'une poussette. En revanche, c'est par engagement que je lave leurs couches et que je mange bio. »

Elles sont légion, en effet, à d'abord pousser la porte du maternage pour son côté « nature » : « J'étais écolo avant d'être maternante. Depuis la naissance de ma fille, mon penchant pour le naturel est peu à peu devenu un choix éducatif », affirme une autre « maman nature ». Quant à Gaëlle, 33 ans, maman de quatre enfants âgés de 2 à 10 ans, elle ajoute : « J'ai toujours été un peu écolo dans l'âme. J'ai tout de suite adopté les couches lavables, c'était une démarche citoyenne pour moi. Sinon, le maternage s'est imposé au fil du temps. En apprenant le métier de maman, je me suis posé des questions. Par exemple, mon aîné a dormi dans son lit dès la maternité, et je ne l'ai allaité qu'un mois et demi, car je reprenais le boulot et je ne savais pas qu'on pouvait allaiter en travaillant. Ce n'est que plus tard, grâce à Internet et ses forums de discussion, mais aussi en rencontrant certaines personnes, que j'ai réfléchi. Mon petit dernier a été allaité, porté, co-dodoté... et je ne l'ai jamais quitté plus de quelques heures d'affilée ! »

Au-delà de la diversité de ces approches d'origine, les maternantes ont toutes un point commun : avoir décidé de suivre leur instinct, tout simplement, en faisant fi du qu'en-dira-t-on, de la toute-puissance affichée du corps médical et, souvent, de la société de consommation. En cela, elles sont un peu, aux dires mêmes d'Yvonne Knibiehler, les « nouvelles révolutionnaires » de l'épopée des femmes. À l'instar de celui des « créatifs culturels » et des altermondialistes, qu'il rejoint d'ailleurs souvent, ce mouvement de « libération » est porté par une double lame de fond. À la prise de conscience des conséquences nocives des progrès techniques et médicaux et d'une mondialisation sans scrupule s'ajoute, depuis quelques années, la montée en puissance du support de la science. Tout cela contribue à ce que le gynécologue-obstétricien Michel Odent, promoteur d'une « naissance à visage humain », a appelé « la scientification de l'amour ». « Ce qui caractérise notre époque, c'est que l'hiatus entre les connaissances scientifiques et l'intuition de certaines femmes est de plus en plus étroit », estime t-il.

Certes, une majorité de mamans en France est encore dans une ligne très « classique » de maternage : biberonnage immédiat ou précoce, isolement du bébé pour la sieste et la nuit, usage massif de produits de puériculture aussi innombrables que *high-tech* ou pratique des punitions privatives, voire corporelles, lorsque leurs enfants sont plus grands... Néanmoins, les choses évoluent à vitesse grand V. Exemple emblématique : l'allaitement maternel, considéré à une époque comme un mode ringard, voire totalement aliénant, d'alimentation du nourrisson, est désormais unanimement préconisé comme le meilleur choix, le discours associatif trouvant ici un écho direct dans celui des autorités publiques. Si le message reste plus massivement reçu par les couches instruites de la population, il apparaît évident que nombre de pratiques de maternage intensif imprègnent aujourd'hui, de manière plus ou moins directe et à des degrés très divers, les mœurs du grand public.

Dans ce livre, nous avons choisi de présenter ces comportements, des plus généralisés aux plus rares, des plus communément acceptés aux plus polémiques. De partir du phénomène de société, dont la pratique, ou du moins le questionnement, touche une bonne partie des mères, à plus ou moins grande échelle, au moins à un moment ou à un autre. Jusqu'à arriver à l'exceptionnel, à la pratique résolument décalée qui permet néanmoins, qu'on la partage ou non, de mettre le doigt sur certains manques criants de notre société actuelle. Pour chacun de ces points, nous tenterons de déterminer les fondements scientifiques, ainsi que les éventuelles limites. Pour ce faire, nous donnerons aussi la parole à des spécialistes pas toujours en accord avec les thèses développées par les maternantes.

Qu'on les adopte ou non, certaines pratiques des maternantes font généralement l'objet d'une compréhension bienveillante, parfois amusée, de l'opinion publique, au premier rang desquelles on trouve l'aspiration à un suivi de grossesse et à un accouchement moins médicalisés. En revanche, la plupart des options du maternage intensif laissent souvent dubitatifs, voire méfiants, les adeptes d'un maternage traditionnel. Parmi les questions polémiques, le « co-sleeping », ou sommeil partagé entre l'enfant et ses parents dans le lit conjugal ou au-dehors. Quant à l'éducation « respectueuse », qui rejette toute idée de châtiment corporel, toute punition, récompense ou simple menace verbale, elle est l'objet de nombreuses critiques.

À la pointe de la pyramide de l'éducation alternative, le choix des « pédagogies différentes » (Montessori, Freinet, Steiner...), dans la lignée du célèbre essai éducatif libertaire *Libres Enfants de Summerhill*[1]. Et, surtout, celui de l'instruction en famille (IEF). Celle-ci, qui ne concerne qu'une infime minorité de maternants (ceux, généralement, qui ont poussé le plus loin la logique de la démarche), dérange et fait peur, souvent au sein même des familles maternantes moins radicales. Descolariser ses enfants, c'est, indéniablement, l'un des actes non violents les plus subversifs... Surtout lorsque les plus engagés brandissent, en guise de porte-drapeau, le féroce brûlot anti-système, *Insoumission à l'école obligatoire*, de la journaliste Catherine Baker[2].

Mais, pour autant, les maternantes sont-elles de simples « néo-baba », descendantes des soixante-huitards ? Pas si simple. Avec leur manie de surfer sur les *a priori* et de s'asseoir sur les conventions, ces mamans hors normes ne sont jamais là

1. Neill, Alexandre S., *Libres Enfants de Summerhill*, Maspero, 1972.
2. Baker, Catherine, *Insoumission à l'école obligatoire*, Bernard Barrault, 1985.

où on les attendait. De fait, comme l'instinct grégaire est peut-être le seul qu'elles récusent catégoriquement, il serait illusoire d'ambitionner de dresser d'elles un portrait-type. La seule possibilité, pour tenter de cerner leurs spécificités, est peut-être de brosser d'elles un portrait *a contrario.*

## 2 – Ce que les maternantes ne sont pas

### Des féministes tendance MLF

Si elles se reconnaissent volontiers comme héritières des féministes et reconnaissantes envers celles-ci pour les acquis qu'elles leur doivent, très peu ont repris le flambeau du militantisme et beaucoup s'en démarquent sensiblement. « Ce n'est pas vraiment étonnant, souligne Yvonne Knibiehler, vu la manière dont les féministes ont raté le coche de la prise en compte de la maternité dans la revendication des femmes à une vie meilleure. » En 2008, pas une maternante n'a envie de brûler son soutien-gorge et d'aligner son statut sur celui des hommes. « Je crois que je suis féministe, mais pas à la façon du MLF des années 1970, déclare l'une d'elles. Il y aura toujours un truc que les hommes ne feront pas : mettre des enfants au monde et les allaiter. Et ces deux spécificités-là, je les revendique en première ligne de mon identité ! » « On peut être féministe et avoir envie d'élever ses enfants ! » renchérit une autre.

Non seulement elles ne considèrent pas les hommes comme des ennemis, mais, souvent, elles voient en eux leurs meilleurs partenaires. Elles sont à la recherche d'un équilibre dans la répartition des rôles, équilibre que beaucoup disent avoir trouvé. Bien qu'ayant souvent suivi de longues études, elles n'hésitent pas une seconde à faire une parenthèse plus ou moins prolongée, sinon définitive, sur une carrière qui s'annonçait brillante, afin de se consacrer à leur progéniture. « Pour moi, le féminisme tel qu'il a été vécu par nos mères et grands-mères est dépassé », estime Mélanie, 31 ans. Maternante et végétarienne, la jeune femme vient d'abandonner un job trépidant dans la communication et la publicité pour devenir assistante maternelle, afin de pouvoir élever ses deux fils. « Certes, ajoute-t-elle, cela a permis aux femmes d'avoir la liberté de choisir et de maîtriser leur corps, mais cette conception visait seulement à reproduire, à l'envers, le déséquilibre existant : les femmes en haut, les hommes en bas. Je crois qu'il faut retrouver des rapports équilibrés, en tenant compte des particularités, des capacités et des désirs de chacun. »

## Des mères au foyer rétrogrades

Les maternantes, et c'est là le moindre de leurs paradoxes, se défendent farouchement de prôner le retour de la femme à la maison. « Je n'ai pas spécialement envie de rester chez moi pour ne m'occuper que de mes enfants, s'insurge une maman. Je veux faire mille et une choses, mais tout en conservant cette relation privilégiée avec mes enfants. » Encore une fois grâce à la Toile, nombre d'entre elles ont résolu la quadrature du cercle en travaillant, comme bénévoles ou à leur compte, à partir de chez elles. Création de sites d'information et de leurs forums de discussion, vente de produits de puériculture et animation des rencontres ou ateliers afférents : portage, massage bébé, allaitement... Certaines vont jusqu'à créer des entreprises florissantes, en surfant sur la vague de la consommation équitable, comme Élisabeth Laville, fondatrice, en 2003, de Graines de Changements, une agence d'information sur les « entrepreneurs pour un monde meilleur [1] ».

1. www.grainesdechangement.com

## Témoignage

### « Chez moi, maternage et paganisme communient dans le même culte de la Nature[1]. »
### Morgane Aubergé

**Morgane Aubergé, 31 ans, mère d'une petite fille de 3 ans et d'un petit garçon de 6 mois ; elle est « créative culturelle » et maternante.**

« Je me sens très proche de nombreuses spiritualités païennes et notamment du druidisme. À la base, j'ai une maîtrise d'anglais et je devais l'enseigner, mais j'ai changé d'orientation pour devenir prêtresse ! J'ai commencé ma recherche spirituelle en 2000 et ouvert ma librairie ésotérique païenne en ligne en 2002.

« J'ai 5 000 clients, et quelque 3 000 références dans ma cyber-boutique : livres, mais aussi articles rituels liés aux pratiques païennes (encens, plantes bio, pentacles d'autels, bijoux...). L'année dernière, je vendais une foule d'articles en provenance des États-Unis, mais fabriqués en Chine ou en Inde. J'ai arrêté ce business, qui marchait très bien, mais qui était en contradiction avec mes convictions profondes. Je trouve complètement incohérent de prêcher la paix en faisant travailler des gens exploités. Désormais, je ne travaille plus qu'avec des artisans dûment rémunérés.

« À ceux qui penseraient que mon seul but est de m'enrichir en surfant sur un créneau porteur, l'ésotérisme, je réponds que pour le moment je gagne à peine l'équivalent du SMIC. Nous vivons avec 1 500 € pour quatre, car mon compagnon vient de monter sa propre boutique. Nous faisons attention à plein de choses, tout en étant très heureux comme ça.

« L'approche du maternage me semble en accord total avec mes convictions personnelles, puisque le culte païen s'appuie

1. www.morganelafey.com

avant tout sur l'harmonie avec la Nature. J'ai accouché, les deux fois, à la maison. Après, j'ai tout simplement cherché à donner le meilleur à mes enfants. Pour moi, c'est une question de cohérence. Je me voyais mal donner le biberon à ma fille. Quant à l'accouchement, il fait partie des cycles initiatiques les plus fondamentaux depuis la nuit des temps : pas question de le médicaliser à outrance (si je suis en bonne santé) ! L'éducation sans violence coule aussi de source. Pour moi, un enfant, c'est une jeune pousse qu'il faut préserver au maximum. Pour la suite, j'aimerais, si possible, que mes petits fassent au moins l'école élémentaire à la maison, afin de garder intacte leur estime d'eux-mêmes et leur capacité à s'émerveiller. »

Sans forcément verser dans l'ésotérisme, elles sont nombreuses, à l'instar de Morgane, à ne pas se cantonner à leurs quatre murs. Et si elles le font, c'est qu'elles y sont contraintes et forcées par une société qui compartimente à l'excès les sphères familiale et publique. Ces femmes, souvent très actives, voire ultra-diplômées, avant de devenir mères, rêvent d'un monde où elles pourraient emmener partout leur nichée, blottie contre elles, tant dans leurs loisirs (cinémas, sorties, déplacements) qu'au travail. Bien malin celui qui parviendrait à les taxer de conservatisme : elles expriment un « oui » massif à la contraception (avec une nette inclination pour des méthodes naturelles, non chimiques) et une acceptation globale de l'IVG (même si beaucoup disent ne pas pouvoir s'y résoudre pour leur cas personnel). Néanmoins, elles ont plus d'enfants (trois et plus) que la moyenne des Françaises. Certaines d'entre elles, insatiables, « se sentent » d'élever six ou sept enfants, d'autres seront comblées avec deux ou trois. Mais il est vrai que très peu se contentent d'un enfant unique.

### Des gauchistes engagées

Côté politique, la logique voudrait que leur vote aille massivement à la gauche, voire à l'extrême gauche, ainsi qu'au mouvement écologiste. Et, si l'on se fie à leurs déclarations, c'est le cas : Olivier Besancenot et Dominique Voynet sont, de loin, le plus souvent cités en réponse à la question : « De quel homme ou de quelle femme politique vous sentez-vous la plus proche ? » Est-ce l'effet « vote utile » ou une autocensure ? Aux présidentielles de 2007, les intentions de vote des maternantes pour le premier tour constituaient pourtant un reflet relativement fidèle des orientations de la population dans son ensemble telles que les a révélées le résultat des urnes [1].

Si les maternantes ont placé Ségolène Royal assez largement en tête devant Nicolas Sarkozy, lui-même ne devançant que de très peu François Bayrou, il saute aux yeux que les scores des petits candidats, et notamment de l'extrême gauche, brillent par leur modestie. De fait, l'ensemble des votes antilibéraux ne totalisent, en tout, que 10,4 % parmi les maternantes. Faut-il en déduire que près de 90 % des maternantes se sentent résolument bien au sein de notre société capitaliste ? « Par mon milieu socio-culturel et familial, je me sens plutôt proche des mouvements de l'extrême gauche antilibérale, mais je ne me reconnais pas dans leur frénésie à consommer et à obtenir les mêmes avantages que les classes plus aisées, ni dans leur préoccupation trop peu prononcée pour l'environnement », explique Sabine, 35 ans, chef d'entreprise.

Si elles sont proportionnellement plus nombreuses à privilégier le candidat antimondialisation José Bové, il est notoire qu'en ce qui concerne Olivier Besancenot (LCR), et surtout Dominique Voynet (Verts), les mamans-nature ne se démarquent absolument pas de la société française dans son ensemble, en leur attribuant des scores extrêmement bas. Car les maternantes sont des idéalistes aux pieds fermement ancrés sur terre. « Je me sens assez proche d'un Olivier Besancenot,

1. Sondage informel publié sur le forum « Maternage » du site magicmaman.com regroupant 709 contributions (dont 195 votes blancs).

avec lequel je partage nombre de valeurs, même si je ne crois plus au grand soir depuis belle lurette. J'admire son enthousiasme, mais je reste très sceptique quant à la mise en pratique de son discours », explique Maya, 32 ans.

Plus étonnant encore, elles sont aussi nombreuses à accorder leurs suffrages à Philippe de Villiers, candidat ultraconservateur, qu'au parti écologiste. En outre, une bonne poignée se tourne vers Jean-Marie Le Pen, représentant de l'extrême droite. Ces résultats sont d'autant plus surprenants que l'idéologie véhiculée par ces deux derniers candidats est ouvertement pro-libérale, et est aussi et surtout porteuse d'une idée de retour à l'autorité tant dans la sphère privée que dans la sphère publique.

**Témoignage**

**Maternante et villiériste, pourquoi pas ?**
**Sophie, 30 ans, maman de deux enfants**

« Je suis catholique pratiquante et royaliste. Au premier tour de la dernière présidentielle, j'ai voté pour Philippe de Villiers, parce que c'est lui qui véhicule le mieux mes valeurs. Parce que c'est lui, aussi, qui accorde la plus grande part dans son discours à la famille. Pour moi, le maternage n'est pas forcément synonyme de révolution dans la société. Parmi les royalistes, certains sont dans la non-violence éducative, d'autres pas. Pour moi, le maternage, c'est avant tout le respect de l'enfant. Cela n'empêche pas que mes enfants doivent avoir des limites. J'ai d'ailleurs des affinités avec le mouvement écologiste, mais il est vrai que je me reconnais davantage dans l'écologie de droite que dans celle de gauche. Non seulement cette aspiration à un respect accru de la nature n'est pas en contradiction avec mes valeurs, mais elle la renforce parfois à merveille. Par exemple, en matière de contraception, je n'utilise pas de pilule chimique, d'ailleurs désapprouvée par l'Église, mais je suis une adepte de la méthode Billings (observation de la glaire cervicale), totalement naturelle et inoffensive pour l'organisme. »

Intentions de vote des maternantes pour le second tour de l'élection présidentielle de 2007 [1] :

Ségolène Royal (PS) : 73,5 % (rappel résultats nationaux : 46,94 %)

Nicolas Sarkozy (UMP) : 26,5 % (rappel résultats nationaux : 53,06 %)

Au second tour, près des trois quarts des maternantes ont voté pour la candidate socialiste. Ce choix était en accord avec leur méfiance des excès du libéralisme et leur crainte d'un retour à l'autorité.

## Des « bobos » aisées ou des « post-baba cool » hirsutes

Dans certains ménages, le revenu annuel moyen ne dépasse pas 10 000 ou 15 000 €, tandis que d'autres franchissent allégrement la barre des 60 000 €. Quant au style vestimentaire, certains et certaines affichent des goûts très *flower power*, affectionnant *dreadlocks*, pantalons indiens et gros pulls de laine qui pique. « J'ai mon look à moi, estime Carine Phung, rédactrice en chef du magazine *Grandir autrement*. Je ne suis pas la mode, je vais vers les choses qui me plaisent. Bien entendu, je privilégie les soins naturels (cosmétiques bio maison). » « Mon idéal serait des locks et des fringues équitables, mais on ne peut pas toujours faire ce qu'on veut, malheureusement ! » dit, de son

1. Sondage informel publié sur le forum « Maternage » du site magicmaman.com regroupant 191 contributions (dont 36 votes blancs).

côté, Émilie, 26 ans. D'autres sont de vraies *fashion victims* : « J'adore les accessoires, je suis plutôt classique tout en suivant un peu la mode. Je dois avoir six sacs à main, un pour chaque veste ! Voilà pourquoi j'adore l'écharpe : c'est stylé. Un porte-bébé classique, qu'est-ce que c'est moche ! » s'exclame Lucie.

Mais par-delà ces différences de statut et d'apparence, la prise de conscience commune de l'urgence de modifier notre rapport à la planète, tant d'un point de vue éthique qu'environnemental, entraîne souvent, chez les maternantes, des choix de vie anti-consommation. Au premier rang desquels la simplicité volontaire, ou suppression du superflu, en réaction aux diktats du marketing et en privilégiant un mode d'échanges solidaire. Et ces choix s'accompagnent d'une philosophie très « créative culturelle » : privilégier l'être plutôt que le paraître.

**Les membres d'une secte**

Il est impératif de mettre les points sur les i : les maternantes ne sont pas une secte *new-age*, mi-illuminée mi-utopiste, en décalage affiché avec la société actuelle, vivant en autarcie dans une cabane en bois et se nourrissant exclusivement de graines germées. Si le milieu de la périnatalité alternative est légèrement entaché de quelques suspicions d'infiltration par certains mouvements sectaires (voir p. 93), l'immense majorité de ses promoteurs est au-dessus de tout soupçon. Quant à l'affaire de la secte apocalyptique Tabitha's Place, qui, fin 2006, a révélé la situation d'« enfermement physique et psychologique » de 18 mineurs, dont les parents revendiquaient la liberté d'instruction en dehors du système scolaire, elle a fait beaucoup de tort à l'image de « l'école à la maison ». Les familles qui pratiquent l'IEF, soupçonnées d'écarter leurs enfants de la société à des fins douteuses, ont d'ailleurs vu, depuis, le carcan de la loi et les contrôles de l'Éducation nationale se resserrer autour de leurs pratiques.

Pourtant, si les motivations des « desco » (pour descolarisés) ou des « nonscos » (pour non-scolarisés) sont diverses, elles n'ont *a priori* rien à voir avec un retrait sectaire, ni même, dans l'immense majorité des cas, religieux. D'une part, contrairement aux enfants endoctrinés de Tabitha's Place, les petits « desco » ne le sont généralement pas contre leur volonté. Cet éloignement du système scolaire répond souvent à leur demande ou à un mal-être de leur part. D'autre part, ce sont des consommateurs de livres, de télévision, de cinéma et de véritables gloutons d'Internet. Ils pratiquent aussi de multiples activités sportives et ludiques, quand ce ne sont pas, avec leurs parents, des globe-trotters confirmés. Quant aux « gourous » de leurs parents, outre les auteurs cités plus haut, ce sont les chantres du mouvement non violent, de Gandhi à Martin Luther King en passant par Marshall B. Rosenberg. Et si, en effet, le maternage va souvent de pair avec une recherche spirituelle accrue, c'est avant tout dans une optique de strict développement personnel et de mieux-être individuel et familial. Rien de très subversif, en somme...

### Des mamans alternatives pures et dures

Vouloir mettre toutes les « mamans nature » dans le même panier serait occulter un détail fondamental : il y a autant de manières d'être maternante que de materner. Et toutes ne pratiquent pas avec la même constance et la même ferveur. Il n'est qu'à se plonger dans les discussions interminables et houleuses qui parsèment les forums Internet sitôt qu'il s'agit pour les mamans de comparer les modes d'éducation de leurs chérubins. Florilège : « J'ai allaité ma première six mois, neuf mon deuxième, et pour le troisième on va voir, mais *a priori* je ne suis pas partie pour du long cours : quand l'enfant se met à marcher, ça me gêne ! » ; « L'éducation sans fessée, oui ! Mais pas sans punitions, après explications. Pas envie de me laisser bouffer ! » ; « Le co-dodo, ça me bloque pour ma vie de couple. Les couches lavables ? Je bosse 45 heures par semaine, donc pas le temps, et le bio de temps en temps, mais c'est pas un mode de vie chez moi ». Bref, à chacun son rythme et son degré d'engagement.

## Des mères parfaites et fières de l'être

Si les discussions tournent parfois à l'aigre sur Internet, c'est que certaines maternantes, il faut bien le reconnaître, ont un côté « donneuses de leçons » assez horripilant. De quoi agacer, même au sein de la communauté elle-même, parmi celles qui, comme Émilie, n'ont pas adopté « tout le pack ». « Je trouve très frustrant d'entendre les personnes trop militantes : "Quoi ! Tu donnes des biberons de complément à ton bébé de cinq mois ? Mais tu es inconsciente, ou quoi ? Tu tapes parfois ton enfant sur la main ? C'est de la maltraitance pure et simple", etc. Elles en viennent presque à nous culpabiliser et à nous donner un sentiment d'échec quand on ne va pas au bout de la démarche... », déplore la jeune femme. Les parents lambda sont susceptibles de se trouver encore plus déconcertés, pour ne pas dire irrités, par des intitulés de groupes de discussion du type « parents conscients ». Comme si tous ceux qui n'agissaient pas comme tels étaient, purement et simplement... inconscients. Comme si, de la non-violence éducative à la maltraitance pure et simple, il n'y avait qu'un pas, franchi par 84 % des parents (c'est la proportion de ceux qui déclarent recourir à des formes diverses de violence éducative physique, d'après une enquête de 1999 de la Sofres pour l'association Ni claques ni fessées).

Néanmoins, sous le vernis de la « bonne parole », on découvre très vite des personnes humaines, avec leurs limites et leurs doutes. Avec surtout, à leur actif, une richesse et une profondeur de réflexion au-dessus de la moyenne, une faculté de remise en cause permanente sur leurs pratiques et une grande ouverture sur ce qui se fait dans d'autres cultures.

**Une communauté exclusivement féminine**

Pour être exact, disons que la proportion de femmes sur la planète maternage ne doit pas dépasser… 80 à 90 %. Il faut bien reconnaître que la gent masculine, si elle fait preuve – souvent – de compréhension, et – parfois – de participation, voire d'activisme envers le maternage proximal, n'est pas en première ligne du mouvement. Pour des raisons de disponibilité et d'état d'esprit (voire strictement physiologiques, en ce qui concerne la naissance et l'allaitement), ce sont les mères qui mènent la danse. « Mon homme a déjà du mal à entrer dans la catégorie des "nouveaux pères", alors tout ce qui est portage en écharpe ou massage bébé, c'est moi qui gère ! » déclare avec humour Nathalie. Pour ces messieurs, la pilule est même parfois dure à avaler, lorsqu'il s'agit de partager, à plus ou moins long terme, les seins de leur femme avec un petit glouton, sans pouvoir seulement retrouver un minimum d'intimité avec celle-ci durant la nuit, pour cause de sommeil partagé !

Pourtant, bien souvent, l'attendrissement gagne aussi les mâles les moins réceptifs. « Au début, mon mari râlait un peu que ma benjamine dorme entre nous, se souvient Emmanuelle Sallustro. Mais depuis que la petite se jette sur lui pour lui faire des câlins à son réveil, il est aux anges ! » De plus en plus souvent, on peut croiser dans les rues des papas tenant amoureusement blotti contre eux un bébé en écharpe. Sensibilisés précocement au développement et au ressenti du fœtus au travers des préparations douces à la naissance telles que l'haptonomie ou le rapport avec la doula, ils s'impliquent peu à peu dans une démarche dont ils ne soupçonnaient pas l'existence. Au fil des rencontres, des lectures, des discussions avec leur compagne, ils se laissent convaincre que l'éducation dispensée par leur propre mère est éventuellement perfectible. D'ailleurs, il ne peut y avoir de choix d'éducation respectueuse ou d'instruction alternative sans leur adhésion expresse. Il vaudrait d'ailleurs mieux parler de « parentage proximal » que de « maternage », tant ces « papas poules » d'un genre nouveau sont partie prenante du système.

**Témoignage**

**« On peut être un homme et fusionner avec son bébé ! »**
**Loïc, 31 ans, papa maternant de Paule, 8 mois**

« Avant d'avoir des enfants, le maternage se limitait pour moi à les nourrir, à les garder propres et à veiller à ce qu'ils deviennent des adultes équilibrés et bien élevés. Un rôle essentiellement dévolu à la mère à mes yeux. Dans ma famille, on ne s'embarrassait pas de questionnements trop poussés sur le développement et les émotions de l'enfant : la mère était à la cuisine, le père au travail et les gosses dans leurs chambres ou à l'école ! Lorsque ma compagne, Marie, est tombée enceinte, elle a pas mal surfé sur Internet. Peu à peu, elle s'est mise à me parler de portage, d'allaitement, de co-dodo, de respect de l'enfant, etc. Cela me faisait un peu rigoler : pour moi, un bébé qui pleure, c'était normal ! Pour l'allaitement, j'étais d'accord, puisqu'il était prouvé que c'était meilleur pour la santé de l'enfant, mais ça n'allait pas plus loin.

« À la naissance de ma petite fille, j'ai été bouleversé par l'intensité de l'amour que j'éprouvais pour elle. J'aurais voulu pouvoir tout lui donner. À tel point que j'étais presque jaloux de la voir agrippée à sa mère pour la tétée. J'ai même regretté de ne pas l'avoir portée dans mon ventre !

« Je me suis rattrapé avec l'écharpe : dès que je le peux, c'est moi qui la porte, blottie contre moi dans la position du fœtus dans les premiers mois, puis, fièrement, sur mon dos depuis qu'elle est plus grande. La nuit, elle dort entre nous, et cette proximité nocturne compense en partie la frustration que je ressens d'être séparé d'elle toute la journée, lorsque je suis au travail. Depuis quelques semaines, je me suis mis intensivement à la langue des signes, pour mieux communiquer avec elle. En grandissant, Paule sera élevée, dans la mesure du possible, sans cris ni punitions, et bien entendu sans violence éducative quelconque. Je n'envisage pas de lever un jour la main sur elle.

> « Lorsque je compare le rapport que j'ai avec ma fille avec celui, tellement plus distant, qu'entretiennent la plupart de mes amis avec leur bébé, je me dis que j'ai fait le bon choix. Pour le prochain enfant, Marie et moi ferons de l'haptonomie, afin de communiquer encore plus précocement avec lui. »

**Un lobby (ou presque...)**

La « planète maternage » c'est, on l'a vu, un nombre sans cesse croissant, et impossible à quantifier précisément, d'échanges sur le Net, mais aussi de rencontres chez des particuliers ou dans le cadre associatif. Ces associations, fortes d'un nombre d'adhérents et d'une aura en hausse constante, n'ont pas vocation, *a priori*, à exercer un *lobbying* organisé sur les pouvoirs publics. Plus exactement, jusqu'à une période très récente, ils ne représentaient pas une force de frappe suffisante pour espérer se le permettre. Mais il semblerait que les choses soient en train de changer.

Trois exemples. Pour la naissance douce, le Collectif interassociatif autour de la naissance (CIANE), né en juin 2003, a été consulté par la mission sur la périnatalité dirigée par le docteur Gérard Bréart. Le rapport rédigé par ce dernier a nourri la rédaction du plan périnatalité 2005-2007 du ministère de la Santé, qui prône une approche « plus humaine et plus proche » des accouchements, et qui prévoit l'expérimentation de plusieurs maisons de naissance en France. Ses responsables déclarent regrouper à ce jour 137 associations, soit environ 150 000 usagers du système de maternité en France. Les états généraux de la naissance 2006, organisés par le CIANE, ont donné lieu à la rédaction d'une plate-forme de propositions soumises aux organismes professionnels et aux élus.

Côté éducation non violente ensuite, l'appel lancé le 21 février 2007 par l'Observatoire de la violence éducative ordinaire (OVEO) en faveur d'une interdiction de toutes formes de violence (tapes, gifles, fessées) sur les enfants avait été ratifié en juillet 2007 par 131 associations : une première. Enfin, le milieu de l'instruction en famille compte bien jouer un rôle actif auprès des pouvoirs publics pour faire prévaloir ses idées, au travers de son Collectif pour la liberté d'instruction, créé en décembre 2006.

Jour après jour, par un travail de fourmi, la planète maternage impose ses choix en matière de naissance, de consommation alternative et d'éducation « respectueuse », dans la sphère publique. Entre *flower power* et *mother power*, en douceur, les maternantes comptent bien donner du fil à retordre à une société dont le nouveau credo – « travailler plus pour gagner plus » – les représente moins que jamais. Elles refusent de perdre leur vie à la gagner, sachant d'autant mieux à quelle vitesse le temps passe qu'elles ont en permanence les yeux braqués sur l'évolution de leurs petits. Du fond des cuisines, des jardins et des chambres, ce sont des milliers de « louves online [1] » qui, au-delà des papotages, veillent au grain. Car elles sont les gardiennes de l'avenir de leur progéniture.

Au-delà des querelles de chapelle, le maternage intensif est avant tout la volonté de donner le meilleur à ses enfants, sans pour autant se plier à tous les diktats consuméristes, comportementaux et médicaux de la société moderne. C'est pourquoi, au-delà du simple phénomène de société, il nous a semblé qu'explorer la « planète maternage » était source d'enrichissement pour tous les parents, quels que soient leurs choix et leur position de départ. Les tenants d'une parentalité plus douce proposent des recettes alternatives pour fabriquer des enfants heureux. À chacun et à chacune, ensuite, de prendre ce qui lui convient, d'ouvrir les portes qui lui semblent séduisantes et de garder fermées celles qui l'attirent moins. Quitte à y revenir,

1. http://louves-online.org

peut-être, plus tard, au fil de son évolution. Or, s'il est vrai qu'il n'y a que des mères imparfaites (et heureusement, disait Freud), la quête de l'amélioration constante, sans culpabilisation ni *a priori*, ne peut être que bénéfique.

# BIBLIOGRAPHIE

## Que lisent les maternantes ?

BRABANT, Isabelle, *Vivre sa grossesse et son accouchement : une naissance heureuse*, Chronique sociale, 2003.

DIDIERJEAN-JOUVEAU, Claude-Suzanne, *Pour une naissance à visage humain* (avec Michel Odent), Jouvence, 2000.

DIDIERJEAN-JOUVEAU, Claude-Suzanne, *Pour une parentalité sans violence*, Jouvence, 2002.

DIDIERJEAN-JOUVEAU, Claude-Suzanne, *L'Allaitement maternel : la voie lactée*, Jouvence, 2003.

DIDIERJEAN-JOUVEAU, Claude-Suzanne, *Partager le sommeil de son enfant*, Jouvence, 2005.

DIDIERJEAN-JOUVEAU, Claude-Suzanne, *Porter bébé : avantages et bienfaits*, Jouvence, 2006.

DUMONTEIL-KREMER, Catherine, *Élever son enfant... autrement*, La Plage, 2003.

DUMONTEIL-KREMER, Catherine, *Poser des limites à son enfant et le respecter*, Jouvence, 2004.

GASQUET, Bernadette DE, *Bien-être et maternité*, Implexe, 2000.

GORDON, Thomas, *Parents efficaces : une autre écoute de l'enfant*, Marabout, 1996 (réimpr. 2007).

GORDON, Thomas, *Éduquer sans punir*, Éditions de L'Homme, 2003.

KNIBIEHLER, Yvonne, *Histoire des mères et de la maternité en Occident*, PUF, 2002.

KNIBIEHLER, Yvonne, *La Révolution maternelle depuis 1945*, Perrin, 1999.

LEBOYER, Frédérick, *Pour une naissance sans violence*, Seuil, 1974 (rééd. 2000).

LIEDLOFF, Jean, *Le Concept du continuum : À la recherche du bonheur perdu*, Ambre, 2006.

MAUREL, Olivier, *La Fessée, questions sur la violence éducative*, La Plage, 2004.

MILLER, Alice, *C'est pour ton bien. Racines de la violence dans l'éducation de l'enfant*, Aubier Montaigne, 1985 (rééd. 1998).

MILLER, Alice, *L'Enfant sous terreur*, Aubier Montaigne, 1986.

MONROCHER-ZAFFARANO, Sandrine, *L'Hygiène naturelle de l'enfant. La vie sans couches*, Jouvence, 2005.

ODENT, Michel, *L'Amour scientifié*, Jouvence, 2004.

ODENT, Michel, *Le Fermier et l'accoucheur. L'Industrialisation de l'agriculture et de l'accouchement*, Médicis, 2004.

ODENT, Michel, *Césariennes : questions, effets, enjeux. Alerte face à la banalisation*, Le Souffle d'Or, 2005.

ROSENBERG, Marshall B., *La Communication non violente au quotidien*, Jouvence, 2003.

ROSENBERG, Marshall B., *Les mots sont des fenêtres (ou bien ce sont des murs) : introduction à la communication non violente*, La Découverte, 2005.

ROSENBERG, Marshall B., *Enseigner avec bienveillance*, Jouvence, 2006.

SOLTER, Aletha, *Pleurs et colères des enfants et des bébés : une approche révolutionnaire*, Jouvence, 1999.

SOLTER, Aletha, *Comprendre les besoins de votre enfant*, Marabout, 2006.

SOLTER, Aletha, *Mon bébé comprend tout*, Marabout, 2007.

THIRION, Marie, *L'Allaitement*, Albin Michel, 2004.

# CHAPITRE 1
# DONNER NAISSANCE PLUS NATURELLEMENT

## POUR
## Docteur Michel Odent

**« Les deux seuls acteurs incontournables dans un accouchement, ce sont la mère et son bébé. »**

**Ancien responsable du service de chirurgie et de la maternité de l'hôpital de Pithiviers entre 1962 et 1985, Michel Odent a créé à Londres le Primal Health Research Center, qui étudie les conséquences des expériences précoces des bébés sur leur vie future. Il est aussi l'auteur de onze livres, traduits en vingt et une langues.**

« Toutes les sociétés qui ont réussi jusqu'ici sont celles qui sont parvenues à développer les capacités à détruire la vie, à écraser les autres groupes humains. Une démarche que reflètent les rituels de naissance, qui ont tous pour effets de séparer précocement la mère et son enfant. Exemple : le colostrum est mauvais (sous-entendu : il ne faut pas que la mère ait trop son bébé dans les bras), il faut se dépêcher de couper le cordon, etc. Dans nos sociétés dites modernes, on a remplacé les rituels traditionnels par des rituels médicaux, mais au fond c'est la même chose.

« Cependant, jusqu'à une époque récente, lorsqu'une femme mettait au monde un bébé, c'était en libérant un cocktail complexe d'"hormones de l'amour" (ocytocine, prolactine, endorphine, vasopressine, noradrénaline, etc.). Aujourd'hui, pour la première fois dans l'histoire de l'humanité, la plupart des femmes, dans presque tous les pays industrialisés, deviennent mères sans s'imprégner de tels influx naturels. Se substituent à ces sécrétions naturelles, pour les femmes qui accouchent par voie vaginale, des perfusions d'ocytocine synthétique, ainsi que la péridurale en lieu et place de la libération d'endorphine (l'hormone antidouleur), etc.

« Au XX^e^ siècle, nous avons été égarés par une foule de théories, au premier rang desquelles celles de Pavlov et de Lamaze, qui ont voulu nous faire voir l'accouchement comme un phénomène volontaire. L'idée : pour réduire les inhibitions pendant le travail, il fallait reconditionner la femme, qui a besoin d'être guidée pour donner la vie. Un postulat qui conduit à une erreur fondamentale : on stimule ainsi son néo-cortex, qui devrait au contraire se mettre au repos. Une femme qui accouche a besoin de silence, de ne pas se sentir observée. Or il y a autour de la naissance une période cruciale qui ne se reproduira jamais, et qui est essentielle à l'attachement mère-bébé. Quel est l'avenir d'une civilisation née dans de telles conditions ?

« Il faut revenir à l'idée que les deux seuls acteurs incontournables dans un accouchement, ce sont la mère et son bébé. Redécouvrir les besoins de base de la parturiente, supprimer au maximum les rituels et les intermédiaires entre elle et son bébé. Ce qui va nous prendre du temps, car nous n'avons aucun modèle culturel. »

## OUI, MAIS...
## Docteur Paul Cesbron

### « La médicalisation des accouchements est sans doute excessive, mais elle a sauvé des milliers de vies. »

**Aujourd'hui retraité, Paul Cesbron est l'ancien chef du service de gynécologie-obstétrique de l'hôpital de Creil (Oise).**

« Il est incontestable que les pratiques obstétricales ont eu – et ont encore – des usages bien trop systématiques, voire néfastes. Les excès de la médicalisation périnatale justifient le questionnement qui monte actuellement de toutes parts. Cette culture médicale qui, à partir des XVI^e^ et XVII^e^ siècles, a méthodiquement chassé et discrédité le savoir empirique des sages-femmes, s'inscrit dans le contexte plus général de domination masculine.

« Néanmoins, il serait excessif de tout rejeter d'un seul bloc. La médicalisation de la grossesse et des accouchements a apporté de réels progrès, liés à une meilleure connaissance des mécanismes corporels. La césarienne et les appareils d'extraction (forceps et ventouses) ont permis de sortir un bébé vivant du ventre de sa mère, en sauvant les deux individus. Ils ont mis fin aux boucheries des embryotomies, ou partition du fœtus dans le corps de sa mère, lorsque, pour une raison ou pour une autre, il ne pouvait pas en sortir. En dépit des critiques qui lui sont souvent faites de nos jours, l'accouchement sans douleur de Lamaze a eu des résultats très probants pour beaucoup de femmes et a permis à nombre d'entre elles de commencer à se réapproprier leur accouchement.

« La péridurale, quant à elle, a permis aux femmes de choisir la manière dont elles souhaitaient vivre l'accouchement, tout en permettant l'accès rapide à une césarienne en cas de besoin, sans passer par l'anesthésie générale, toujours plus risquée. La fameuse "position gynécologique", allongée sur le dos, avait au départ pour justification de mieux laisser voir au médecin-accoucheur ce qu'il se passait, tout en permettant l'utilisation des forceps. L'aspiration des nouveau-nés, elle, avait pour but de libérer leur estomac et leur trachée de toute sécrétion les empêchant de respirer correctement. Et aussi de s'assurer, notamment avant l'avènement de l'échographie, qu'ils ne souffraient pas de malformation. Enfin, nous avons considérablement gagné en matière de prise en charge des prématurés et des bébés en souffrance.

« Il y a aujourd'hui urgence à retrouver l'humain sous le médical, à permettre aux femmes d'être actrices à part entière de la venue au monde de leur enfant. Tout en laissant la possibilité à la poignée d'entre elles qui ont besoin d'un soutien médical de profiter de l'aide que nous, les médecins, pouvons, et nous seuls, leur apporter. »

## I – UNE MÉDICALISATION FRANÇAISE DE L'ACCOUCHEMENT LOURDE ET MOYENNEMENT EFFICACE

En 2006, 830 900 bébés sont nés en France. Ce chiffre, le plus élevé depuis plus de vingt-cinq ans, place l'Hexagone champion toutes catégories de la natalité européenne. Mais certainement pas de la sécurité périnatale. Depuis dix ans, le taux de mortalité maternelle est estimé à une quinzaine de décès pour 100 000 naissances vivantes, ce qui représente chaque année la mort d'une soixantaine de femmes [1]. Quant à son taux de mortalité périnatale (nombre d'enfants décédés à moins de 7 jours), il était de 7‰ en 2000. Ce qui, d'après l'Organisation mondiale de la santé (OMS), place la France au 12e rang euro-

1. *Bulletin épidémiologique hebdomadaire*, numéro thématique : « La mortalité maternelle en France : bilan et perspectives », décembre 2006.

péen pour le taux de mortalité périnatale et au 15e rang pour le taux de mortalité maternelle. Fait aggravant : on considère que dans la moitié des cas, ces décès auraient été évitables.

Or ces résultats plus que mitigés l'ont été dans le contexte le plus sécuritaire et hypermédicalisé du Vieux Continent. En France, plus de 99 % des accouchements se déroulent en milieu hospitalier, sous la présence continue d'un important dispositif technique : monitoring des contractions et du cœur du bébé, perfusions d'hormone ocytocique destinée à accentuer les contractions, etc. Bien qu'il soit reconnu que 90 % des grossesses ne présentent pas de risques particuliers, les sages-femmes n'effectuent que 75 % des accouchements, la prépondérance étant encore donnée aux gynécologues-obstétriciens. Les parturientes, dans l'immense majorité des cas, sont tenues d'accoucher en position dite « gynécologique », allongées sur une table d'accouchement, les pieds dans des étriers. « La seule position qui soit pire pour accoucher, c'est en faisant le poirier ! » ironise Blandine Poitel, très impliquée dans le combat pour une moindre médicalisation de l'accouchement, sur le site Périnatalité[1]. Comme elle, nombre de professionnels reconnaissent aujourd'hui qu'une telle position intensifie les douleurs et ralentit considérablement l'accouchement : selon l'Association française de naissance aquatique, le temps de travail est réduit de 25 % si la future maman peut rester debout, bouger, marcher. Du coup, l'administration de l'analgésie péridurale est pratiquée dans 70 % des cas. Par ailleurs, les accouchements par césarienne atteignent actuellement près de 20 % (recommandation OMS : 15 % maximum) et les épisiotomies 35 % (recommandation OMS : 20 % maximum).

De plus, en dépit de tout son arsenal médical périnatal, la France est le seul pays européen où les hémorragies constituent la première cause de mortalité. Quant au nourrisson, à peine

---

1. http://perinatalite.chez-alice.fr

né, il est happé, pesé, aspiré, nettoyé, surveillé, analysé... Bref, traité comme s'il portait en lui les germes d'une pathologie à combattre. Au prix, estiment certains, du respect de son intégrité toute neuve. La comparaison est peu flatteuse avec certains pays comme les Pays-Bas, où plus de la moitié des accouchements se font à domicile, ou dans des structures faiblement ou pas médicalisées, avec très peu de moyens techniques, un taux de péridurale de 15 % seulement... et des résultats imbattables côté sécurité.

Toutes ces données sont ancrées dans la tête des maternantes. Pour elles, pas question de jouer avec leur vie et celle de leur bébé, en sacrifiant de surcroît leur confort et la qualité de la relation. « Je ne souhaite pas un retour à l'obscurantisme, pas plus que je ne renie les progrès médicaux, mais appliquer cette technologie lourde à toutes les femmes, c'est comme utiliser un bulldozer pour cueillir une violette », déclare Blandine Poitel. Du début de leur grossesse aux lendemains de leurs couches, les maternantes seront donc en quête d'un autre chemin pour donner la vie. Un chemin plus respectueux, plus naturel, qui se traduit dès la grossesse par le refus fréquent de connaître le sexe de leur bébé avant la naissance. « C'est la première façon de le respecter, en l'acceptant en tant qu'être humain, quel qu'il soit », explique une maman. « Ce chemin vers une naissance plus douce implique souvent aussi une forte résurgence de rituels périnataux, parfois venus du fond des âges », note Lise Bartoli, psychothérapeute et auteure : préservation du lien du bébé avec son cordon plus ou moins tard après la naissance, conservation du placenta (que l'on pourra enterrer dans l'enceinte du domicile familial, voire, dans certains cas extrêmes, consommer en tout ou partie), appel fait à des doulas, ou accompagnantes à la naissance, « blessingway »[1]...

1. *Blessingway* : Cérémonie issue de la tradition des Indiens Navajos réunissant, quelques jours avant la naissance, des femmes autour de la future maman, pour une célébration et l'offrande d'objets porte-bonheur.

## II – Se préparer autrement à accueillir bébé

Les futures mamans « nature » dédaignent souvent les préparations classiques à la naissance, organisées dans les maternités. Elles préfèrent les remplacer ou les compléter par d'autres approches, qui toutes ont en commun de renforcer en douceur leur relation avec leur bébé, tout en préparant leur corps à affronter le plus sereinement possible l'épreuve tant attendue de l'accouchement, qu'elles sont une majorité à souhaiter sans péridurale.

### 1 – L'haptonomie

Fondateur de cette préparation douce à la naissance dont le nom dérive du grec *haptein* (« toucher »), le chercheur néerlandais Frans Veldman a défini celle-ci comme la science de l'affectivité. Le principe : grâce à un contact tactile établi en posant leurs mains sur le ventre de la femme enceinte, les futurs parents entrent en contact avec leur bébé *in utero*, créant ainsi avec lui une relation affective avant même sa naissance. Selon ses praticiens, les contacts haptonomiques confèrent au fœtus un important sentiment de sécurité, gage d'un plus grand équilibre émotionnel après sa naissance.

Les séances, au nombre de huit, débutent dès le quatrième mois de grossesse, chez un professionnel formé à l'haptonomie, en général sage-femme, gynécologue ou psychologue. Elles ne sont jamais collectives : seuls y participent les deux futurs parents et leur bébé, éventuellement accompagnés des grands frères et sœurs. À ce stade de son développement, le bébé est assez sensible pour percevoir un toucher affectif et y réagir : il vient, par exemple, se blottir sous les mains du père ou de la mère et se laisse bercer à travers le ventre de sa maman. Autre avantage de l'haptonomie sur d'autres préparations à la naissance : le futur papa est très présent et très impliqué. L'haptonomie permet, selon l'ostéopathe Marie Panier, citée par le magazine *Grandir autrement*[1], de « diminuer le décalage entre le vécu du père et celui de la mère par rapport au bébé ».

L'haptonomie, ce n'est pas seulement passer dire bonjour à son bébé. Au fil des séances, le papa apprend les gestes pour replacer le bébé dans son berceau naturel, l'utérus, afin d'atténuer l'apesanteur ressentie par la maman et de soulager ses petits maux de grossesse. Usage moins connu de l'haptonomie : ces gestes peuvent être aussi très utiles le jour J. « On considère que l'enfant participe lui-même à sa naissance, qu'il cherche son chemin et que le rôle des parents est de le guider vers la sortie », poursuit Catherine Dolto dans le même article. Durant le travail, le couple se connecte avec son bébé grâce au toucher. Ce qui permet à la maman, soutenue par son compagnon, de mieux accueillir les contractions et de les accompagner pour dilater efficacement le col. La pose de la péridurale semble toutefois difficilement compatible avec la pratique de l'haptonomie pendant l'accouchement, sous peine de couper la future maman de ses sensations. La question se pose alors de la réalisation d'un tel accouchement en structure hospitalière...

## 2 – La sophrologie

Créée en 1960 par le docteur Alfonso Caycedo, neuropsychiatre espagnol, la sophrologie, ou « science de la conscience », permet de prendre conscience de son propre corps et de mieux se connaître. Cette méthode serait particulièrement adaptée pour préparer un accouchement. Il s'agit, au moyen d'exercices de relaxation, de prise de conscience corporelle, de maîtrise de la respiration, d'aider la future maman à apprivoiser les sensations à venir, afin de parvenir à contrôler les douleurs de la naissance et de vivre à plein son accouchement.

1. Numéro de mai-juin 2007.

Les séances ont lieu en groupe ou individuellement. Les futures mamans se placent dans la position qui leur semble la plus confortable, assise, debout ou couchée. Les yeux fermés, sous la supervision de la sophrologue (généralement une sage-femme), elles sont invitées à se détendre au maximum et à visualiser les différentes étapes qui les mèneront jusqu'à l'expulsion et la délivrance, ainsi que celles traversées par leur bébé jusqu'à sa venue au monde. Dans cet état de conscience proche du sommeil et de la rêverie, la femme se concentre sur chacune des parties de son corps sollicitée pendant la grossesse et le travail, et découvre qu'elle peut agir directement sur elles : contrôler la douleur des contractions utérines, récupérer entre deux contractions, pousser efficacement au moment de l'expulsion, accompagner la venue au monde du bébé... Les papas sont aussi les bienvenus.

Si la préparation sophrologique peut débuter dès le 5^e^ mois de la grossesse, les huit séances remboursées à 100 % par la Sécurité sociale ne le sont qu'à partir du 7^e^ mois. Avant cette date, seulement 70 % des frais sont pris en charge. Une séance dure entre 45 et 60 minutes, pour un tarif variant de 15 à 30 €. Pour une préparation optimale, mieux vaut s'entraîner régulièrement à la maison.

### 3 – La préparation en piscine

À partir de la 26^e^ semaine de grossesse, il est possible de s'inscrire à des cours de préparation prénatale en piscine. Nulle obligation de savoir nager. Seule condition : se munir d'un certificat médical mentionnant l'absence de contre-indications. Avant chaque séance, la tension artérielle de chaque future maman est néanmoins prise, par sécurité. Dans une eau à 28 ou 30 °C, grâce à l'apesanteur générée par le milieu aquatique, les femmes enceintes se relaxent et soulagent leurs douleurs de fin de grossesse, telles que maux de dos, douleurs ligamentaires ou mauvaise circulation veineuse. Par les exercices en apnée, elles travaillent leur souffle en vue du travail et de l'expulsion.

Elles luttent aussi contre certaines de leurs peurs. L'aspect ludique est tout aussi important. En s'immergeant dans le milieu aquatique qui est celui du futur bébé, on joue avec lui, ce qui favorise l'établissement du lien avant la naissance.

Les séances sont animées conjointement par une sage-femme et un maître nageur. Elles peuvent être organisées par les maternités ou par la municipalité. Elles durent une heure environ : échauffements, travail des bras et des pectoraux, des jambes, du dos, respiration relaxation... Leur coût varie de 4 à 10 € l'une. Ce type de préparation (venant souvent en complément d'une préparation classique) n'est pas pris en charge par la Sécurité sociale.

### 4 – Le chant prénatal

Dans les années 1970, la cantatrice Marie-Louise Aucher, influencée par le docteur Leboyer, pressent que le chant peut être bénéfique pour le bébé pendant la grossesse. Dans son sillage, Chantal Verdière, sage-femme, expérimente en maternité les bienfaits du chant pour la femme enceinte. Le chant prénatal est né.

Enseigné par des animatrices (sages-femmes, musiciennes) ayant suivi une formation spécifique, le chant prénatal s'appuie sur les correspondances vibratoires entre les sons et le corps humain. Les séances hebdomadaires, qui réunissent futures mères et nouvelles mamans avec leur bébé, commencent par des exercices physiques de mise en condition : travail respiratoire, mouvements du bassin, étirements, enchaînements de vocalises aiguës et graves, et chants à tonalité affective s'adressant au fœtus. Au cours des séances, les futures mamans apprennent à utiliser les sons aigus, qui libèrent des tensions tout au long de la grossesse, et les graves, utiles pour se détendre lors de l'accouchement. Ces derniers agissent en effet au niveau du col de l'utérus et du périnée. Ils libèrent également des endorphines, le moyen naturel de diminuer la douleur. La participation du futur papa est vivement encouragée. Les ateliers de chant prénatal sont aussi l'occasion de chanter des chansons que le bébé retrouvera après sa naissance (« cordon musical ») et d'échanger entre parents et avec l'animatrice sur la grossesse et l'accouchement.

Cette méthode peut être pratiquée dès le 5e mois de grossesse, puisque le fœtus réagit désormais aux ondes sonores transmises par le liquide amniotique. À moins de s'inscrire dans le cadre de séances de préparation classiques avec une sage-femme, le chant prénatal n'est pas conventionné comme préparation à l'accouchement. Il faut compter entre 8 et 11 € par séance. Le chant prénatal peut se poursuivre au-delà de l'accouchement, avec, cette fois, son bébé dans les bras, jusqu'à quatre mois après la naissance.

## 5 – L'hypno-natal

L'hypno-natal est une toute nouvelle méthode de préparation psychique à l'accouchement, basée sur l'hypnose ericksonienne [1]. « L'hypno-natal est, plus exactement, un état amplifié de conscience, de relaxation corporelle intense. Celui-ci permet aux futures mamans de s'évader dans un lieu imaginaire, dans lequel elles se sentent bien, afin de s'autoriser à reprendre toutes leurs compétences internes et de se libérer du conditionnement souvent négatif dans lequel les confine le monde médical », déclare Lise Bartoli, qui a créé la méthode en 2003 et forme à celle-ci. Cette méthode, également pratiquée en Belgique, au Canada et aux États-Unis, commence aux environs du 5e mois de grossesse. Elle comprend quatre sessions, espacées de plusieurs semaines, et animées, en France, par une vingtaine d'intervenantes, sages-femmes, doulas ou thérapeutes.

1. L'hypnose ericksonienne est une forme d'hypnose fondée par le psychiatre américain Milton Erickson. À la différence de l'hypnose traditionnelle, qui repose sur l'auto-suggestion, elle exclut la suggestion directe. Elle amène le patient à trouver une réponse personnelle à ses problèmes dans son inconscient, et le thérapeute est un simple accompagnant. Cette méthode a fortement influencé les créateurs de la PNL.

Chacune dure environ 1 h 30 en individuel et 2 h 30 en petit groupe. Durant chaque séance, un thème particulier est abordé, suivi d'un entraînement d'hypnose. Un livret de suivi, ainsi que des CD audio comprenant musiques, sons et suggestions sont remis aux futurs parents. Les papas sont fortement conviés à assister à la première séance. La méthode doit ensuite être approfondie à domicile, à l'aide des CD audio.

Selon Lise Bartoli, les effets bénéfiques de l'hypno-natal sont innombrables : la pratique réduirait notamment les peurs de l'accouchement, le temps de travail, et les risques d'interventions médicales ou médicamenteuses. Elle intensifierait aussi le lien mère-enfant. À moins, toutefois, d'être pratiquée par une sage-femme, elle ne peut donner lieu à remboursement de la part de la Sécurité sociale. À raison de 50 à 80 € par séance, nombre de parents préfèrent l'intégrer dans leur liste de naissance... Et ce d'autant plus facilement que Lise Bartoli prévoit d'étendre l'hypno-natal au *post-partum* dès 2008.

### 6 – Le yoga

Inspiré de la philosophie indienne, le yoga vise à créer une harmonie totale entre le corps et l'esprit. Des cours collectifs peuvent être dispensés par une sage-femme spécialement formée à cette discipline ou par un professeur de yoga spécialisé dans l'accompagnement de la grossesse. Le prix d'une séance d'une heure varie selon le nombre de participantes (de 15 à 30 €). Au cours de ces séances, la future mère apprend à se relaxer et à adopter naturellement les positions qui la soulagent, que ce soit pendant la grossesse ou lors de l'accouchement. Le yoga peut être commencé à tout moment de la grossesse et il peut être pratiqué autant de séances que l'on souhaite. Toutefois, seules huit séances sont remboursées par la Sécurité sociale. En postnatal, les cours permettent d'apprendre les bons gestes pour porter et allaiter son bébé, mais aussi pour retrouver son tonus musculaire.

### 7 – L'acupuncture

Pendant la grossesse, l'acupuncture peut être utile pour vaincre le stress, l'anxiété et la douleur, mais aussi pour donner une bonne énergie vitale au futur bébé. Elle agit par la stimulation du *chi* (l'énergie vitale du corps) à l'aide de fines aiguilles (en acier et jetables) placées en des points précis afin d'instaurer une circulation énergétique harmonieuse. L'acupuncture peut être pratiquée par des médecins acupuncteurs ou des sages-femmes ayant suivi une formation médicale reconnue, et ce, dès le début de la grossesse. Les séances sont gratuites dans le cadre du suivi de grossesse dans une maternité. En pratique libérale, les séances chez un médecin acupuncteur sont remboursées sur la base d'une consultation de médecin généraliste.

### 8 – Le shiatsu

Le shiatsu est une technique japonaise datant des années 1950 et qui suit les principes de la médecine chinoise : il stimule les points d'acupuncture qui manifestent un manque d'énergie et libère ceux qui en ont trop accumulé en réalisant de petites pressions à l'aide des pouces. Pour la femme enceinte, le shiatsu permettra notamment de relaxer les muscles et le système nerveux et de soulager les courbatures et douleurs musculaires et articulaires dues à la prise de poids. Inconvénient du shiatsu : son prix (environ 45 € pour une séance d'une heure), non pris en charge par la Sécurité sociale.

## III – Donner la vie en dehors des sentiers balisés par le tout-médical

### 1 – Faire un projet de naissance

Les futurs parents qui souhaitent échapper à la surmédicalisation de l'accouchement, tout en étant acteurs à part entière de la venue au monde de leur bébé, peuvent établir un projet de naissance (PDN).

Le PDN permet aux parents de préciser quels gestes médicaux ils souhaitent éviter à la maman et au bébé lors de l'accouchement, et lesquels ils souhaitent privilégier. Il est établi entre le couple et l'équipe médicale chargée de mettre au monde l'enfant, la plupart du temps en milieu hospitalier, mais aussi en maison de naissance, ou même pour un accouchement à domicile. C'est, comme son nom l'indique, un projet. Il n'a donc pas valeur impérative, mais il peut faire office de contrat informel. Il peut être oral, mais il est souvent préférable de le rédiger par écrit, tant pour clarifier ses idées que pour permettre au PDN de circuler parmi les soignants et, si possible, d'être inséré dans le dossier médical.

Sophie Gamelin-Lavois, consultante en périnatalité et présidente-fondatrice de l'Alliance francophone pour l'accouchement respecté (AFAR), explique sur son site [1] que, d'un point de vue juridique, le PDN n'est autre que la concrétisation du « contrat de soins » entre médecin et patient prévu par l'article 32 du code de déontologie médicale.

Le PDN est le résultat d'un cheminement de longue haleine et est susceptible d'évoluer au fil de la grossesse. De plus, il est évident que les négociations avec le corps médical sont d'autant plus difficiles que la grossesse est avancée. C'est pourquoi il est important d'y travailler en amont. Les choix et les refus du couple sont à coucher sur le papier, en veillant à éviter un style trop péremptoire : le PDN n'est pas une plate-forme revendicative, mais une base de négociations, dans le cadre d'une communication cordiale et respectueuse.

---

1. www.sophiegamelin.com

**Projet de naissance de Valérie, 27 ans, maman d'un petit Hector né en juillet 2005 en structure hospitalière à Paris**

• Pendant le travail

– Je souhaite être accompagnée de mon mari ainsi que de ma doula, tout au long de mon accouchement.

– Je souhaite pouvoir marcher à mon aise et adopter les positions de mon gré jusqu'au dernier moment.

– Je voudrais pouvoir boire si j'en éprouve le besoin.

– Je ne souhaite pas avoir le pubis rasé.

– Je souhaite éviter, dans la mesure du possible, les touchers vaginaux.

– Je souhaiterais conserver la tenue de mon choix (un tee-shirt ample), et ne pas être tenue d'enfiler la blouse de la maternité.

– Je ne souhaite pas de péridurale.

– J'aimerais que l'usage du monitoring soit le plus modéré possible.

– Je ne souhaite pas que le travail soit accéléré par l'injection d'ocytocine.

– J'aimerais pouvoir accoucher dans la position de mon choix, et non forcément allongée.

– Pour la durée du travail et notamment pour la sortie de mon bébé, j'aimerais une ambiance tamisée, sans lumières trop vives ou agressives.

• Après la naissance

– Je voudrais pouvoir extraire moi-même mon bébé de mon corps.

– J'aimerais que le cordon ne soit coupé qu'au terme de sa dernière pulsation.

– Sauf impératif, je ne souhaite pas d'épisiotomie.

– Je souhaiterais la délivrance la plus naturelle possible, sans intervenir, sauf urgence particulière, sur la sortie du placenta.

– À la naissance, si tout va bien, je souhaiterais qu'on nous laisse au moins deux heures en peau à peau, mon bébé et moi, avec pour seul tiers son papa.

– J'aimerais que le minimum de soins soit apporté à mon bébé, et qu'il ne soit procédé à une aspiration de ses bronches et de sa trachée que si c'est strictement nécessaire.

– Je souhaite que ce soit mon mari qui procède au premier bain et au premier habillage de notre bébé.

• Suites de couches

– Je souhaiterais garder mon bébé près de moi en permanence, qu'il ne me soit enlevé que sur raisons médicales expresses.

– Je refuse qu'il lui soit donné quelque complément alimentaire que ce soit sans mon autorisation.

– J'aimerais pouvoir quitter la maternité dès que possible.

Sur le fond, attention aux demandes impossibles ou irréalistes : exiger que le bébé soit mis au sein dès la naissance en cas de césarienne, qu'il conserve son cordon entier attaché au placenta jusqu'à ce qu'il tombe naturellement ou s'opposer *a priori* à une épisiotomie s'il est né en siège. Pour mettre toutes les chances de leur côté, les parents peuvent demander conseil à une association comme l'AFAR. À noter que certaines maternités – encore rares – distribuent d'emblée aux futures mamans une proposition de projet de naissance.

## 2 – Accoucher dans l'eau

Cette pratique, courante dans les pays d'Europe du Nord (la Belgique compte la toute première maternité entièrement aquatique : l'hôpital d'État Henri-Serruys, à Ostende), est encore peu fréquente dans l'Hexagone. Les premiers accouchements dans l'eau ont été expérimentés en URSS dans les années 1960. Ils font leur apparition en France dans les années 1970. Ce n'est pourtant que dans les années 1990 que des maternités s'équipent de « bains de détente », permettant aux femmes de se relaxer pendant le travail..

L'accouchement aquatique se fait dans une grande baignoire, parfois transparente. La salle d'accouchement aquatique est spécialement aménagée pour favoriser une totale décontraction et ne pas évoquer une médicalisation excessive. Lorsque les contractions deviennent douloureuses, la future maman se plonge dans un bain entre 34 et 36 °C (bain de dilatation) qui a un effet antispasmodique et relaxant. Lorsque le bébé va naître, elle quitte la piscine de relaxation pour entrer dans la baignoire d'accouchement, avec une eau à 37 °C dans laquelle on ajoute quelques gouttes de chlore. Elle peut aussi choisir d'expulser son bébé hors de l'élément liquide, arrêter le travail dans l'eau et demander une péridurale si la douleur est trop forte. Le papa peut parfois entrer dans l'eau. Il se place alors derrière la maman et l'aide lors des contractions. Pendant tout le travail, le rythme cardiaque du bébé et les contractions sont surveillés par monitoring.

Thierry Richard, gynécologue-obstétricien et président de l'Association française de naissance aquatique, expose sur le site de l'association les multiples avantages que recouvre selon lui cette méthode : douleur et stress de l'accouchement réduits, rôle actif de la femme dans la naissance de son enfant, réduction considérable du taux d'épisiotomie (10 % contre 75 % pour une première naissance) et du besoin de péridurale (moins de

10 %), durée d'accouchement divisée par trois. Le taux de forceps passerait de 15 % à moins de 10 % et le taux de césarienne de 18 % à moins de 10 %. Ajoutons à cela une récupération ultra-rapide de la maman après l'accouchement et une naissance douce et peu traumatisante pour les bébés (qui naissent sans crier et parfois même endormis).

À sa naissance, le nourrisson peut rester jusqu'à une minute sous l'eau, puis il est posé nu sur la poitrine de sa maman. Selon les promoteurs de l'accouchement aquatique, il ne court aucun risque de se noyer, car tant que son visage n'est pas en contact avec l'air, il ne reçoit aucune stimulation pour l'inciter à respirer. Une étude faite sur 4 032 bébés nés dans l'eau entre avril 1994 et mars 1996 en Angleterre et au pays de Galles dénombre 5 morts périnatales, soit un taux de 1,2 ‰. Ce taux est tout à fait comparable à celui observé pour les naissances sans risques qui n'ont pas eu lieu dans l'eau [1].

Pourtant, de nombreux obstétriciens restent sceptiques et déconseillent de rester dans l'eau pour l'accouchement lui-même. Selon eux, il n'est pas possible d'assurer la même surveillance du bébé et de la progression de la naissance dans ces conditions. Ils assurent aussi que bien qu'il soit dans l'eau depuis neuf mois, le nouveau-né aura le réflexe de respirer dès son arrivée. Enfin, ils estiment qu'il est plus difficile de prévenir une éventuelle déchirure du périnée et pointent les risques d'infection sans une hygiène irréprochable.

En tout état de cause, cette pratique est réservée aux grossesses normales et, bien sûr, aux femmes qui se sentent à l'aise en milieu aquatique. Elle est également envisageable pour les

---

1. Gilbert, R.E., et Tookey, P.A., « A landmark in the history of birthing pools » (Une étape décisive dans l'histoire de l'accouchement dans l'eau), *British Medical Journal*, 319, 1999, p. 483-487.

naissances multiples. Le suivi d'une préparation à l'accouchement dans l'eau, comme l'haptonomie, est conseillé à partir de 24-25 semaines.

Seules cinq maternités en France pratiquent la naissance aquatique : la maternité des Lilas (Paris), la clinique du Champ-Fleuri à Decines, près de Lyon, la maternité d'Arcachon, le centre hospitalier de Guingamp et la polyclinique d'Oloron.

### 3 – Accoucher en maison de naissance

#### Où en est-on ?

Bien que, depuis la nuit des temps, l'accouchement se soit toujours déroulé à la maison, entre femmes, le milieu médical, dans les pays occidentaux, l'a graduellement pris en charge. Depuis les années 1960, la quasi-totalité des accouchements en France se déroule en milieu hospitalier. Les maisons de naissance (MDN) sont censées pallier l'absence de choix intermédiaire entre l'accouchement à domicile et la prise en charge surmédicalisée de la naissance en milieu hospitalier.

Aux États-Unis, la première MDN a été fondée en 1975, à New York. Il en existe aujourd'hui environ 150 outre-Atlantique. En Europe, la première « Maison d'accouchement » a ouvert à Berlin en 1987. À ce jour, on compte près de 60 maisons de naissance outre-Rhin, avec chaque année 8 000 enfantements, ce qui représente 5 % des accouchements annuels. Cette tendance s'affirme de plus en plus. Suisse, Autriche, Belgique, Grande-Bretagne, Italie, Espagne, Portugal... Le plus souvent, ce sont des projets privés, sauf au Québec, dont les huit maisons de naissance sont placées sous responsabilité de l'État.

En France, la mise en place de structures expérimentales a été inscrite dans les décrets de périnatalité du 9 octobre 1998, et réaffirmée dans le plan périnatalité 2005-2007, dont leur expérimentation constituait l'une des quatre priorités. Pourtant, il n'existe encore, à ce jour, aucune MDN officiellement ouverte en France. Les décrets d'application se font attendre, sur fond de polémique croissante.

Les discussions portent sur la définition même de ce lieu. Tout le monde s'accorde à dire qu'une MDN est un lieu non médicalisé d'accueil, de suivi et d'accouchement, accessible aux futures mamans dès lors que la grossesse, l'accouchement et le *post-partum* restent dans le cadre de la physiologie, ce qui concerne près de 90 % des femmes. Pour le reste, le débat n'est pas tranché entre les pouvoirs publics et les défenseurs des MDN, au premier rang desquels le collectif CIANE, constitué en juin 2003 et regroupant 137 associations d'usagers et de professionnels du réseau périnatal français [1]. Pour ces derniers, la MDN, telle que le terme en a été déposé en 1999 auprès de l'Institut national de la protection industrielle, est caractérisée par trois éléments. *Primo*, les sages-femmes en assurent le fonctionnement et l'entière responsabilité médicale. *Secundo*, l'accompagnement est global, c'est-à-dire qu'il associe une femme (ou un couple) et une sage-femme (parfois deux) du début de la grossesse à la fin des suites de couches. *Tertio*, la structure de la MDN est physiquement, juridiquement et administrativement différenciée de sa maternité partenaire. Elle peut se situer en son sein ou à proximité, dès lors que le transfert des femmes peut se faire dans des délais compatibles avec l'urgence.

Et c'est là que le bât blesse. Car cette « distance compatible avec la sécurité » est très variable selon les pays. En Australie, par exemple, la distance estimée acceptable est celle qui permet un transfert en moins de 90 minutes... Mais en France, début 2007, la Direction de l'hospitalisation et de l'organisation des soins (DHOS) a estimé que la proximité devrait être telle

1. http://ciane.info/

qu'aucun moyen motorisé ne soit nécessaire au transfert. Et le dernier plan périnatalité définit les MDN comme attenantes (à savoir non séparées par une voie de circulation) à un plateau technique de maternité hospitalière. Les associations de soutien aux MDN estiment que leur esprit initial autonome est dénaturé. Il semble en effet que l'on s'oriente avant tout vers des « pôles physiologiques », rattachés à un établissement de soins.

La dernière phrase du plan de périnatalité 2005/2007 concernant les MDN stipule que « l'expérimentation pourrait commencer pour les projets déjà bien avancés, dès parution des textes ». Ainsi, pour permettre aux MDN d'exister, il faudrait leur attribuer le statut de « projet pilote » à titre expérimental.

Début juin 2007, onze initiatives se positionnaient pour être l'un des projets pilotes choisis par le gouvernement : Paris (les Bluets), Pontoise, Bordeaux, Kremlin-Bicêtre (Val-de-Marne), Beauvais, Annecy, Lyon, Rennes, Nantes, Nancy et Pau. Les cinq premiers disposent depuis 2006 de locaux *intra-muros* à une structure hospitalière, soit spécifiques, soit au sein même de la maternité. Voire, pour Pontoise – le plus abouti et où quelque 80 naissances avaient déjà eu lieu en octobre 2007 –, d'une activité partielle : accompagnement global, pré-travail... Seul l'accouchement en lui-même devait se dérouler au sein de la maternité, pour des questions d'assurance.

Deux initiatives ont d'ores et déjà échoué. La maison de naissance Sainte-Thérèse à Sarlat, en Dordogne, seule indépendante en France à avoir réellement fonctionné. Ouverte en 1986, la maison a été fermée par décision de justice en 1999, parce qu'elle fut assimilée à un établissement de soins non conforme aux normes sanitaires en vigueur. Une autre a fait long feu à Montpellier en 2003. Enfin, à signaler, une initiative locale, toujours viable à ce jour, mais n'ayant *a priori* pas vocation à se développer : le gîte rural du Bosquet, à Vals-les-Bains (Ardèche), accueille quatre à cinq naissances par an, sous la responsabilité d'une sage-femme libérale.

En août 2007, tous les projets français étaient en attente du lancement, prévu pour octobre, d'une phase expérimentale, d'une durée de trois ans, pour commencer leur activité. Favoris : Les Bluets, Pontoise, Bordeaux, Kremlin-Bicêtre et Beauvais.

Selon les critères actuellement retenus, le nombre de projets éligibles ne dépasserait en effet pas quatre ou cinq – un chiffre très bas pour un pays comme la France. Ce verdict était prévu, par décret en Conseil d'État, pour octobre 2007. Bien qu'à l'heure actuelle la demande de ce type d'accompagnement reste encore très minoritaire (moins de 5 % de la population), le CIANE estime que 25 % des naissances au minimum pourraient, à terme, être concernées par les MDN, soit 200 000 naissances par an [1].

Pour tous, les difficultés à surmonter sont nombreuses : dans l'esprit du grand public, la confusion est encore fréquente entre un accouchement dans un pôle physiologique type MDN et un accouchement à domicile, entre ce nouveau type d'activité, très encadré et sécurisé, et l'exercice solitaire des accouchements d'avant les années 1970. Les promoteurs des MDN devront aussi surmonter l'hostilité forte d'une part des gynécologues-obstétriciens et des établissements de santé, ainsi que le faible nombre de sages-femmes souhaitant se lancer dans l'aventure.

En attendant la publication des textes, les futures mamans françaises, notamment celles résidant aux frontières de pays limitrophes comme la Belgique, la Suisse ou l'Allemagne, ont toujours la possibilité de se rabattre sur des MDN de ces pays pour donner naissance à leur enfant.

---

1. CIANE, *Modélisation des coûts de fonctionnement d'une Maison de naissance*, février 2007.

**Strasbourg : attention, « fausse » maison de naissance !**

Le 4 mai 2004, à grand tapage médiatique, « l'espace naissance » de l'hôpital de Hautepierre, à Strasbourg, ouvrait ses portes. Dirigé par le professeur Israël Nisand, il se voulait, aux dires de celui-ci, un endroit « conçu pour les parents qui désirent accueillir leur bébé le plus naturellement possible ». La maison de naissance est gérée par des sages-femmes. « On n'y fait pas de péridurale, pas de césarienne, on surveille mais sans excès, on ne pose pas de perfusion pour accélérer le travail, on accepte toutes les positions, on autorise les futures mamans à recevoir leur famille, à doser l'éclairage, à écouter de la musique... », expliquait alors le professeur. Las ! Ce havre de paix et de non-médicalisation est situé au 5e étage de l'hôpital mère-enfant de Hautepierre... bref, en plein cœur de la maternité, également dirigée par le professeur Nisand.

Un détail qui fait se récrier les partisans de MDN « pures et dures », à savoir à 100 % indépendantes de toute structure médicalisée. Ils craignent, comme Blandine Poitel, fondatrice du CIANE, que l'ensemble des projets à venir soient calqués sur cette « exception culturelle bien française ».

## Accoucher en maison de naissance : comment cela se passe-t-il ?

Dans une MDN, qu'elle y soit rattachée ou non, on ne doit surtout pas se sentir à l'hôpital. Ici, pas de salles de travail avec étriers et matériel médical omniprésent. Dans les « chambres d'accouchement », l'équipement nécessaire pour assurer la sécurité de la mère et du bébé (électrocardiogramme, appareils d'aide respiratoire...) est présent, mais discret. On y trouve surtout grand lit, baignoire, ballon, chaîne stéréo pour diffuser de la musique douce pendant le travail... Les locaux comprennent également une salle dédiée aux séances de préparation à la naissance, un bureau de consultation, un centre de documentation (allaitement, nutrition, psychologie, vaccination...), une cuisine-salle à manger à disposition des familles, voire une « chambre des familles » pour les papas, frères et sœurs ou même grands-parents qui souhaiteraient passer la nuit, une aire de jeu pour les enfants, etc.

S'agissant du suivi, une sage-femme est responsable de la future maman dès le début de sa grossesse, jusqu'après la naissance de l'enfant. Une seconde sage-femme assiste celle-ci lors de l'accouchement et assure les rencontres de suivi après la naissance. Il s'agit en tout d'une dizaine de rendez-vous, toujours avec des personnes familières et au courant du dossier.

Le conjoint (ou une autre personne, doula, grand-mère ou grand frère) peut assister à toutes les étapes du suivi de grossesse, et être présent à l'accouchement. La surveillance de l'évolution du travail, bien qu'elle se déroule selon les normes reconnues en obstétrique, est beaucoup moins intrusive, la sage-femme n'effectuant pas systématiquement des gestes tels que touchers vaginaux, rasage, pose du monitoring, etc. Comme on ne prévoit pas de péridurale, les femmes bougent beaucoup pendant l'accouchement. Outre le choix très vaste de positions, elles ont à leur disposition un tabouret spécial d'accouchement, des balles, des cordes... Elles peuvent boire, manger et bouger librement. La péridurale est éventuellement remplacée par l'homéopathie et l'acupuncture.

Lors de complications, la sage-femme est habilitée à intervenir ; elle peut demander une consultation à un médecin ou organiser un transfert en centre hospitalier, de façon rapide et sécurisée. À la MDN des Bluets, on estime ainsi le taux de transfert à 25 %, dont 15 % au cours de la grossesse et 10 % au cours du travail. Dans ce cas, la sage-femme accompagne la mère et le bébé et demeure responsable des soins jusqu'à la prise en charge médicale.

Les minutes qui suivent la naissance sont empreintes de calme et de chaleur. On ne coupe le cordon que lorsque la circulation sanguine fœtale s'arrête. Le bébé est laissé en peau à peau contre sa mère, seul avec ses parents, aussi longtemps que ceux-ci le souhaitent ; il n'est pas forcément baigné ou pesé immédiatement, n'est pas aspiré si son état ne l'impose pas, etc. La sage-femme n'intervient auprès de la mère et de l'enfant que si les circonstances l'exigent, laissant le maximum d'intimité au couple et à son bébé pour se découvrir mutuellement. Elle demeure toutefois au moins trois heures sur les lieux après la naissance, afin de surveiller l'état de santé du bébé et celui de la mère, et d'aider à la première mise au sein. La sortie de la maman et du bébé a lieu dans les 24 heures suivant la naissance.

## L'accouchement en maison de naissance, ou l'alliance du confort et de la sécurité

Une étude américaine a comparé un groupe de 11 814 femmes ayant accouché en MDN et 2 000 femmes à grossesse à bas risque ayant donné la vie à l'hôpital. Il en ressort que le mode de sélection effectué par les MDN permet aux femmes dont la grossesse est normale d'éviter les pratiques obstétriques interventionnistes conçues pour les grossesses à risques, sans qu'il en résulte de désavantages pour elles ou leur bébé. Pour cette clientèle, une autre étude américaine, publiée par le *New England Journal of Medecine* en 1989, a démontré que les MDN sont au moins aussi sûres que les hôpitaux. De plus, le taux de satisfaction des patientes interrogées atteignait 98 %. Selon certaines recherches, le taux de mortalité serait même inférieur dans les MDN, pour le groupe de femmes à grossesse normale [1].

1. www.passeportsante.net

## Témoignage

## « Mon bébé est né dans le silence et dans la paix... »
## Blandine Poitel

**Elle est fondatrice du CIANE. Son troisième enfant, Brice, est né en 1994 à la maison de naissance de Sarlat.**

« C'était mon troisième enfant... Je gardais des deux premiers accouchements un sentiment amer d'inachevé, l'impression très nette d'avoir manqué quelque chose d'essentiel... D'avoir été infantilisée, de ne pas avoir pu satisfaire mes besoins essentiels (bouger, boire quand j'avais soif...). Tout cela, je l'avais vécu comme de la maltraitance envers moi et mes bébés. J'avais encore leurs hurlements de douleur dans les oreilles, dûs aux gestes de soin qu'ils avaient subi à la naissance... quel accueil ! et qui n'étaient que les attitudes et les gestes normaux d'un accouchement normal dans un hôpital normal. Je dus convaincre mon compagnon, et tout organiser : ce n'était pas simple, c'était à 500 kilomètres de chez nous. Mais j'y parvins... Et en ce 12 juillet, c'est le cœur battant que je sonnai à la porte de la maison de naissance, avec armes, bagages et famille.

« L'accouchement commença presque dix jours plus tard. J'étais en paix, en confiance, je me sentais en sécurité, entre ma sage-femme qui avait accompagné des milliers de femmes en travail, et ma doula.

« Et quelle paix, quelle joie que de ne pas courir en travail, de me déplacer... rien à penser, juste à vivre l'instant ! L'accouchement fut très intense, mais rapide : moins de trois heures... mon bébé naquit dans le silence, dans la paix et la douceur d'une fin de journée d'été, entouré de personnes attentives, respectueuses, émerveillées... Aucun pleur, pas un cri, même pas un grognement ou un froncement de sourcils quand, quelques secondes après sa naissance, il commença tout doucement à respirer sous mes yeux. Je n'avais jamais vu naître un bébé tout rose comme lui, je n'avais jamais vu un nouveau-né ne pas hurler à la naissance, je n'avais jamais vu un bébé prendre sa première respiration dans le respect...

« Ça a été comme jamais je n'aurais imaginé qu'une naissance pût être : serein, doux, avec un sentiment incroyable de paix, d'accomplissement, de joie intense... Et si facile, évident...

« Cette naissance m'a bouleversée, et m'a offert de nombreux cadeaux, toujours présents même presque dix ans plus tard. Et mon bébé, mon bébé né dans le respect de ses besoins, accueilli dans la douceur, est devenu un enfant calme, sécurisé, paisible... Il est comme il est né : tranquille. Coïncidence ? »

### 4 – Se faire accompagner par une doula

Dans la plupart des cultures traditionnelles, il existe une matrone chargée de materner une femme en couches afin que celle-ci ne s'occupe que de son bébé. Une accompagnante qui prend en charge le ménage, la nourriture, au besoin les autres enfants... Mère elle-même, elle détient un savoir féminin ancestral concernant les soins à apporter au bébé et à l'accouchée : plantes, onguents, paroles à guérir, massages, pratiques diverses soutenues par les coutumes, les rituels, les traditions locales, et par son expérience de femme et de mère. Avec une doula, la parturiente se trouve dans un rapport de sororité et de solidarité féminine. Ce rapport est depuis longtemps oublié dans nos sociétés modernes, ce qui génère une solitude et un désarroi souvent grands chez les femmes et leur conjoint face à la grossesse et à l'accouchement. C'est ce manque que sont censées pallier les doulas.

Le terme *doula*, « servante de confiance » en grec ancien, fut utilisé pour la première fois aux États-Unis par Dana Raphael en 1973 dans son livre *The Tender Gift: Breastfeeding*[1]. Aujourd'hui utilisé et reconnu dans le monde entier, il désigne un accompagnement non médical, d'une femme à une autre, autour de la grossesse, de l'accouchement et des suites de couches.

En 2002, environ 5 % des femmes ayant accouché aux États-Unis avaient employé une doula. À tel point que le métier se segmente déjà : certaines doulas commencent à se spécialiser soit en accompagnement de la grossesse, soit en suites de couches. Ces chiffres sont bien supérieurs à ce qui est encore pratiqué en France, où la profession a connu ses premiers balbutiements en 2002. Mais le recours à la doula est en essor constant depuis. Les doulas remportent notamment un vif succès auprès des futures mamans attirées par le maternage. L'association Doulas de France, créée en février 2006, recense dans son annuaire 42 doulas actuellement en exercice en France et 150 en formation (contre 250 en exercice en Grande-Bretagne, par exemple). En 2005, elles ont accompagné 138 naissances dans l'Hexagone, dont un tiers à domicile.

La doula n'est pas une sage-femme : elle ne peut effectuer aucun acte médical, ni établir aucun diagnostic. Elle ne peut pas non plus assister seule la future maman pendant l'accouchement : ce serait au risque d'être accusée d'exercice illégal du métier de sage-femme et de non-assistance à personne en danger. Il s'agit, dans l'immense majorité des cas, d'une femme ayant déjà eu au moins un enfant et qui, *a priori* du moins, a suivi l'une des nombreuses formations privées désormais disponibles sur le marché. Elle a moins de 40 ans, un âge avant tout dû à la nouveauté du métier, ce qui ne manque pas de poser certains problèmes. « Ces accompagnantes manquent parfois de disponibilité et de recul par rapport aux questionnements de la maternité, dans lesquels elles sont encore plongées », admet

1. Raphael, Dana, *The Tender Gift : Breastfeeding* (L'allaitement, un cadeau de tendresse), Prentice Hall, 1973.

Pascale Gendreau, fondatrice et coprésidente de l'association Doulas de France.

Une bonne doula possède, au minimum, une excellente connaissance de la physiologie de la grossesse, de la naissance et de la période postnatale. Elle a aussi et peut-être surtout, à son actif, une bonne dose de psychologie, d'empathie et de discrétion. Comme il est précisé sur le site[1] : « Être doula est une manière d'être et non de faire [...]. La doula qui vous convient n'est pas nécessairement la plus instruite, les qualités humaines prévalant sur les connaissances académiques dans cette activité. » La doula aura en effet la tâche délicate de soutenir et d'informer le couple dans toutes les étapes de la grossesse, y compris l'accouchement et les suites de couches, sans jamais chercher à imposer ses vues : c'est une compagne de route, pas un *coach*. Elle doit être présente tout en sachant se faire oublier, être une confidente, presque une amie, sans pour autant faire partie de la famille.

C'est un exercice d'équilibre assez délicat, qu'elle est d'autant plus tenue de mener à bien que ses services sont payants et non pris en charge par la Sécurité sociale. Chaque doula fixe ses tarifs. Une séance coûte en moyenne entre 40 et 70 €, et l'accouchement entre 250 et 400 €. Beaucoup de doulas proposent un forfait d'environ 500 € aux parents. Ce forfait comprend généralement cinq à dix visites, à répartir avant et après la naissance selon les besoins, et une disponibilité complète lors de l'accouchement. La doula est également joignable 24 heures sur 24 les jours qui précèdent et qui suivent la naissance. Enfin, elle est présente, après la venue au monde du bébé, lorsque la mère (ou le père) en éprouve le besoin, le temps que chacun soit bien installé.

À quoi sert une doula ? Son rôle principal, pendant l'accouchement, est de soutenir la future maman et de penser à tout

1. www.doulas.info

ce qui peut la soulager. La doula est chargée d'apporter tout le nécessaire pour la détendre : ballon ou tabouret d'accouchement, lecteur de CD, coussins... Elle lui suggère des positions pour se sentir mieux, lui propose de chanter, l'encourage. Elle peut aider le futur père, souvent débordé par les événements, à trouver sa place, par exemple en lui indiquant des massages qui soulageront sa compagne. Elle peut également prendre temporairement la relève, si le père a besoin de souffler un moment.

Sous peine d'être confrontés à une mauvaise surprise dans un moment où l'on s'en passerait bien, les parents doivent prendre la précaution de prévenir le plus en amont possible l'équipe médicale de la présence de leur doula à leurs côtés le jour J. Ce qui peut se faire, notamment, dans le cadre d'un projet de naissance. Cela nécessite parfois une bonne dose de persuasion, tant les équipes médicales désapprouvent leur présence (à commencer par les sages-femmes, dont beaucoup estiment encore que les doulas se sont approprié l'une de leurs prérogatives : l'accompagnement psychologique de la femme enceinte et de la jeune maman).

La doula apporte également son aide pour gérer le quotidien de l'après-naissance (soins au bébé, mise en place de l'allaitement, portage en écharpe, gestion des aînés...). Elle peut aussi, en cas de besoin, diriger les parents vers des personnels médicaux ou vers des spécialistes divers (conseillère en lactation, osthéopathe...). Elle est soumise au secret professionnel.

La présence d'une doula est appréciée et déclarée utile par la quasi-totalité des parents qui y ont fait appel. Delphine, maman de Louisa, née en août 2006, est ravie : « Être accompagné par Marie pendant ma grossesse m'a beaucoup rassurée, car à toutes les questions que je me posais, elle a su répondre avec des mots clairs et précis, déclare-t-elle. Au fil de nos rencontres, j'ai découvert des techniques pour me relaxer pendant les contractions, d'abord utiles au début chez moi, puis à la maternité... Grâce à elle, j'ai compris le rôle de la douleur et apprivoisé différemment les contractions. Mes craintes se sont envolées... L'accouchement n'avait plus de secrets pour moi, et tout s'est très bien passé : j'ai mis mon bébé au monde sans péridurale. »

**Présence d'une doula : des résultats chiffrés**

Des études scientifiques[1] ont montré les effets bénéfiques de la présence d'une doula lors de l'accouchement :

- 50 % de diminution du taux de césarienne
- 25 % de réduction du temps de travail
- 60 % de réduction de demande de péridurale
- 30 % de réduction d'utilisation d'analgésique
- 40 % de réduction de l'utilisation de forceps
- moins de dépressions *post-partum*
- un meilleur souvenir de l'accouchement
- une confiance en soi accrue
- un meilleur taux d'allaitement et un allaitement plus long

## La formation des doulas : une jungle commerciale à réguler d'urgence

Si les doulas sont plus nombreuses de jour en jour, le métier n'a aucune existence juridique réelle : à ce jour, il n'est pas référencé au Registre des métiers. Bien plus que le caractère

---

1. MARSHALL, Phyllis Klaus et KENNELL, John, *The Doula Book : How a Trained Labor Companion Can Help You Have a Shorter, Easier and Healthier Birth* (Le Livre des doulas : une compagne de travail expérimentée peut rendre un accouchement plus court, plus facile et plus sûr), New-York, Perseus Press, 2002.

inédit de l'activité, sont en cause le flou qui entoure à l'heure actuelle la formation et l'absence de statut clair de ces « accompagnantes ».

Mi-2007, pas moins d'une dizaine d'organismes en France, et un nombre bien supérieur à l'étranger, proposaient aux postulantes à l'accompagnement à la naissance de les former au métier de doula, en validant, dans un laps de temps allant de quelques heures à quelques jours, un certain nombre de modules théoriques et pratiques. Au programme : anatomie, physiologie de la grossesse, allaitement, suivi du couple, bien-être du bébé *in utero*, etc. Ces stages sont sanctionnés par un examen ouvrant à une certification sans aucune reconnaissance officielle, ni de la part de l'Éducation nationale, ni d'un quelconque organisme représentatif de la profession (et pour cause).

Une fois « certifiées », les doulas sont fortement incitées à parfaire leur formation au travers de stages et d'ateliers au parentage, au projet de naissance, à l'hypno-natal, au chant prénatal, à l'allaitement, au portage, au secourisme, au massage ou encore à l'« altérité maternelle appliquée » (*sic*). Bref, des apports aussi hétéroclites qu'obscurs, dont le principal point commun est d'être plutôt coûteux : jusqu'à plusieurs milliers d'euros pour une formation complète, évidemment totalement à la charge de l'aspirante doula. Avec des options qui laissent parfois rêveur. Ainsi, l'association d'origine québécoise Mère et Monde propose, outre sa formation théorique d'un coût de 750 € dispensée dans ses locaux en France et en Belgique, la possibilité, pour les ressortissantes de ces deux pays, de ne débourser que 150 €... en étant formées par e-mails ! Un peu léger, pour un métier qui repose avant tout sur le contact humain... Les plus perfectionnistes pourront, elles, compléter leur cursus théorique par un stage de 45 heures, pour la modique somme de 200 €... plus le billet d'avion aller-retour pour le Québec, où se passe obligatoirement ledit stage.

Celles qui n'ont pas d'argent à jeter par les fenêtres sont d'autant plus fondées à ne pas se tourner vers ces formations (dont certaines, comme celle dispensée par l'obstétricien Michel Odent, pourtant d'excellente qualité) que n'importe quelle femme peut se prévaloir du titre de « doula ». « Rien n'oblige, à l'heure actuelle, une soi-disant doula à avoir suivi la moindre formation, ni à signer notre charte déontologique », déplore Pascale Gendreau. En clair, si l'on compte les doulas officieuses, elles sont peut-être non plus une quarantaine, mais plusieurs centaines à proposer leurs services, moyennant finances, aux couples de futurs parents, avec une légimité parfois douteuse. Bref, c'est l'anarchie qui prévaut.

De surcroît, certains de ces organismes incluent dans leurs formations des modules de techniques issues de médecines naturelles : haptonomie, shiatsu, massages, etc. Certaines sont si improbables qu'elles ont été épinglées par la Mission interministérielle de vigilance et de lutte contre les dérives sectaires (Miviludes) dans son rapport annuel 2006, qui cite nommément « la formation au métier de doula ». Cet amalgame a été dénoncé par l'association Doulas de France, qui a répliqué en assignant en justice les deux organismes en cause dans le rapport. « Nous voulons être très claires là-dessus : la pratique médicale, naturelle ou pas, n'entre pas dans les attributions de la doula, déclare Pascale Gendreau. Cette exigence nous a déjà amenées à exclure une dizaine de pratiquantes de notre annuaire et nous oblige à observer une certaine fermeté. Mais il en va de la pérennité de la profession. » La Charte des doulas précise par ailleurs : « Nous ne proposons pas d'accompagnement religieux à la naissance ; nous ne faisons pas de prosélytisme. » Afin d'offrir davantage de garanties, les doulas, pour être accréditées, devront désormais être « marrainées » par une doula expérimentée, pendant une période de six mois à un an.

À partir de janvier 2008, l'association Doulas de France devrait en outre se rapprocher d'un organisme formateur pour mettre au point la première formation complète au métier de doula. D'ores et déjà, l'association a fait des démarches auprès du ministère de l'Éducation nationale afin de tenter de faire reconnaître un certain nombre de modules. « Chaque doula devrait pouvoir valider un cursus de 144 heures minimum, comprenant un nombre d'heures défini sur plusieurs points – physiologie de la grossesse, accueil du bébé, allaitement, etc. – dont chaque organisme serait libre de fixer les modalités », précise Pascale Gendreau. Selon elle, en attendant que le cursus complet soit disponible, la formation des doulas devrait se faire, dans la mesure du possible, en cumulant les modules de formation de divers ateliers ou préparations. En l'absence de classification des formations, aux aspirantes doulas de se renseigner sur la validité, au cas par cas, de tel ou tel cursus...

En attendant que la situation s'éclaircisse, les parents sont eux aussi fortement invités par Pascale Gendreau à vérifier la formation suivie par la doula avec laquelle ils sont en contact, à s'informer sur sa pratique et son rattachement à l'annuaire de l'association. Et elle prévient les candidates au métier : « Certaines s'estiment formées après avoir suivi un stage de trois jours. Il y a en a même qui disent que finalement, pour devenir doula, il suffit presque d'être mère ! Devenir doula, c'est un cheminement, avant tout basé sur l'expérience. Ça ne s'improvise pas. »

### 5 – L'ACCOMPAGNEMENT GLOBAL PAR UNE SAGE-FEMME ET LA NAISSANCE EN PLATEAU TECHNIQUE

Accoucher à l'hôpital avec « sa » sage-femme est possible dans certains hôpitaux, qui accordent aux sages-femmes libérales l'accès au plateau technique : la sage-femme qui a accompagné la future maman durant la grossesse peut l'accompagner à l'hôpital pour la naissance et bénéficier de l'infrastructure hospitalière, sans qu'une autre présence médicale soit requise lors de l'accouchement. La plupart du temps, cet accouchement est précédé d'un accompagnement global de la naissance (AGN). L'AGN est une notion créée et défendue par l'Association nationale des sages femmes libérales (ANSFL) depuis 1983. Le principe : un seul praticien pour assurer la surveillance médicale de la grossesse lors des consultations prénatales, la préparation à la naissance, la surveillance et la responsabilité de l'accouchement, les soins postnatals de la mère et de l'enfant.

Les critères pour accoucher à l'hôpital avec une sage-femme sont les mêmes que pour accoucher à la maison ou en MDN : bébé à terme, mère en bonne santé et grossesse laissant présager un accouchement normal. Si ce type d'accouchement est possible après une césarienne, il ne l'est pas pour des jumeaux ou pour un siège. Le jour de l'accouchement, la sage-femme rejoint la future maman chez elle dès le début du travail et surveille l'avancée des choses à domicile. Lorsque la dilatation est bien avancée, et selon la distance de l'hôpital et le souhait des parents, le couple et la sage-femme se rendent à l'hôpital. Après la naissance, le couple et le bébé peuvent rentrer chez eux (un suivi quotidien est prévu par la sage-femme) ou rester quelques jours en maternité.

Cette solution est plus confortable pour la future maman, qui peut ainsi allier la proximité d'une figure connue et rassurante, la sage-femme, et la sécurité d'un hôpital. En effet, en cours de travail et d'accouchement, si la sage-femme a la moindre inquiétude sur l'évolution de la santé de la maman ou du bébé, elle appellera l'obstétricien de garde ou le médecin de référence de la maman ; de même si la maman souhaite une péridurale.

Malheureusement, cette option reste un luxe que peu de femmes peuvent se permettre, étant donné » le peu de possibilités qui s'offrent à elles en la matière. En cause d'abord : le faible nombre de sages-femmes pratiquant l'AGN. Dans son mémoire [1], Mathilde Munier note que 86 % des sages-femmes

1. Munier, Mathilde, « Accompagnement global avec accouchement à domicile en France de 1997 à 2001 » (mémoire de fin d'études pour le diplôme d'État de sage-femme, 2005).

sont aujourd'hui salariées d'un établissement hospitalier. Or les multiples astreintes auxquelles elles sont soumises leur laissent rarement la possibilité de suivre leurs patientes pendant les dix mois que couvrent la grossesse et les suites de couches. « Seule la sage-femme libérale a la possibilité d'exercer sa profession dans toute sa globalité », conclut-elle. Et, à l'heure actuelle, sur les 2 000 sages-femmes libérales exerçant en France, elles ne sont guère qu'une trentaine à effectuer un suivi global.

En effet, note Mathilde Munier, l'accès aux plateaux techniques des maternités étant loin de leur être facilité, pour beaucoup d'entre elles, la seule possibilité de proposer un AGN est d'effectuer des accouchements à domicile.

**Témoignage**

**La naissance de Louise en plateau technique, le 21 septembre 2006**
**Catherine Chaumont, maman de trois enfants.**

« Louise est née en plateau technique, uniquement avec mon mari et mon maïeuticien (c'est-à-dire homme sage-femme), qui ont su s'effacer et laisser faire les choses, dans la pénombre et le silence, en totale liberté. J'ai connu des sensations et expérimenté des forces que je ne soupçonnais pas. Personne ne m'a demandé de pousser, ni dit comment faire. Un seul toucher à mon arrivée, pas de synto, pas de perf (juste une voie veineuse en place), un seul enregistrement de 20 minutes par monito et une écoute de quelques secondes en fin de travail (comme j'étais à quatre pattes au sol, mon maïeuticien était en gros dans la même position et a placé – avec sa main, et non des sangles – le capteur sur mon ventre). L'accueil de ma fille s'est fait en douceur. Pas d'aspiration gastrique, pas de tuyau dans ses narines ni dans son oesophage, ni dans l'anus. Cordon coupé après qu'il ne battait plus. Je l'ai eue contre moi un long moment avant qu'elle me soit enlevée, accompagnée par son papa, pour être pesée. Puis retour dans mes bras. C'est moi qui l'ai habillée. Je souhaite à toutes les femmes qui le veulent de pouvoir connaître ça et à tous les bébés d'être accueillis avec autant de douceur et d'humanité... »

## 6 – Accoucher à domicile

Depuis toujours, et dans toutes les cultures, les femmes ont accouché à domicile, assistées par des sages-femmes. Mais dès la fin du XIXe siècle, les professionnelles de l'accouchement sont confrontées à la concurrence croissante des médecins et des hôpitaux. Avec la généralisation de l'asepsie, ces derniers deviennent des endroits considérés comme plus sûrs que le foyer. En 1920, un tiers des accouchements parisiens ont lieu dans un établissement de l'Assistance publique, tandis que 71 % des naissances dans toute la France sont effectuées par une sage-femme. En 1939, la proportion de naissances en milieu hospitalier parisien passe à deux tiers, tandis que les sages-femmes n'effectuent plus que 60 % des accouchements.

L'entre-deux-guerres voit croître l'hospitalisation systématique de toute parturiente, dans le but d'une plus grande sécurité pour elle et son enfant. À partir de 1945, la création de la Sécurité sociale et la gratuité des soins relatifs au suivi de la grossesse, à l'accouchement et aux suites de couches précipitent les femmes dans les hôpitaux publics. Celles qui persistent à vouloir accoucher à domicile doivent non seulement verser des honoraires à la sage-femme ou au médecin, mais encore se procurer, à leurs frais, l'ensemble du matériel demandé. Dissuasif. Dans les années 1970, l'accouchement à domicile, supposé risqué et ringard, semble définitivement enterré, au profit de l'accouchement en structure hospitalière.

Aujourd'hui encore, note Mathilde Munier dans son mémoire, « la majorité des médecins et de la population générale considèrent ce type d'accouchement comme dépassé ou trop dangereux [...]. Dans le système périnatal français, le mot d'ordre est la sécurité. Ainsi, un accouchement ne peut être considéré comme normal que deux heures après la naissance. [...] Toute grossesse, comme tout accouchement, est potentiellement risquée. [...]. Cette considération justifie que la naissance puisse avoir lieu dans un endroit où l'on dispose 24 h sur 24 d'un bloc opératoire et où l'on trouve en permanence une sage-femme, un obstétricien, un anesthésiste et un pédiatre ».

De fait, l'accouchement à domicile (AAD) est, de très loin, le parent pauvre de la périnatalité nationale. Selon l'INSEE, 1 % des accouchements en France ont lieu à la maison, mais ce chiffre comprend aussi bien les naissances inopinées que celles prévues et accompagnées par un professionnel. Le nombre des AAD prévues est donc inférieur à 1 % (par comparaison, 30 % des femmes accouchent chez elles aux Pays-Bas, et jusqu'à 10 % en Angleterre). Ce qui représente entre 4 000 et 8 000 naissances par an. Il n'y a qu'une trentaine de sages-femmes pour les accompagner. « Les sages-femmes expérimentées, habituées à la régularité des gardes hospitalières, ne seront pas attirées par cet exercice si une contrepartie financière ne les y encourage pas, note Cathy-Anne Pireyn-Piette dans son mémoire[1]. Or, actuellement, le forfait accouchement, comprenant la surveillance du travail, l'accouchement et les visites en suites de couches, est rémunéré à 300 € seulement. » Qui plus est, ce nombre de sages-femmes exerçant en libéral se réduit d'année en année, par manque de soutien de la profession, mais aussi par l'augmentation drastique des coûts d'assurance, qui fait qu'il n'est plus possible pour elles de rentabiliser leur activité

1. PIREYN-PIETTE, Cathy-Anne, « Accouchement à domicile : risque ou modèle ? » (mémoire de fin d'études pour le diplôme d'État de sage-femme, 2005).

tout en restant assurées. De fait, conclut Cathy-Anne Pireyn-Piette, « celles qui pratiquent encore les AAD ne sont pas assurées ».

Pourtant, en 1998, dans sa thèse de médecine [1] Anne Théau évoquait le fait que ce sont 5 à 10 % des femmes (soit entre 40 000 et 80 000 selon les chiffres de natalité actuels) qui pourraient être concernées par le choix du domicile comme lieu d'accouchement. En 1999, une étude française [2] mettait en lumière le fait que 52 % des femmes considèrent que l'AAD devrait être proposé et que 2 % (soit au moins deux fois plus que le chiffre actuel) seraient désireuses d'accoucher à domicile, et ce, alors même qu'aucune information n'est faite sur ce type de naissance.

## Pourquoi l'AAD ?

Les motivations avancées par les candidates à l'AAD reflètent toutes un rejet de l'hypermédicalisation, jugée insupportable et intrusive, de l'arsenal hospitalier. Elles veulent être actrices à part entière de leur accouchement. Selon les termes relevés par le rapport du Haut Comité de la santé publique en 1994, elles souhaitent « la transformation de leur attitude passive de femmes ignorantes en une attitude active de participation consciente et ouverte à l'acte de grossesse et de naissance ». Selon une étude britannique de 1994 [3], citée par Cathy-Anne Pireyn-Piette, parmi les raisons qui les poussent à vouloir accoucher chez elles, on trouve, outre le respect de la

1. THÉAU, Anne, « L'accouchement à domicile a t-il sa place dans le système obstétrical français actuel ? », thèse de médecine, université de Montpellier 1.

2. DUPUIS, Olivier (dir.), « Homebirth : opinion of French women and perinatal risk » (L'accouchement à domicile : l'opinion des Françaises et le risque périnatal), Gyneid.obst.fertil.30 (2002) : 677-683.

3. CHAMBERLAIN, G., WRAIGHT, A. et CROWLEY, P., *Home Births – The Report of the 1994 Confidential Enquiry by the National Birthday Trust Fund*, Nashville Parthenon Publishing, 1997.

physiologie, la diminution du stress. « Elles pensent que l'accouchement est plus facile, car la physiologie est moins perturbée qu'à l'hôpital, que le travail semble moins loin car la mère peut continuer encore pendant un long moment ses activités de la journée avant que le travail requière sa totale attention », commente Cathy-Anne Pireyn-Piette. De plus, rester à la maison élimine le stress du « quand partir ? ». « C'est aussi une aventure familiale : les autres enfants ne sont pas perturbés par la séparation d'avec leur mère, et elle peut choisir de les inclure dans l'expérience de la naissance. »

Le besoin d'intimité, d'un lieu familier, est également souvent cité. « La maison est pour elles le lieu le plus familier et le plus confortable qu'elles peuvent espérer, souligne Cathy-Anne Pireyn-Piette. Elles y sont accompagnées par une sage-femme connue, en qui elles ont placé leur confiance. Enfin, elles s'y sentent plus à l'aise pour s'exprimer de manière sonore, pour adopter des positions confortables, ou pour d'autres besoins quasi impossibles à l'hôpital, comme câliner ou allaiter ses autres enfants, avoir une intimité avec son partenaire, chanter, danser... » D'autant plus que, à domicile, c'est la sage-femme qui pénètre dans l'univers des personnes qu'elle va accompagner : elle est donc tenue de s'adapter à leur façon de faire. Tandis qu'à l'hôpital, c'est la femme qui accouche qui est invitée à – et tenue de – faire ce qu'on lui dit.

Dans son livre *Vivre sa grossesse et son accouchement : une naissance heureuse*[1], Isabelle Brabant, sage-femme québécoise, raconte les avantages de l'AAD. « Il est difficile de décrire l'atmosphère d'un AAD à quelqu'un qui n'y a jamais assisté. Le confort, la présence rassurante des objets familiers, la liberté de changer de pièce, de rentrer pour la troisième fois dans le bain, de prendre l'air quelques instants, de choisir dans le frigo ce

---

1. Brabant, Isabelle, *Vivre sa grossesse et son accouchement : une naissance heureuse*, Chroniques Sociales, 2003.

que l'on veut manger, l'extraordinaire force des contractions qui côtoie l'odeur du café qu'on prépare, cet indicible mélange d'intensité et d'ordinaire, tout cela contribue à donner à l'accouchement une saveur unique qui ressemble aux gens qui habitent la maison. »

L'immense majorité des candidates à l'AAD se font accompagner par une sage-femme (la plupart du temps en accompagnement global), voire par une doula, et réfutent catégoriquement l'accusation d'être de douces dingues. « Les parents qui accouchent à la maison ne refusent pas la technologie, mais en redéfinissent l'à-propos, ce qui est bien différent ! s'insurge Isabelle Brabant dans son livre. Ils pensent que la technologie n'est efficace qu'à sa place, dans les cas exceptionnels, et sont prêts à aller à l'hôpital si un problème se présente. C'est d'ailleurs pour s'occuper des problèmes que les hôpitaux existent. Accoucher comme je veux, où et avec qui je veux est un droit fondamental. »

Dans l'Hexagone, plusieurs associations d'usagers et de professionnels (les mêmes, souvent, que celles qui sont à la pointe du combat pour les maisons de naissance) se battent pour faire reconnaître la légitimité de la naissance à domicile. Elles pointent les mauvais chiffres de la périnatalité française, pourtant surmédicalisée. Elles mettent aussi en avant les nombreuses études qui, en France comme à l'étranger, ont conclu à une sécurité au moins aussi grande des AAD que des accouchements en structure hospitalière, assortie de moindres interventions médicales sur la mère et l'enfant et à des taux de satisfaction globale impressionnants.

Dans son mémoire, Mathilde Munier s'est ainsi livrée à une étude prospective incluant plus de 2 200 femmes ayant accouché entre début janvier 1997 et fin décembre 2001. Pour plus de 96 % d'entre elles, l'accouchement s'était déroulé sans encombre, avec un taux d'extractions instrumentales (forceps, ventouses) plus de deux fois moins élevé qu'en milieu hospitalier. Le nombre de césariennes avait été divisé par dix, celui d'épisiotomies entre cinq et dix selon les femmes. Quasiment toutes les patientes avaient eu des suites de couches normales. Une sur dix seulement avait dû être transférée à l'hôpital en cours de travail, pour raisons médicales.

Quant aux nouveau-nés, très peu de réanimations ont été nécessaires à la naissance et 1,6 % seulement des bébés ont été transférés à l'hôpital après la naissance, avec un seul décès à déplorer (mort subite du nourrisson). Plus de 96 % de ces femmes s'estimaient « satisfaites ou très satisfaites » et 100 % d'entre elles déclaraient vouloir choisir à nouveau l'AAD pour un prochain enfant. Dernier avantage : le coût moyen d'un AAD est inférieur de 30 % à celui d'un accouchement hospitalier.

Alors, l'AAD est-il LA solution aux problèmes de la périnatalité française ? Cela n'est pas si simple. « Il est nécessaire d'insister sur le fait que ces résultats encourageants ont été obtenus avec le savoir-faire de sages-femmes ayant une grande expérience de l'AAD et des compétences cliniques confirmées », avertit Mathilde Munier dans sa conclusion. De plus, toutes les femmes enceintes ne peuvent pas accoucher dans leur lit ou dans leur salle de bains. Il existe des contre-indications à l'AAD, variables selon les pays, et définies, en France, par la Charte des sages-femmes libérales françaises : « grossesse pathologique (hypertension, diabète, toxémie...), mais aussi siège, naissance gémellaire, prématurité, dépassement de terme supérieur à 42 semaines d'aménorrhée ».

Pour autant, prévient Cathy-Anne Pireyn-Piette, « l'AAD ne doit pas être systématiquement généralisé chez les femmes à bas risques, car dans l'état actuel des recherches scientifiques, la sécurité de cette pratique est indissociable d'un choix responsable du couple ». Selon elle, les motivations des femmes doivent être intégrées par la sage-femme dans son acceptation de se livrer ou non à l'AAD. « Les femmes qui choisissent l'AAD sont globalement plus âgées, en meilleure santé, d'un meilleur niveau socio-économique et avec moins d'antécédents médicaux que la moyenne des femmes. Mais elles peuvent être aussi plus à risque pour des raisons non reconnaissables : anticonformisme, faible disposition à suivre les conseils du professionnel qui les accompagne, régimes particuliers, refus total de la médicalisation... Dans ce cas, le choix du domicile peut être dangereux », déclare-t-elle. De plus, pour ces femmes, souligne-t-elle, la préparation à la naissance est « encore plus nécessaire » dans le cas d'un AAD, et doit être plus spécifique aussi.

Enfin, pas question, pour les sages-femmes, de pratiquer un AAD à l'écart de toute civilisation. « Les femmes habitant à plus de 30 minutes (dans les conditions les plus défavorables) d'une maternité ne devraient pas pouvoir accoucher à domicile », estime Mathilde Munier. Elle va même plus loin : « Une réflexion doit être engagée sur le temps nécessaire pour aller du domicile des parents à l'hôpital. Le temps doit être évalué à partir de la distance du domicile à l'établissement médical, mais aussi en fonction de la géographie, des routes, du trafic et de la météo. » La renaissance de l'AAD ne semble pas encore être pour demain à l'intérieur de nos frontières.

**Témoignage**

**La naissance de Gauthier à la maison, par Sophie**

« 1 h 44. Là, je perds une quantité de liquide assez importante. Je réalise que c'est la poche des eaux qui est rompue.

« Vers 4 h, les contractions commencent doucement. Vers 6 h 30 – 7 h, elles commencent à devenir plus intenses et régulières. Comme je gère très bien, je décide d'attendre 9 h pour appeler la sage-femme. On finit cependant par l'appeler vers 8 h.

« La présence de la sage-femme me gêne un peu, je sens que ce n'est pas pour tout de suite et je gère parfaitement les contractions. Elle pense que ce sera pour la fin de la matinée, ce qui me donne de l'espoir. Je passe du temps assise sur mon fauteuil, devant l'ordinateur, me levant à chaque contraction, appuyée contre mon mari ou contre un mur. Vers 15 heures, elles commencent à devenir particulièrement douloureuses. Je suis déçue d'apprendre que je n'en suis qu'à 3 cm, mais elle me rassure en me disant que ça devrait aller vite. Effectivement, quand je lui demande de regarder à nouveau une demi-heure plus tard, j'en suis déjà à 5, et une autre demi-heure après, à 8 !

« Plus ça va, plus les contractions sont dures. Je suis totalement prise par la douleur. Je reste un moment aux W-C, où je suis bien, surtout lorsqu'on m'aide à me surélever les pieds à l'aide de tabourets. Dans la chambre, je m'installe sur le lit, que nous avons recouvert le matin d'un plastique et d'un vieux drap-housse. Pendant les contractions, je me mets à genoux face au mur, sur lequel je prends appui. Je crie que j'ai mal, que je n'y arriverai jamais et même, pendant l'une des contractions, que je vais mourir. Je sais que ce n'est pas le cas, mais ça me fait tellement de bien de le crier ! Les contractions sont horriblement douloureuses, j'ai l'impression d'avoir le bas du dos broyé. Heureusement que la sage-femme me rassure en me disant que tout va bien, que le travail avance bien et que le bébé sera bientôt là !

« Je me suis accroupie à côté du lit, et mon mari s'est installé derrière moi, assis sur le lit, me soutenant sous les aisselles. J'étais bien appuyée contre son torse, et là le bébé était bien placé pour descendre. C'est ce qu'il a commencé à faire. Cela a été assez long. J'ai senti mon bébé descendre, une sensation intense de brûlure, dans le vagin puis dans la vulve. Je l'ai senti qui passait, et je croyais sa tête déjà sortie, mais c'était le passage du col. Un peu plus tard, la sage-femme m'a proposé de toucher sa tête, qui paraissait à la vulve. L'expulsion m'a paru très longue, elle a duré 17 minutes d'après le rapport de la sage-femme. Pendant tout ce temps-là, elle m'a encouragée, accroupie devant moi. Elle maintenait mon périnée avec une compresse chaude. C'était dur et douloureux de pousser, mais enfin le bébé est sorti ! Je l'ai attrapé sous les bras et pris contre moi aussitôt. Là, j'ai eu besoin de regarder si c'était un garçon ou une fille : un deuxième petit garçon ! Puis il s'est mis à chouiner, et ne s'est calmé qu'en trouvant mon sein, qu'il s'est mis à téter goulûment.

« C'était le jeudi 20 janvier 2005, à 17 h 40.

« Mon mari est allé chercher Arnaud, 2 ans et demi, pour lui présenter son petit frère. Le voyant téter, il a réclamé aussi, et je lui ai donné bien volontiers, mais il s'est contenté d'une tétée symbolique. Puis il est retourné à ses occupations. La sage-femme m'a incitée à pousser un peu pour expulser le placenta. Je n'en avais pas très envie, tout accaparée par la découverte de mon bébé, mais j'ai fini par le faire et il est sorti assez facilement. Le cordon était toujours attaché au placenta, je voulais attendre la sortie de celui-ci pour le couper.

« Le bébé a fait sur moi son premier pipi et sa première selle, comme son grand frère à l'époque. Au bout d'un moment, la sage-femme l'a nettoyé puis m'a nettoyée. Elle lui a aussi mis une couche. Vers 2 heures de vie, il a commencé à s'endormir. Elle l'a alors mesuré : 53 cm ! Puis pesé, dans une espèce de couffin en tissu : 3,8 kg ! Nous l'avons habillé, puis couché dans un nid d'ange contre moi dans le lit.

« Et depuis cette belle naissance, où j'ai vraiment eu l'impression de mettre moi-même au monde mon enfant, je suis heureuse, comblée, comme sur un nuage. Bref je crois que je fais un "baby pink !" »

## 7 – Le choix de l'accouchement non assisté (ANA) : attention, danger !

Dans l'immense majorité des cas, les naissances à la maison se passent sous la surveillance active d'une sage-femme, voire, en plus, d'une doula. Il arrive que le bébé pointe le bout de son nez par accident avant que celles-ci aient eu le temps d'arriver. Cependant, chaque année, une petite poignée de femmes choisit de façon totalement consciente et délibérée de donner la vie à leur bébé à domicile, par leurs propres moyens ou uniquement accompagnées de leur compagnon. Cette décision va parfois de pair avec un moindre suivi de la grossesse, voire, dans les cas extrêmes, avec une absence totale de suivi.

Ce choix est critiqué par l'ensemble du corps médical, y compris par les tenants d'une médicalisation plus douce de l'accouchement, comme le docteur Paul Cesbron. « En dehors de tout suivi, cela ne me paraît pas raisonnable, déclare celui-ci. En cas de perte des eaux, il est par exemple indispensable de savoir si le bébé est bien positionné, avec sa tête bien appliquée sur le bassin de la mère, afin de savoir si on court ou non le risque d'une procidence du cordon (cas où le cordon, entraîné par le liquide, glisse ou sort en partie, s'enroulant autour du cou de l'enfant). Une information que seul peut donner un examen médical préalable, par une sage-femme ou un médecin. Sans compter les risques d'infection. »

Même dans les cas où un suivi en amont a bien eu lieu, faire confiance à ses seules capacités ou à celles – aussi limitées – de son conjoint apparaît comme hautement hasardeux. « En cas de gros bébé, il vaut mieux avoir un professionnel près de soi, poursuit Paul Cesbron. Notamment en cas de dystocie des épaules (épaules coincées), une complication qui nécessite une précaution toute particulière pour dégager l'enfant par la tête, sous peine de lésions neurologiques irréversibles. Il y a aussi la phase, très délicate, de la délivrance, avec la sortie du placenta et les risques qui l'accompagnent d'hémorragie ou d'infection si cette délivrance n'est pas totale. » Ne serait-ce que d'un point de vue psychologique, la présence d'un professionnel de la naissance est fortement conseillée. « La naissance fait partie de ces circonstances susceptibles de mettre en danger quelqu'un sur le plan psychique », prévient Paul Cesbron.

Les parents qui, en dépit de ces avertissements d'ordre médical, persistent dans leur idée, doivent savoir que le fait de programmer un ANA et d'appeler un professionnel ensuite ne transfère pas la responsabilité pénale. « En effet, précise Sophie Gamelin sur son site, même si aucun texte n'interdit à une femme d'accoucher seule, même si elle ne peut être accusée de pratique illicite ou de mise en danger de la vie d'autrui (son bébé n'étant pas encore né), cela ne défausse pas les parents de leur responsabilité en cas de complication (conséquences délétères, violences, homicide involontaire...). Surtout si l'on peut retenir qu'ils ont fait prendre un risque à l'enfant (moment de l'appel, qui a été appelé, vrai accouchement inopiné ou non...). »

Rappelons qu'une doula n'est pas habilitée à assister seule un accouchement.

### Témoignage

**La naissance non assistée de Lydéric.**
**Un accouchement impeccable. À un détail près...**
**qui aurait pu tout gâcher,**
**par Astrid**

« On s'apprête bientôt à couper le cordon. Cédric passe les ciseaux à l'alcool, sort le petit lacet blanc que j'avais préparé, c'est moi qui le coupe, bien loin, comme conseillé par J. (la sage-femme qui m'avait accompagnée pendant la grossesse), pour minimiser les risques d'infection, et qui fais un petit nœud autour avec le lacet. On nettoie alors grossièrement notre petit bonhomme, et on l'habille. Je le reprends à côté de moi dans le lit, il est calme, il commence à s'endormir. Cédric et moi aimerions en faire autant maintenant, mais le placenta n'est toujours pas sorti...

« 1 h 30. Ça fait une heure que Lydéric est né, et ce placenta qui ne vient pas commence à nous préoccuper. Je me remets donc à genoux, pour faire jouer la pesanteur. Mais avec tout ce que mon corps vient de donner, je me sens un peu faible, la position n'est pas très confortable, me fatigue. Pourtant, je sais qu'il faut tenter d'accélérer les choses. Je masse mon ventre comme J. me l'a conseillé, pour aider l'utérus à se contracter. Je remets mon bébé au sein. Les contractions sont bien là, pas de doute, et puis, depuis la naissance, je ne perds quasiment pas de sang, je ne suis donc pas inquiète.

« 2 h 20. Malgré la position verticale, les massages, la tétée et les contractions, toujours pas de placenta... Cédric et moi sommes fatigués. Notre bébé s'est endormi et nous aimerions tellement en faire autant... Je sais que la délivrance est une étape à surveiller. Je crains que plus le temps passe, plus les chances d'une délivrance naturelle, sans intervention, diminuent, et que nous ne soyons obligés d'aller à la maternité.

« Alors, contre tous les conseils de J., qui m'avait bien mise en garde contre les risques d'hémorragie de la délivrance directement liés à ce geste, je tire légèrement sur le cordon, tout doucement. L'effet n'est pas immédiat, je continue. De toute façon, si ce geste entraîne une complication, eh bien j'aurai une bonne raison d'aller à la maternité, mais au moins aurai-je tout tenté ! Ouf ! À 2 h 50, le placenta arrive enfin, il a l'air entier. Quel soulagement ! Les saignements sont toujours assez légers. Cédric me tent la petite bassine où je mets le placenta et nous pouvons enfin nous coucher. Heureux et tranquilles.

« Le lendemain, Cédric va déclarer Lydéric à la mairie dans l'après-midi. La sage-femme qui a suivi ma grossesse, et qui était d'accord pour venir à la maison si j'accouchais en l'absence de J., vient nous rendre visite vers 18 h : Lydéric pèse 2,8 kg et mesure 50 cm, pour ma part, j'ai une petite déchirure à la vulve. Le placenta est enterré le lendemain, au pied du cerisier planté quelques semaines plus tôt. »

**Le milieu naissance-périnatalité infiltré par une secte ?**

« Les revendications d'autonomie et de responsabilité des parents, face à une prise en charge institutionnelle ressentie comme abusive de la grossesse, de la naissance et de la périnatalité, font fréquemment l'objet d'amalgames avec les croyances *new-age* propagées par des mouvements philosophiques ou religieux "à caractère sectaire" », avertit Bernard Bel, secrétaire de l'Alliance francophone pour l'accouchement respecté (AFAR), sur le site de l'association.

En France, le mouvement philosophico-religieux le plus influent dans les domaines de la naissance et de la périnatalité est sans doute l'Organisation mondiale des associations pour l'éducation prénatale (OMAEP), qui développe le concept « d'éducation prénatale ». L'OMAEP n'est autre qu'une nouvelle désignation de l'Association nationale d'éducation prénatale (ANEP). Or, un tract diffusé par l'ANEP en 1990 établit clairement la filiation entre l'enseignement de cette association et celui d'Omraam Mikhaël Aïvanhov, dirigeant de la Fraternité blanche universelle, un mouvement répertorié comme secte en France.

« C'est un groupuscule certes minoritaire, mais qui a déjà fait quelques dégâts », s'inquiète Blandine Poitel, membre fondateur du CIANE.

Contactée à plusieurs reprises par nos soins pour donner sa version des faits, l'OMAEP n'a pas donné suite.

# BIBLIOGRAPHIE

**Pour ou contre ?**

CESBRON, Paul et KNIBIEHLER, Yvonne, *La Naissance en Occident*, Albin Michel, 2004.

ODENT, Michel, *Ocytocine : l'hormone de l'amour. Ses effets sur notre santé et nos comportements*, Le Souffle d'Or, 2006.

**Se préparer autrement à accueillir bébé**

L'haptonomie
www.haptonomie.org

Le chant prénatal
http://objectif.ccsd.free.fr

L'hypnonatal
www.hypnonatal.com

Le yoga prénatal
www.lemondeduyoga.org

L'acupuncture
www.acupuncture-france.com/site/page_7.php

Le shiatsu
www.ffst.fr

Le projet de naissance
GAMELIN-LAVOIS, Sophie, *Préparer son accouchement, faire un projet de naissance*, Jouvence, 2006.
www.projetdenaissance.com
www.perinatalite.info
www.afar.naissance.asso.fr

La naissance aquatique
http://portail.naissance.asso.fr/afna/

En savoir plus sur le *Blessingway*
www.doulas.info/blessing.php

# Chapitre 2
# Nourrir son bébé à la source

## POUR
## Stéphanie Saint-Amant

### *« L'allaitement est source de plaisir, et alors ? »*

**Stéphanie Saint-Amant est consultante en périnatalité, candidate au doctorat en sémiologie à l'université du Québec (Montréal). Elle est aussi membre actif du Groupe MAMAN (Mouvement pour l'autonomie dans la maternité et pour l'accouchement naturel) [1] et coauteure du livre *Au cœur de la naissance : témoignages et réflexions sur l'accouchement.***

« La philosophie du groupe MAMAN est que la suite naturelle de l'accouchement, c'est le lien physique qui se maintient dans l'intimité de la relation d'allaitement. Bien plus qu'un mode d'alimentation, l'allaitement favorise l'attachement et offre sécurité, chaleur et... une savoureuse dose d'amour ! Ah ! Le père qui doit séparer l'enfant de sa mère, l'interdit de jouissance de la mère ! Le grand credo des psys en France. À 6 ans, je ne dis pas, mais à 6 mois ! Pour avoir permis la survie de l'espèce humaine, il fallait bien que l'allaitement soit agréable pour la mère. C'est pour cela qu'il va de pair avec

1. www.groupemaman.org

la sécrétion d'un cocktail d'hormones de plaisir : ocytocine, endorphines, prolactine...

« Parlons un peu du lien trop fort de l'enfant avec la mère. Je crois que les gens confondent toutes les époques de la vie. Le lien incestueux auquel les gens pensent tout de suite quand ils voient une femme allaiter (à qui pensent-ils d'ailleurs ? À eux-mêmes ? À leur propre frustration de n'avoir pas connu ce bien-être ?) se crée beaucoup plus tard, dans la phase phallique, vers l'âge de 2 à 3 ans, et il est résolu par le complexe de castration. Cependant, jamais de rapport n'a été établi entre le lien dit incestueux en psychanalyse et l'allaitement, même prolongé au-delà de cet âge et tel qu'il se pratique dans bien des sociétés.

« Avant tout, il importe d'insister sur la prématurité inhérente à l'espèce humaine : le nourrisson se développe si lentement en comparaison avec les autres mammifères. La vie parasitaire est nécessaire encore longtemps après le séjour utérin, parce que l'être humain est profondément inachevé, surtout sur le plan neuronal. L'allaitement est la façon de se nourrir et de nourrir la plus stimulante qui soit puisqu'elle sollicite tous les sens : goût (du lait, du sein), odorat (sentir maman, sentir son bébé), toucher (la texture du sein, les caresses de la maman), vue (l'échange des regards, la constatation du bonheur du petit), ouïe (l'écoute de la voix maternelle ; l'écoute du son si caractéristique de la succion et de la déglutition qui nous fait apprécier la si grande avidité de l'enfant pour notre lait).

« Les êtres humains sont des êtres sensibles qui ont besoin de jouir de leurs sens, de développer leur capacité de satisfaction. La vie est plus douce si on apprend à prendre plaisir plutôt qu'à souffrir continuellement du manque. Les bébés allaités ont la meilleure chance du monde d'apprendre à se satisfaire à travers un échange vital et sensible avec l'autre.

« Et le plaisir de la mère qui allaite ? On le refuse en le taxant d'abus ou d'indécence, ce qui déroge à la logique judéo-chrétienne : être mère, c'est sérieux, c'est une tâche, un devoir !

Mais si la sexualité n'était pas agréable, bien peu auraient envie de faire des enfants. Si l'allaitement était fondamentalement pénible, aucun mammifère n'aurait jamais nourri ses petits, et nous ne serions pas ici aujourd'hui pour en parler. »

**OUI, MAIS...**
**Professeur Marcel Rufo**

**« Au-delà de sept mois d'allaitement, cela devient tendancieux. »**

**Marcel Rufo est pédopsychiatre, chef de service de l'unité d'adolescents, « Espace Arthur » à l'hôpital de la Timone (Marseille) et auteur d'une vingtaine de livres sur la grossesse, les enfants et les adolescents.**

Dans une interview parue dans le magazine *L'Express* du 9 octobre 2003, l'un des pédopsychiatres les plus célèbres de France émettait des propos qui l'ont *illico* relégué aux yeux des maternantes et surtout des allaitantes au rang d'Antéchrist. Marcel Rufo affirmait : « Un sein qui allaite n'est pas un sein sexué. Lorsque la maman recommence à avoir des relations sexuelles – le plus tôt est le mieux – elle ne peut pas allaiter et se faire caresser un sein : ça ne se partage pas, un sein. Je suis en plein combat avec mes consœurs Edwige Antier et Christiane Olivier, qui tiennent des propos bizarres : il faut allaiter son bébé jusqu'à 1 an. Moi, je crois qu'au 3$^{e}$ mois on peut le mettre à la crèche et reprendre le travail. Et lorsque je vois un garçon de 4 ans téter encore sa mère, je le signale au juge. Quand un gosse touche les seins de sa mère, elle doit lui dire : "Non, laisse-moi. Ce sont nos jouets à nous, ton papa et moi. Toi, tu as ta voiture." Et il faut arrêter avec cette culpabilisation biologique, immunologique, etc. Quand une femme refuse d'allaiter, on doit la respecter. » Il reprend cette idée dans son livre *Tout ce que vous ne devriez jamais savoir sur la sexualité de votre enfant*, en déclarant : « Prolonger l'allaitement maternel au-delà de 7 mois est un véritable abus sexuel. » Dans un article paru en décembre 2003 dans le journal belge *Le Soir*, Marcel Rufo a reconnu avoir « exagéré » en parlant d'abus sexuel. Mais son point de vue global reste le même. « L'allaitement maternel en Europe, dans les pays comme les nôtres, c'est généralement un mois et demi, trois mois, indique-t-il. Certaines mamans prolongent l'allaitement. Je trouve cela possible. Mais quand l'enfant devient sujet et découvre le monde, il peut passer à l'allaitement artificiel. Tout le travail des parents, et de la mère en particulier, c'est la séparation-individuation. Cela passe par l'arrêt de l'allaitement. Sept mois, cela me paraît un maximum. »

Cette thèse est partagée par plusieurs psychanalystes, pour qui l'allaitement prolongé, en maintenant un lien fusionnel entre la mère et l'enfant, entraverait la nécessaire séparation où intervient le père. Séparation indispensable à l'« autonomisation » et à la « socialisation » des bébés. Françoise Dolto elle-même déclarait : « Il faut castrer la langue du téton pour que l'enfant puisse parler. » Quant au psychanalyste Jean-Pierre Winter, il pense que les femmes qui allaitent longtemps « mettent leur enfant à leur service sexuel ». Rien que cela...

## I – La France, parent pauvre de l'Europe en matière d'allaitement maternel

Au même titre que l'aspiration à des conditions de naissance plus respectueuses, l'allaitement maternel est, pour des milliers de femmes, la porte d'entrée dans le maternage. Nourrir son enfant au sein est une pratique qui a furieusement le vent en poupe depuis quelques années dans l'Hexagone... Du moins si l'on s'attache aux chiffres concernant l'allaitement des premiers mois. Le pourcentage de mères qui allaitent leur enfant à la sortie de la maternité est passé de 52,5 % en 1998 à 62,5 % en 2003, avec un taux d'allaitement exclusif passé de 45 à 56 %.

Pourtant, en dépit de ses efforts, la France fait toujours figure de cancre en la matière. D'après les données de l'OMS, notre pays occupe l'avant-dernière place en Europe, juste avant l'Irlande. Bien loin derrière les pays d'Europe du Nord (Suède, Danemark, Finlande, Allemagne, Suisse...), et derrière, aussi, la Roumanie, la Turquie et la Croatie, qui tous affichent un taux record de plus de 90 % des bébés allaités à la naissance.

À ces mauvais résultats s'ajoute un paradoxe bien franco-français : si nourrir son bébé les premiers mois est désormais quasi unanimement applaudi, au-delà de six mois, les mamans allaitantes sont considérées au mieux comme des ovnis, au pire comme des perverses polymorphes. De quoi nourrir un sentiment de frustration et de solitude qui se solde soit par un abandon pur et simple, soit par la ruée vers les groupes de soutien à l'allaitement maternel qui, en l'absence criante de soutien de la part du corps médical, connaissent un véritable âge d'or...

Pour mieux comprendre les racines de ce malaise national, replongeons quelques instants dans l'historique de l'allaitement en France.

Jusqu'au début du XX$^{e}$ siècle, l'allaitement maternel (par la mère ou la nourrice) est considéré comme la norme en matière d'alimentation des bébés. Il faut dire que les tentatives d'alimentation des bébés au biberon se sont longtemps soldées par un massacre en règle. Absence d'hygiène, mauvaise conservation du lait (cru et souvent falsifié), emploi de biberons en métal rouillé ou en verre avec un col étroit, voire à tube et à soupape, impossibles à nettoyer et à l'origine de la mort de milliers de nourrissons. Il faudra un débat au Parlement, en 1910, pour enfin interdire ces biberons infanticides.

À partir des années 1890, suite aux découvertes de Pasteur, le contrôle sanitaire du lait, la mise en vente de laits pasteurisés et l'éducation des mères à la stérilisation domestique font nettement diminuer les dangers du biberon. Les décennies suivantes verront les recherches se multiplier pour obtenir un lait industriel commode à utiliser et censé se rapprocher le plus possible du lait maternel.

La Première Guerre mondiale marque un tournant dans la manière de nourrir les bébés. En l'absence des hommes, retenus au front, les femmes sont massivement mobilisées dans les usines. On tente d'alimenter les bébés au lait de vache, d'abord simplement coupé d'eau et sucré, puis peu à peu modifié, adapté. Le mouvement s'accélère encore après la Seconde Guerre mondiale. Dès 1950, seul un nourrisson sur trois est nourri par sa mère.

Des laits de substitution en poudre apparaissent, de plus en plus élaborés, et portés par une promotion intensive de la part des groupes agroalimentaires. Ce progrès technique coïncide avec une évolution médicale foudroyante : les préoccupations hygiénistes et modernistes finissent par convaincre le corps médical des bienfaits et même de la supériorité du biberon sur le sein : stérilisation, contrôle des quantités.... De quoi satisfaire un souci de maîtrise omniprésent. Le travail des femmes et le mouvement de libération sexuelle – qui fait du sein le symbole de l'aliénation féminine – font le reste.

« Les années 1970 sont assez contradictoires sur le plan de l'allaitement », note Claude-Suzanne Didierjean-Jouveau, animatrice de la Leche League France, dans de la revue *Allaiter aujourd'hui*, dont elle est rédactrice en chef. On y trouve bien sûr le mouvement de « retour à la nature », la réflexion écologique, la recherche d'une nourriture plus saine, ainsi que la reconquête de leur corps par les femmes et une éducation « libertaire » des enfants, qui rejette les règles et les contraintes. Tout cela permet à un certain nombre de femmes de vivre un allaitement plus heureux, débarrassé des rigidités décrites ci-dessus. Mais c'est aussi le temps des féministes égalitaires, qui voient dans la maternité, à la suite de Simone de Beauvoir, un esclavage dont les femmes doivent se libérer, et dans l'allaitement « une servitude épuisante ».

Elles sont tout de même peu nombreuses, à l'époque hippie, à se délecter des joies de l'allaitement. Pour une majorité d'entre elles, dans les années 1970, il va de soi de choisir d'emblée le biberon pour son enfant. Dès la maternité, les femmes avalent des cachets pour stopper la montée de lait et acceptent sans broncher les biberons « maternisés » si pratiques, mis à leur disposition par telle ou telle grande marque de lait.

Résultat : pour ne jamais avoir vu sa mère, ses tantes ou ses sœurs le faire, la génération née entre 1970 et 1985 ne sait pas donner le sein. Les gestes ancestraux lui semblent insurmontables, tout comme le regard d'un entourage encore peu enclin à la compréhension. Quant aux professionnels de santé, c'est peu de dire qu'ils n'y connaissent pas grand-chose. « Sur une dizaine d'années d'études, la sensibilisation à l'allaitement maternel ne dépasse pas cinq heures au maximum, uniquement traitée sous l'angle "pathologie" », déplore le docteur Marie Thirion, de Co-Naître, le département Formation de l'association Solidarilait et auteure du guide *L'Allaitement*, l'un des best-sellers du genre. Il n'existe à l'heure actuelle qu'un seul diplôme inter-universitaire consacré au sujet, créé en 2000 par le docteur Thirion. Quant aux sages-femmes et puéricultrices, elles ont officiellement un module « allaitement » dans leur cursus... « mais nombre de leurs enseignants n'ont pas changé de discours sur le sujet depuis la Révolution française ! » ironise Marie Thirion.

Après une remontée des taux d'allaitement (36,6 % au 5$^{e}$ jour en 1972, 46 % en 1975-1976), les années 1980 et la première moitié des années 1990 verront une stagnation persistante (43,8 % en 1986, 45,8 % en 1995). Pourtant, dans le même temps, les organismes de santé internationaux se mobilisent. L'OMS et le Fonds des Nations unies pour l'enfance (Unicef) multiplient les initiatives visant à promouvoir et à soutenir l'allaitement maternel : Code OMS de commercialisation des substituts du lait maternel (1981), déclaration commune OMS/Unicef avec les dix conditions pour l'Initiative « Hôpital Ami des Bébés » (1989) ; déclaration d'Innocenti sur la protection, l'encouragement et le soutien à l'allaitement maternel (1990), qui a donné naissance au réseau mondial WABA (World Alliance for Breastfeeding Action, en français Alliance mondiale pour l'allaitement maternel) ; recommandation OMS de six mois d'allaitement exclusif et un sevrage à deux ans seulement (2002), etc.

Il faut pourtant attendre le second versant de la décennie 1990 pour que l'on assiste enfin en France à la prise de relais des professionnels de santé et des autorités sanitaires, et le début des années 2000 pour que les pouvoirs publics prennent réellement le problème à bras-le-corps. En février 2003, l'Agence nationale d'accréditation et d'évaluation en santé (ANAES, aujourd'hui Haute Autorité de santé) publie la recommandation suivante : « Allaitement maternel : mise en œuvre et poursuite dans les six premiers mois de vie de l'enfant ». Quant au Programme national Nutrition Santé de l'Institut national de la santé et de la recherche médicale (INSERM) pour 2006-2008, il prévoit lui aussi de promouvoir l'allaitement maternel, notamment en informant « systématiquement » les futures mères lors de la consultation du 4e mois de grossesse mise en place depuis 2006. Il s'engage également à « développer la sensibilisation des professionnels de la naissance sur le sujet et faciliter leur formation », à « garantir strictement le respect des mesures réglementaires concernant la commercialisation des substituts du lait maternel » et à mettre en place « une consultation de soutien à l'allaitement durant le premier mois de vie ». Objectifs visés : passer à 70 % d'allaitement maternel exclusif à la naissance en 2010 et augmenter la durée totale de l'allaitement.

Pour autant, il reste du pain sur la planche aux pouvoirs publics avant de parvenir à s'aligner sur les pays d'Europe du Nord. En témoigne, en premier lieu, le retard affligeant pris par le pays sur l'Initiative « Hôpital Ami des Bébés ».

## Les hôpitaux « Amis des Bébés » : la France à la traîne

L'Initiative « Hôpital Ami des Bébés » (IHAB) est un concept international proposé depuis 1992 par l'OMS et l'Unicef. L'objectif de cette initiative est de mettre en place des pratiques hospitalières favorisant le respect des besoins et des rythmes du nouveau-né, afin d'améliorer son accueil et, pour cela, en premier lieu, de favoriser l'allaitement maternel.

Pour obtenir le label, l'hôpital ou la clinique doit satisfaire à des critères précis de qualité :

– Adopter une politique d'allaitement maternel formulée par écrit.

– Donner à tous les membres du personnel soignant les compétences nécessaires pour mettre en œuvre cette politique.

– Informer toutes les femmes enceintes des avantages de l'allaitement maternel.

– Laisser le bébé en peau à peau pendant au moins une heure après la naissance et encourager la mère à allaiter quand le bébé est prêt.

– Indiquer aux mères comment pratiquer l'allaitement au sein et comment entretenir la lactation même si elles se trouvent séparées de leur nourrisson.

– Ne donner aux nouveau-nés aucun aliment ni aucune boisson autre que le lait maternel, sauf indication médicale.

– Laisser l'enfant avec sa mère 24 heures par jour.

– Encourager l'allaitement au sein à la demande de l'enfant.

– Ne donner aux enfants nourris au sein aucune tétine artificielle ou sucette.

– Encourager la constitution d'associations de soutien à l'allaitement maternel et leur adresser les mères dès leur sortie de l'hôpital ou de la clinique[1].

Les maternités qui suivent ces recommandations reçoivent alors le label « Ami des Bébés ». Ce label est réévalué tous les quatre ans.

En 2005, on comptait plus de 20 000 hôpitaux « Amis des Bébés », dans 150 pays. Paradoxe : alors qu'en Namibie, Côte-d'Ivoire, Iran, Tunisie, Syrie ou Comores, plus de 90 % des maternités sont « amies des bébés », les maternités labellisées des pays industrialisés ne représentent que 15 % du nombre total de HAB du monde. Elles sont 500 en Europe (avec des pays à la pointe comme la Suède, où toutes les maternités sont certifiées) et seulement... six en France : le Centre hospitalier de Lons-le-Saunier, le Centre hospitalier de Cognac, l'hôpital de Sainte-Affrique, la maternité de Mont-de-Marsan, le Centre hospitalier d'Arcachon et la clinique Saint-Jean-de-Roubaix – et encore : cette dernière est la seule à pouvoir se prévaloir, depuis mai 2006, du Label international « Ami des Bébés ». Ce label est attribué aux établissements qui non seulement mettent en œuvre les dix conditions citées ci-dessus, mais éliminent aussi la promotion et la fourniture gratuite ou à prix réduit de substituts du lait maternel, des biberons et des tétines. Enfin, ils doivent enregistrer un taux d'allaitement maternel exclusif de la naissance à la sortie de maternité au moins égal à 75 %.

Néanmoins, en France, comme dans d'autres pays où le taux d'allaitement remonte lentement, le Comité d'attribution du label a défini un label national, qui n'exige pas de taux minimum d'allaitement maternel exclusif de la naissance à la sortie de maternité.

---

1. Déclaration conjointe de OMS/Unicef (1989), *Protection, encouragement et soutien de l'allaitement maternel – Le rôle spécial des services liés à la maternité.*

Ce label est hélas encore hors de la portée de la quasi-totalité des maternités hexagonales, ligotées depuis des décennies par une culture hygiéniste prônant le biberon et entretenant de (trop ?) bons rapports avec les industriels de la nutrition infantile, de qui elles reçoivent une véritable manne.

Si l'on ajoute à cela la faiblesse de la communication institutionnelle sur l'allaitement maternel, il n'est pas étonnant que les allaitantes ou celles qui aspirent à le devenir se tournent vers les seules qui leur tendent les bras : les associations de soutien à l'allaitement maternel. Il en existe plus d'une centaine en France métropolitaine, certaines francophones (MDAM – Marraines d'allaitement), d'autres nationales (Solidarilait, ou la Coordination pour l'allaitement maternel, CoFAM...), d'autres régionales ou locales, comme Galactée, à Lyon. La plus importante et la plus active est, de très loin, la Leche League.

## II – La Leche League, c'est quoi au juste ?

Difficile à savoir... Et puis, il y a ce parfum un brin sulfureux qui flotte autour du groupement. Secte, pas secte ? Rassemblement d'illuminées post-hippies prônant la mise au sein des marmots jusqu'à leur majorité, ou association de femmes simplement désireuses d'aider leurs prochaines dans la grande aventure semée d'embûches de l'allaitement maternel ?

La Leche League (LLL) est une organisation internationale née en 1956 de l'union de sept mères de famille de la banlieue de Chicago, désireuses d'aider les femmes de leur voisinage à réussir leur allaitement. Depuis, LLL n'a cessé d'opposer aux diktats des professionnels de santé des concepts aussi « abracadabrantesques » que l'importance de la tétée précoce, la tétée à la demande, la tétée nocturne, le retard de l'introduction des aliments solides vers le milieu de la première année, le respect des besoins de l'enfant... – combat revendiqué non seulement comme antirétrograde, mais bien à la pointe de la modernité. « Même si nous ne nous en rendions pas compte à l'époque, nous étions les précurseurs du mouvement de libération de la femme, dans la mesure où il était pour nous capital d'avoir le contrôle sur les décisions importantes de notre vie, comme la façon d'accoucher ou de nourrir nos bébés », déclare Mary-Ann Cahill, l'une des fondatrices de LLL, dans le livre d'entretiens *Seven Voices, one Dream* dédié à l'organisation [1]. L'historienne américaine Lynn Werner va plus loin encore, en considérant LLL comme le pionnier des groupes d'entraide et de la prise d'autonomie des femmes en matière de santé à partir des années 1970.

Quoi qu'il en soit, l'initiative de ces sept femmes s'est répandue comme une traînée de poudre. D'année en année, l'organisation s'est structurée, jusqu'à devenir une véritable machine de guerre internationale, le plus puissant lobby pro-allaitement au monde. Aujourd'hui, LLL est présente dans plus de 70 pays (dans presque toute l'Europe, en Amérique du Nord et du Sud, en Asie, en Océanie et dans quelques pays d'Afrique). Son action de mères à mères s'étend à travers un réseau de plus de 7 000 animatrices accréditées.

En France, les premières réunions LLL ont vu le jour en 1975, et l'association loi de 1901 LLL France (reconnue d'intérêt général en 2000) a déposé ses statuts quatre ans plus tard. Elle connaît depuis sa création un développement continu : plus de 270 animatrices en 2006, plus de 140 stagiaires, réparties sur 165 antennes locales, dans toutes les régions. Des mères de famille qui ont toutes en commun d'avoir allaité l'un de leurs enfants au moins un an, d'adhérer aux principes généraux du maternage, d'avoir été recommandées par une autre animatrice et d'avoir assimilé le contenu – impressionnant – de la bible de

---

1. Cahill, Mary-Ann, *Seven Voices, one Dream* (Sept voix, un rêve), La Leche League International, 2001.

l'association : *L'Art de l'allaitement maternel.* Ces animatrices organisent des réunions mensuelles, toutes gratuites, à leur domicile ou à celui d'une adhérente, où les mères et les couples présents peuvent échanger leurs soucis et leurs joies. Dans son livre *Les Enfants de la chance*[1], Marielle Issartel témoigne : « Une réunion de La Leche League, exactement telle qu'on peut l'imaginer : toutes assises en cercle, mi-sérieuses, mi-dissipées. Certaines portent un petit crapaud tout contre elles ; d'autres ont posé leur nourrisson qui se propulse sur le tapis ; les enfants plus grands jouent dans la pièce à côté et, de temps à autre, reviennent se brancher au sein de leur mère qui soulève son pull sans s'interrompre, puis ils repartent en courant. »

Certaines mamans en reviennent enthousiasmées, comme en témoignent ces femmes sur le forum de discussion du site www.jeunemaman.net : « Ce qui m'a plu d'entrée de jeu, c'est que la première phrase que prononce l'animatrice à chaque réunion, c'est : "Vous allez voir et entendre beaucoup de choses pendant cette rencontre, ne prenez que ce qui VOUS intéresse et laissez le reste de côté..." Ce sont des rencontres très informelles, où tout le monde cause, il n'y a pas l'animatrice toute seule qui fait un cours et les participantes qui écoutent en prenant des notes. Chacune donne son avis et c'est très convivial. »

D'autres sont plus dubitatives : « Je trouve choquant qu'on allaite des enfants de trois ans et plus ou que l'on donne le sein à plusieurs enfants d'âges différents en même temps, déclare une autre internaute. Moi, j'ai allaité 7 mois et je trouve déjà ça bien. » Une autre encore : « Je suis allée une fois à une réunion LLL alors que j'étais enceinte. Ça a été plutôt positif, car j'ai pu avoir des témoignages, des conseils... J'ai d'ailleurs appelé par la suite plusieurs fois des conseillères de LLL pendant mon allaitement et elles ont toujours été très disponibles. En revanche j'ai trouvé un peu abusif le fait de me dire que mon bébé, qui tétait 7 à 8 fois

1. ISSARTEL, Marielle, *Les Enfants de la chance*, Denoël, 1988.

par jour, ne le faisait pas suffisamment et que le bon rythme, c'était plutôt entre 12 et 15 fois ! Du coup, j'ai plus paniqué qu'autre chose en croyant tout mal faire. Je pense que parfois La Leche League a tendance à culpabiliser celles qui ne désirent pas allaiter ou qui n'allaitent que quelques mois. »

D'autres, encore, disent apprécier le site Internet de l'association, particulièrement complet et documenté, mais sont vaccinées des réunions pour être tombées sur une animatrice un peu trop virulente. « Il flottait une ambiance très bizarre, raconte Stéphanie, maman d'un petit garçon de deux ans, sur le forum de discussion du site Doctissimo. Nous avons été mal à l'aise dès le départ, mon mari et moi. Je pensais que ça passerait au fil des discussions, et en fait ça a été de pire en pire. Les gens étaient "space", et tous partageaient cette espèce d'intégrisme de l'allaitement... D'ailleurs l'animatrice s'est décrite comme une "ayatollah de l'allaitement". Alors que pourtant, pour moi, l'allaitement est quelque chose de naturel, eh bien, après cette réunion, je n'en suis plus très sûre... Étaler mes seins comme ça devant tout le monde, avoir des crevasses, détester les industriels de l'agroalimentaire, faire la "Madame je sais tout" sur les propriétés du lait maternel, ç'en est vraiment trop pour moi... Pour moi, choisir d'allaiter ou non doit être un choix personnel et non partisan. C'est dommage. »

Ces déçues sont tout de même minoritaires. Selon un sondage réalisé en 2002 pour LLL par l'Institut des mamans (organisme de sondage spécialisé), pour 3 femmes sur 4 ayant contacté l'organisation, LLL France apporte « une aide précieuse pour réussir à allaiter ». De fait, l'image de l'association se précise et s'améliore d'année en année auprès du grand public. Selon ce même sondage, plus d'une mère sur deux connaît La Leche League France. Les professionnels de la santé, longtemps très réticents, font de plus en plus couramment appel à ses lumières en matière de promotion de l'allaitement maternel. LLL France leur propose ainsi des formations, organise des conférences internationales comme la JIA (Journée internationale de l'allaitement) ou participe à des manifestations comme la semaine mondiale de l'allaitement maternel. Des animatrices de LLL France ont fait partie du groupe de travail de l'Agence nationale d'accréditation et d'évaluation en santé (Anaes), aujourd'hui remplacée par la Haute Autorité de santé (HAS), qui a publié en mai 2002 un rapport *Allaitement maternel*. L'association est aussi à l'origine de deux publications : *Les Dossiers de l'allaitement* et *Allaiter aujourd'hui*, devenues des références en la matière.

## III – Qui allaite, où, et combien de temps ?

Écoute-Lait, association de soutien à l'allaitement maternel, a mené en 2003 une enquête pour évaluer la situation des femmes qui allaitent dans le département de la Loire. Elle a révélé que le fait d'allaiter ou non son enfant est lié au niveau d'études. Seules 48 % des mères ayant un niveau primaire ou secondaire allaitent leur bébé à la naissance, contre 72 % des mères ayant fait des études supérieures.

Ces résultats sont corroborés par l'ensemble des études sur le sujet, dont celle de Séverine Gojard, citée par Claude-Suzanne Didierjean-Jouveau, de la LLL, aux Cinquièmes Entretiens de nutrition de l'Institut Pasteur de Lille, le 13 juin 2003 [1]. Cette chercheuse à l'Institut national de la recherche agronomique (INRA) a réalisé une enquête en 1997 dans le Val-de-Marne, montrant que l'allaitement dépend non seulement du niveau de diplôme, mais aussi de la catégorie sociale. C'est ainsi que lorsque leur conjoint est cadre supérieur, les deux tiers des femmes allaitent, alors qu'elles ne sont que 53 % lorsqu'il est employé, et à peine la moitié lorsqu'il est ouvrier. De même, 70 % des femmes cadres supérieurs allaitent ou ont allaité leur plus jeune enfant, pour 52 % des ouvrières ou employées.

---

1. Gojard, Séverine, « L'Allaitement, une pratique socialement différenciée », *Recherches et prévisions*, 1998, n° 53, p 23-34.

Explication : ce sont ces femmes qui ont le mieux accès à l'information (sur les avantages de l'allaitement pour la santé et pour la relation avec leur bébé) et au soutien (par les associations d'aide à l'allaitement).

Mais, poursuit Claude-Suzanne Didierjean-Jouveau lors du même colloque, l'enquête de l'anthropologue et médecin de santé publique Bernadette Tillard dans la population d'un quartier défavorisé de Lille [1] montre que les raisons du non-allaitement dans ces milieux sont plus profondes : « Pour les femmes rencontrées par Bernadette Tillard, la gratuité du lait maternel n'est pas un argument pour allaiter, bien au contraire. Perçu comme un mode d'alimentation incertain (notamment par manque de tradition familiale), l'allaitement empêche aussi de préparer l'événement par l'achat d'objets appropriés : pas de biberon, pas de stérilisateur, pas de chauffe-biberon. N'entrant pas dans la dimension consumériste de la grossesse, l'allaitement est mal perçu par ces familles qui souhaitent "le mieux" pour leurs petits, même au prix de sacrifices financiers. »

Les inégalités dont est frappé l'allaitement en France se retrouvent dans sa répartition géographique. « On observe de grandes différences d'un département à l'autre, d'une région à l'autre. En simplifiant, on peut dire qu'on allaite plus à l'Est qu'à l'Ouest, et plus au Sud qu'au Nord », remarque Claude-Suzanne Didierjean-Jouveau. Qui plus est, cette répartition géographique ne date pas d'hier. « Déjà à la fin du XIX$^{e}$ siècle, on notait un taux d'allaitement plus faible dans le Nord et l'Ouest. L'allaitement artificiel en Normandie semble une pratique ancienne. De même, l'allaitement artificiel dans les grandes villes industrielles du Nord était une pratique bien connue des contemporains. À Lille en 1877, seulement 50 % des mères allaitaient », précise-t-elle.

---

1. TILLARD, Bernadette, « Ce qu'il en coûte de nourrir... », in *Allaitements en marge*, L'Harmattan, 2002.

Selon Claude-Suzanne Didierjean-Jouveau, les autres facteurs associés à l'initiation et à la durée de l'allaitement sont : l'âge maternel (les mères plus âgées allaitent davantage et plus longtemps), l'origine géographique (les femmes qui ont passé leur enfance dans un pays étranger hors de l'Europe allaitent plus souvent), l'histoire personnelle (les femmes qui ont elles-mêmes été allaitées allaitent davantage), l'attitude du père (quand le père est favorable à l'allaitement, les femmes allaitent plus et plus longtemps)...

D'autre part, les réponses recueillies au sondage cité plus haut indiquent des durées d'allaitement en augmentation régulière sur les trois années considérées. À 3 mois, 60,3 % des bébés allaités à la naissance l'étaient encore en 2001, contre seulement 37,6 % en 1999.

Il est intéressant de croiser ces résultats avec les enseignements de l'étude d'Écoute-Lait, selon laquelle 80 % des mères qui allaitent à la naissance souhaitent le faire au moins trois mois et 32 % six mois ou plus. Pourtant, elles sont plus de 40 % à arrêter pendant les deux premiers mois : il y a un écart important entre la durée réelle d'allaitement et la durée souhaitée à la naissance. L'étude précise que 26 % des mères ne sont pas, ou pas du tout, satisfaites de leur allaitement. Parmi ces mères, 10 % ne souhaitent pas allaiter un autre enfant.

### Témoignage

**« L'allaitement remue des choses si intimes qu'il est impossible de l'imposer comme un dogme. »**
**Juliette, 31 ans, mère d'une fille de 6 mois**

« J'ai voulu essayer l'allaitement pour tenter l'expérience. Je voulais peut-être prendre un chemin différent de celui de ma mère, qui ne m'a pas allaitée pour raisons médicales. Je n'ai pas eu de problème de crevasse ou autre. En revanche, je ne me sentais pas du tout à l'aise avec l'idée de sortir mes seins tout le temps. De plus, je suis très indépendante dans ma vie professionnelle et personnelle, et cette idée de dépendance extrême qu'induit l'allaitement ne m'a pas plu. Je n'y ai pas trouvé le lien si fusionnel tant décrit par d'autres mamans et, au demeurant, je me demande si je veux vraiment le trouver. J'ai été élevée de manière très fusionnelle par ma mère, justement, et je veux apporter un équilibre à ma fille. Au sein, ma fille pleurait souvent, elle ne grossissait pas bien.

« Je suis passée très vite au biberon de lait artificiel etj'ai vu un changement radical chez elle. Elle est devenue beaucoup plus facile à vivre car elle mangeait à sa faim. En plus, mon ami pouvait lui aussi donner le biberon, ce qui m'a permis de trouver du temps pour moi et de pouvoir me reposer.

« Finalement, le biberon a complètement changé ma vie et ma relation avec ma fille. J'ai trouvé beaucoup de plaisir à la voir s'épanouir, prendre du poids, à lui donner le biberon en étant les yeux dans les yeux avec elle. Je n'ai pas vécu cela comme un échec et j'ai du mal à comprendre que ce soit le cas pour certaines mères, alors que pour moi, le bien-être du bébé passe avant tout. Je ne compte pas allaiter mes prochains bébés.

« Pour moi, on peut tout à fait être maternante et ne pas allaiter. J'essaie d'être très proche de ma fille, par d'autres biais, de lui apporter une éducation respectueuse. J'aimerais qu'elle comprenne les choses plutôt que de les lui ordonner. L'alimentation fait partie de ce chemin de vie, et là aussi j'essaie de trouver les meilleures solutions : lait bio, cuisine maison depuis la diversification.

« Pour moi, l'allaitement, c'est avant tout un choix personnel de femme et de mère. Cela ne doit pas être un sacrifice de soi, mais une source de plaisir. Il s'agit là d'une question tellement intime, qui relie à l'image qu'on a de sa propre mère, à la vision que l'on a de son corps, à l'éducation que l'on a reçue... qu'il est impensable d'en faire une question de mode ou de l'imposer comme un dogme. »

## IV – L'ALLAITEMENT AU SEIN : POURQUOI ?

Parmi les raisons données par les mères pour justifier leur choix de l'allaitement, selon l'enquête d'Écoute-Lait, l'argument « meilleur pour la santé » était cité de manière écrasante (91 %), suivi par le « naturel » (82 %), et par la « relation privilégiée » avec son bébé (56 %). Le côté « pratique, facile » venait loin derrière (37 %).

Les guides de puériculture et les magazines parentaux les plus « classiques » multiplient les « bonnes raisons ». Dix, vingt, trente... et jusqu'à 101 « raisons d'allaiter votre enfant », pour Leslie Burby, de l'association américaine de promotion de l'allaitement ProMoM [1].

Il faut dire qu'il n'y a qu'à se baisser pour ramasser pléthore d'arguments scientifiques mettant en lumière d'incontestables avantages de l'allaitement.

D'une part, et c'est l'argument-massue, le lait maternel est bon pour la santé. Celle du nourrisson d'abord, à qui il procure une immunité inégalée contre les bactéries et les virus. En allaitant, la mère transmet ses propres anticorps à l'enfant. Ces anticorps rendent la muqueuse de l'intestin du bébé imperméable aux agents infectieux. Les études prouvent que les bébés allaités ont dix fois moins de risques d'être hospitalisés avant leur premier anniversaire que leurs petits copains nourris au biberon, cinq fois moins de risque d'être touchés par des gastro-entérites à rotavirus (les plus graves), et trois fois moins de risque de subir des diarrhées. L'allaitement protège aussi de manière efficace contre les otites, rhino-pharyngites, angines et laryngites, sans compter les bronchiolites. Il jouerait aussi un rôle favorable dans le risque de mort subite du nourrisson, qui angoisse tant les parents. À plus long terme, il diminue les risques de cancer

---

1. BURBY, Leslie, *101 Reasons to breastfeed your Child* (101 raisons d'allaiter votre enfant), www.promom.org, 2005.

et de diabète infantiles. D'après des études britanniques, l'allaitement maternel suivi pendant au moins six mois réduit en effet le risque de surpoids de plus de 30 % et celui d'obésité véritable de plus de 40 %. Il fait enfin chuter les risques d'allergie, en proportion de sa durée. D'après une étude finlandaise, seulement 8 % des adolescents ayant connu un allaitement de plus de six mois souffraient d'allergies, contre 23 % de ceux allaités entre un et six mois et 54 % de ceux non allaités ou allaités seulement moins d'un mois. C'est pour toutes ces raisons que l'OMS préconise d'allaiter jusqu'à deux ans.

Celle de la maman ensuite, qui tire son épingle du jeu en donnant le sein. Tout d'abord, elle se remet plus vite de son accouchement. Les contractions utérines entraînées par la tétée diminuent les risques d'hémorragie et aident l'utérus à reprendre plus vite sa taille, sa forme et sa tonicité. Les mamans soucieuses de leur silhouette sont heureuses de brûler, en fabriquant du lait, jusqu'à 500 calories par jour ! Autre avantage : les endorphines sécrétées au moment de la tétée diminueraient le risque de *baby blues* et de dépression du *post-partum.* Plus étonnant encore : les études récentes montrent que l'allaitement contribue à faire chuter de près de moitié les risques de cancer du sein, avec une pointe à deux tiers pour celles qui auraient allaité en tout au moins six ans. Il aurait aussi un rôle préventif dans les cancers de l'ovaire, dans l'ostéoporose ainsi que dans les infections urinaires et l'endométriose. Bref, une vraie garantie pour l'avenir !

D'autre part, le lait maternel est bon... tout court ! Aucun lait « maternisé » ne rivalise du point de vue du goût. Il s'imprègne en effet de la saveur de tout ce qu'avale la mère. Sa saveur sucrée est, aux dires de tous ceux (de tous âges !) qui l'ont goûté, bien peu comparable avec l'aspect « carton-pâte » du lait artificiel. C'est aussi l'aliment le plus « intelligent ». Combinaison unique de gras, de sucre, de minéraux, de protéines, de vitamines et d'enzymes, il favorise la croissance optimale du cerveau et du corps du bébé. Qui plus est, il s'adapte, dans sa composition, au fil de la tétée : d'abord la boisson (eau, sels minéraux et lactose), puis les caséines et enfin les graisses.

Enfin, l'allaitement permet un rapprochement émotionnel entre l'enfant et sa mère plus profond que le simple « nourrissage » au biberon. Procédure affective par excellence, la mise au sein procure à l'enfant la sécurité et la chaleur d'un contact peau contre peau. Il s'affirme ainsi comme ce qu'il y a de mieux pour favoriser le lien mère-enfant. Au cours de la 2e Journée nationale pour l'allaitement, le 19 mars 2004, Claude-Suzanne Didierjean-Jouveau et Roselyne Duché-Bancel, animatrices LLL, ont mis en lumière les liens existant, de manière scientifique, entre l'allaitement et le devenir des enfants. Selon une étude américaine de 2002, le risque de maltraitance des enfants par leur mère est d'autant plus faible que l'allaitement a été long. Il aurait aussi pour conséquence une diminution du taux d'abandon. Ainsi, en Russie, la mise en place de l'Initiative « Hôpital Ami des Bébés » a réduit de moitié le nombre d'abandons dans les établissements concernés.

L'allaitement serait l'une des garanties d'un bon équilibre psychologique, émotionnel et affectif à l'adolescence. Une étude portant sur 999 adolescents néo-zélandais [1] concluait que non seulement l'allaitement long ne semblait pas avoir de corrélation avec le risque de pathologie psychiatrique ultérieure (n'en déplaise à ses détracteurs), mais qu'il semblait favoriser des rapports parents-enfants de meilleure qualité.

De surcroît, plusieurs études ont constaté un meilleur développement neurologique chez les enfants qui avaient été allaités. Parmi les plus récentes, citons deux enquêtes parues en 2005. La première, faite sur des enfants philippins nés en 1983-1984 et suivis de la naissance à 8 ans et demi, montre qu'à cet âge ceux qui avaient été allaités plus longtemps (entre douze et dix-huit mois) avaient de meilleurs résultats aux tests cognitifs que ceux qui avaient été allaités moins de six mois. Ces

---

1. Fergusson, D.M. et Woodward, L.J., « Breastfeeding and later psychosocial adjustment » (L'allaitement et son influence psychosociale tardive), *Paediatr Perinat Epidemiol*, 1999.

résultats sont particulièrement nets pour les enfants nés avec un faible poids à la naissance : 9,8 points de QI en plus ! [1] La seconde, faite sur plus de 2 000 jeunes Brésiliens âgés de 18 ans, a montré que ceux ayant été allaités au moins neuf mois réussissent nettement mieux dans leurs études que ceux qui l'ont été moins d'un mois, ce qui, d'après ses auteurs, pourrait donner à l'âge adulte une différence de revenus de 10 à 15 % [2].

À ces arguments d'ordre sanitaire et psycho-affectif, les mères de famille bien avisées ajouteront des avantages plus terre à terre, mais néanmoins non négligeables. À commencer par le coût de l'allaitement, zéro euro zéro centime, à mettre en parallèle avec le coût moyen d'un an de boîtes de lait artificiel – environ 600 euros –, auquel s'ajoute le coût total annuel du matériel annexe (biberons, tétines, eau, stérilisateur, électricité), soit entre 75 et 90 euros. Sans compter les économies en soins médicaux ! L'avantage pratique n'est pas en reste : le lait maternel est toujours frais, stérile (même en cas de maladie virale de la mère), à la bonne température et au bon dosage. Il est disponible à la demande, partout et n'importe quand. Avec lui, fini la corvée de sortie avec biberons, eau minérale, poudre, stérilisateur portable et *tutti quanti* !

## V – Allaiter, oui... mais comment, et jusqu'à quand ?

Les maternantes aiment rappeler que l'allaitement maternel à la stricte demande, jusqu'au sevrage naturel, est LA référence d'un point de vue anthropologique.

---

1. Daniels, M.C. et Adair, L.S., *Breastfeeding Influences Cognitive Development in Filipino Children* (Les influences de l'allaitement sur le développement cognitif des enfants philippins), Presses universitaires de Caroline du Nord, 2005.
2. Victora, C. *et al.*, *Breastfeeding and School Achievement in Brazilian Adolescents* (L'allaitement et la réussite scolaire chez les enfants brésiliens), Acta Paediatrica, 2005.

« Des anthropologues ont étudié les différences dans le maternage des enfants en fonction des cultures et des pays, expose le docteur Françoise Railhet, responsable du programme des référents médicaux LLL France, citée sur le site de l'association. Des études ont relevé des fréquences de tétées de 50 à 60 par 24 heures (sans même que cela réveille la mère pendant la nuit) ; d'autres ont retrouvé des fréquences de 20 à 30 tétées par jour chez les enfants entre 1 et 2 ans. Dans ces pays, les mères ne se posent pas de questions sur le rôle exact du sein. Et je ne suis pas sûre que les gens vivant dans ces pays ont plus de problèmes psychologiques que nous. »

L'âge naturel du sevrage chez les humains se situerait entre 2 ans et demi et 6 ans, conclut la revue *Allaiter aujourd'hui* de LLL France. Cette estimation est corroborée par plusieurs articles ou extraits de publications mis en ligne sur le site maternage.free.fr. Parmi ceux-ci, l'étude d'une équipe américaine qui a étudié des données portant sur l'alimentation des enfants dans quarante-huit sociétés [1]. « La plupart du temps, la mère allaite à la demande, et il n'existe aucune limite pour la fréquence ou la durée des tétées. L'enfant a accès au sein aussi souvent qu'il le souhaite, jour et nuit. Dans de nombreuses sociétés, il est inconcevable de laisser l'enfant pleurer la nuit et de lui refuser le sein. La plupart de ces sociétés considèrent qu'une durée d'allaitement de deux à trois ans est la norme (quatorze sociétés), une durée de plus de trois ans étant fréquente dans douze sociétés ; il existe des rapports d'enfants allaités jusqu'à 7-8 ans, voire 10-12 ans. »

Las ! Tout le monde ne l'entend pas de cette oreille. De fait, l'allaitement long (dépassant le stade souvent jugé rédhibitoire de la première poussée dentaire, aux environs de 6 mois) est

1. SEVERN, N., SCHIEFENHOEVEL, W. et HAIMERL, F., « Child care practices in nonindustrialized societies » (Pratiques des soins pédiatriques dans les sociétés non industrialisées), *Pediatrics*, 2000.

encore mal vu par le grand public. En témoigne cet article publié dans *Libération* en octobre 2006, suite au rassemblement de mamans allaitantes, « La Grande Tétée », à Paris, lors de la Semaine mondiale de l'allaitement maternel.

**« Une Grande Tétée pour les entêtées de l'allaitement [1] »**

« Il y en a une petite centaine. Des bruns, des bleutés, des laiteux, avec au bout des gamins. Hélas, c'est un demi-succès : deux à trois fois plus de seins et de mères allaitantes étaient espérés hier sur les gradins du forum des Halles à Paris. Baptisé la Grande Tétée, le rassemblement donnait à voir des femmes munies de bébés, mais aussi d'enfants de 3 ans, voire de 4. Telle Solena, qui marche, parle, va à l'école et qui présentement suce sa mère. "Elle a toujours voulu continuer à téter, c'est son souhait, plaide Muriel, 39 ans, mère très obéissante en congé parental. Donc je n'ai pas remplacé le lait de sa maman par du lait de vache." À côté, Isabelle, 3 ans et demi, la bouche collée au sein droit d'Élodie. "J'ai repris la tradition de ma grand-mère qui a allaité ses huit enfants, explique la mère de 31 ans, ingénieur en informatique. C'est simple, adapté quand on voyage. Comme j'ai toujours du lait, ça constitue son laitage du matin." La petite mange aussi "en vrai".

« À l'occasion de la trop méconnue Semaine mondiale de l'allaitement maternel, cette Grande Tétée est "organisée par des mamans", déclare, laconique, sa porte-parole Marie-Florence Astoin. Certes. Mais avec le soutien actif de la Coordination pour l'allaitement maternel, de la pédiatre Edwige Antier, et de la peu progressiste Leche League, organisation créée aux États-Unis en 1956. Cette "ligue du lait" préconise notamment d'allaiter au moins jusqu'à 2 ans. Marie-Florence

1. Arrighi, Marie-Dominique, *Libération*, 23 octobre 2006.

Astoin est cependant circonspecte : "On n'a pas envie d'apparaître chapeautées par la Leche League, qui est généralement perçue comme une secte." Elle-même ne cache pas en être membre [...]. Ça papote frigo et tire-lait à gogo, ça fusionne à tire-larigot [...].

« Toutes les mamans ici présentes déconseillent le biberon la nuit, souvent préconisé par le personnel médical. "C'est du sabotage de l'allaitement", s'insurge Marie-Florence Astoin. Car le bébé risque de préférer la tétine "qui coule plus vite" au sein maternel. Catastrophe. Autre responsable de la désaffection : "Le féminisme égalitariste, Simone de Beauvoir et tout ça", détaille Marie-Florence Astoin [...]. Derrière, Benjamin, 2 ans et 9 mois, est lové dans le giron de Sophie. "Il aime les bras de maman. Téter, c'est comme un bisou", se réjouit celle-ci, éducatrice en congé parental, et mère de trois autres enfants, dont deux ont été allaités longtemps. [...]

« Et le père dans tout ça ? Comme le dit le site de la Leche League, l'allaitement est une histoire à deux. Une manière d'évincer allègrement l'homme. Un peu à l'écart justement, Olivier, compagnon d'Élodie, n'y voit que des avantages. "Il n'y a rien à préparer, en plus c'est moins cher, et la nuit tout le monde se rendort vite." »

Des rassemblements plus petits ont eu lieu dans une quinzaine d'autres villes.

D'autres expriment, à l'instar de Ladane, leurs sentiments contradictoires quant au prolongement de l'allaitement, notamment face au regard de leur entourage.

## Témoignage

*Lettre à ma fille*

**Ladane Mayvyn**

**Ladane, 38 ans, est maman d'un petit garçon de 3 ans et demi et d'une fillette de 16 mois allaitée pendant quinze mois [1].**

« J'ai décidé que je serais une mère qui allaite, quoi qu'il advienne. Pas de doute. Lorsque j'ai senti tes ailes de papillon me frôler de l'intérieur, j'ai fondu. Je savais alors que rien ne serait jamais trop bien pour toi et, ma foi, quoi de meilleur que ce bon lait 100 % maternel ? Que du bénéfique. Toujours à bonne température, pas de dépense inutile et zéro encombrement ! Que demande le peuple ?

« Te voilà à me faire dégainer le sein au moindre frémissement de narine, au mépris de toute pudeur élémentaire. Notre allaitement a atteint sa vitesse de croisière, tu as eu treize mois et quatre dents. Nous suscitons plus de commentaires qu'une chaîne d'information à la veille d'une élection présidentielle. À ma gauche, les ayatollahs de l'allaitement, qui nous culpabilisent au moindre écart de conduite. C'est tout juste si je ne suis pas une criminelle pour avoir osé te proposer un biberon d'eau. Que la honte et l'opprobre soient sur moi, qui envisagerais d'arrêter l'allaitement pour ton entrée à Sciences-Po. À ma droite : les anti-allaitement. À commencer par ta grand-mère, qui demande invariablement et sur le même ton quotidien : “Hein, quoi ? Tu l'allaites encore ? Tu veux te faire appeler Marguerite ?”

« Le meilleur ami de ton père a autant de finesse qu'une moissonneuse-batteuse : “Tu n'as pas l'impression qu'elle est pendue à ton sein celle-là ? C'est le papa qui doit drôlement râler, non ?”

---

1. Extrait du recueil *Lettres de naissance*, Eyrolles, 2008. Également auteure du témoignage *Les Larmes de l'exil*, Les 4 Chemins, 2004, et du recueil de nouvelles *Voilà, c'est fini, terminé, point final*, Tikinagan – Les Barkhanes, 2007.

« Eh bien non justement ! Pour une fois qu'il ne râle pas de ma propension à vouloir tout maîtriser. Notre arrangement lui convient tout à fait. Pas de biberons à préparer et encore moins à laver, alors tu penses bien que c'est Byzance pour lui !

« Alors, qui écouter ? La gauche ou la droite ? D'autant qu'au centre, il y a toi et moi, coiffée de la montagne de paradoxes que je me traîne. Ma fille, je t'aime, mais comprends-moi. J'en ai marre de porter ces affreux soutiens-gorge tue-l'amour, rappelant les dessous sado-maso. Ces dessous qui ont pris une teinte jaunâtre malgré les coussinets d'allaitement. Je suis fatiguée de faire attention de ne pas manger une seule fleur de chou et encore moins de brocolis, de refuser systématiquement un bon verre de vin. Je regarde le tire-lait d'un sale œil depuis que j'ai vu un reportage sur une coopérative croate qui utilise quasi le même pour ses vaches. Je n'en peux plus de me contorsionner dans le lit pour ne pas t'écraser en dormant, et puis de me réveiller avec l'empreinte du radio-réveil sur la joue gauche.

« Alors, me voilà à amorcer une négociation avec toi. Une transaction qui ferait pâlir d'envie les hauts dignitaires de l'ONU. Car je te connais, ma fille. Je sais que je dois marcher sur des œufs. Nous avons beau avoir signé le contrat de façon synallagmatique, je vois bien que sur ce coup-là, tu n'as aucune velléité de me suivre. Tu n'es pas prête à me laisser prendre ma retraite de productrice laitière. J'ai tenté toutes les stratégies existantes. Mes jours et mes nuits se confondent en une réflexion profonde sur la méthode à utiliser afin de me retirer élégamment.

« Mais, ma fille, je dois te tirer mon chapeau. Tu as toute mon admiration. Car, vois-tu, c'est précisément alors que je suis en train de me nouer les neurones que tu choisis de t'endormir, blottie contre moi, après une bonne cuite lactée. Tu as l'air de me poser une sacrée question : cet air béat, abandonné, la bouche entrouverte sur une respiration qui fleure bon le lait. Est-ce que ça ne vaut pas tous les sevrages ?

« Allez, c'est promis, ma fille, j'arrêterai le mois prochain. »

## VI – L'allaitement sous toutes ses formes

Qu'elles allaitent un peu, beaucoup, passionnément ou à la folie, les maternantes ont plus d'un tour dans leur sac pour faire profiter leur bébé des bienfaits de leur lait. Pour un certain nombre d'entre elles, allaiter, cela ne veut pas seulement dire donner le sein à un unique bébé, tranquillement calées dans un canapé. Ces virtuoses de la lactation ont bien d'autres cordes à leur arc. Revue de détail.

### 1 – Le co-allaitement

Même enceintes, certaines femmes continuent d'allaiter un autre enfant, soit encore bébé, soit devenu bambin, selon le terme qu'elles affectionnent (à partir de 2 ans). Si la lactation s'est arrêtée ou raréfiée durant la grossesse, elles peuvent de nouveau, après la naissance, autoriser l'aîné à partager le repas du bébé, chacun sur un sein. « Cela m'a permis de pallier la frustration de mon grand de 26 mois de me voir m'occuper de son petit frère, tout en continuant à lui donner les éléments indispensables à sa croissance », témoigne Jessica, 29 ans, maman de deux petits garçons.

### 2 – L'allaitement de jumeaux

« Si la nature nous a donné deux seins, ce n'est pas pour rien ! » sourit Florence, qui allaite toujours exclusivement ses deux fillettes de 5 mois et demi. Elle reconnaît que les débuts ont été rudes... mais elle ne laisserait pas sa place pour un empire ! « C'est tellement plus pratique de nourrir les deux en même temps, plutôt que de donner un biberon à l'une avec l'autre qui hurle de faim ! » apprécie t-elle.

### 3 – L'allaitement d'un bébé prématuré

Beaucoup se laissent convaincre par le personnel des maternités, pour qui un bébé né avant terme n'a pas encore acquis son réflexe de succion, qu'il est donc impossible de l'allaiter. Certaines, en revanche, armées des conseils d'associations, de proches sensibilisés ou de leur seule volonté farouche, parviennent à allaiter en peau à peau leur bébé, même un peu trop frêle. Les mamans des enfants les plus fragiles obtiennent, elles, de tirer leur lait et de le faire ingurgiter à leur nourrisson, souvent séparé d'elles, à la pipette ou à la seringue (afin d'éviter la confusion sein-tétine), jusqu'à ce qu'il soit assez fort pour revenir s'alimenter « à la source ».

## 4 – L'ALLAITEMENT D'UN ENFANT ADOPTÉ

Bien que ce genre de situation soit rare et limité, il ne tient pas du surnaturel. Selon le docteur Jack Newman, de la Leche League, toute femme peut produire du lait, même sans avoir été précédemment enceinte. C'est la « lactation induite ». À condition, trois à quatre mois avant l'arrivée de l'enfant, de prendre un cocktail hormonal et un complément alimentaire pour stimuler la lactation, tout en stimulant ses seins au moyen d'un tire-lait, il est possible d'allaiter un enfant qui n'est pas sorti de son ventre. Jack Newman précise tout de même que « plus le bébé est mis au sein tôt après la naissance, meilleurs seront les résultats », et il avertit : « Il faut bien comprendre que vous ne produirez peut-être jamais suffisamment de lait pour nourrir le bébé de façon exclusive. » Néanmoins, la nouvelle maman peut s'aider, si besoin est, d'un dispositif d'aide à la lactation (un biberon au travers de la tétine duquel passe un fin tube de gavage, qui sera accroché au mamelon, de sorte que le bébé tétera le lait contenu dans le biberon, tout en stimulant en même temps le sein). Ainsi, l'essentiel des bienfaits de l'allaitement pourra être préservé.

## 5 – L'ALLAITEMENT TOUT EN TRAVAILLANT

Le sevrage forcé ou accéléré pour cause de reprise du travail, très peu pour elles ! Les maternantes qui ont choisi de laisser leur bébé toute la journée pour retrouver dossiers et collègues sont des championnes de l'organisation. Tous les matins, dans leur sac, elles glissent tire-lait, récipients vides et mini-glacière. Cet arsenal leur servira, entre deux réunions ou à la pause déjeuner, à exprimer leur lait et à le conserver, en attendant de retrouver leur chérubin. Variante, pour les chanceuses qui habitent à deux pas de leur lieu de travail : passer nourrir bébé chez la personne qui le garde, en profitant de l'heure que leur accorde le code du travail pour allaiter leur enfant durant sa première année. Dans le cas où elles ne sont pas près de lui, leur enfant pourra continuer à se nourrir, en tout ou partie, de leur lait, préalablement stocké par leurs soins.

### 6 – La cuisine au lait maternel

Purées, soupes, yaourts, flans... pourquoi utiliser du lait demi-écrémé ou du lait de croissance, alors qu'on a le *nec plus ultra* de l'alimentation infantile sous la main ? À condition d'en avoir à revendre et de ne pas le faire bouillir ou chauffer au micro-ondes (ce qui détruit ses anticorps naturels), le lait maternel se marie très bien avec toutes sortes de petits plats maison et permet une diversification tout en douceur... et en saveurs !

### 7 – Le lait maternel comme remède-miracle antibobos

Cette méthode ancestrale est largement oubliée de nos sociétés modernes, mais elle est couramment usitée dans certaines régions du globe et reprise à leur compte par un nombre croissant de maternantes. Beaucoup de mamans allaitantes savent qu'appliquer quelques gouttes de lait sur un mamelon irrité constitue l'onguent le plus efficace. Mais on connaît moins les autres propriétés du lait maternel, pour soi comme pour ses enfants. Une égratignure ? « Un peu de lait étalé sur la plaie vaut tous les sprays antiseptiques », assure une maman.

« Je soigne les petites conjonctivites de mon p'tit bout avec des gouttes de mon lait. C'est parti au bout de deux jours, sans antibio ou autre médoc », témoigne une autre. Un rhume ? Une giclée de lait dans chaque narine chassera la goutte au nez. Un fessier irrité, de l'acné du nouveau-né ? Un cataplasme de lait permet de retrouver au plus vite une peau saine...

Ces conseils peuvent faire sourire. Mais l'administration de lait maternel comme médicament à tout faire n'est pas une simple lubie de mères de familles bios jusqu'au bout des tongs. En effet, la forte concentration d'anticorps contenue dans le précieux liquide ferait également merveille pour aider à combattre des soucis de santé autrement plus graves. En 1997, la très sérieuse HMBANA (*Human Milk Banking Association of North America*), l'association des lactariums nord-américains, a publié la liste des indications du don de lait humain. Pour n'en citer que quelques-uns : prématurité, stagnation staturo-pondérale, insuffisance rénale, intolérances alimentaires, déficits héréditaires du métabolisme, brûlures, pathologies cardiaques...

L'association préconise encore l'utilisation préventive de lait maternel chez des patients à haut risque (enfants ou adultes) : maladie de Crohn, colites inflammatoires, allergie aux protéines du lait de vache et du soja, prévention des infections pendant les traitements immunosuppresseurs.

Il va de soi que dans ces cas extrêmes, le lait maternel, même administré à haute dose, ne peut suffire à lui seul. Néanmoins, il a pour avantage de ne comporter aucun risque de toxicité ou de surdosage, tout en renforçant le système immunitaire.

## VII – L'allaitement, première arme féministe ?

Pour Penny Van Esterik, féministe américaine et militante de l'allaitement, les groupes féministes devraient intégrer l'allaitement dans leurs luttes, et ce, pour plusieurs raisons :

– L'allaitement affirme le pouvoir de contrôle de la femme sur son propre corps, et met en question le pouvoir médical.

– L'allaitement met en cause le modèle dominant de la femme comme consommatrice.

– L'allaitement s'oppose à la vision du sein comme étant d'abord un objet sexuel.

– L'allaitement exige une nouvelle définition du travail des femmes.

– L'allaitement encourage la solidarité et la coopération entre femmes, que ce soit au niveau du foyer, du quartier, au niveau national et international [1].

---

1. DIDIERJEAN-JOUVEAU, Claude-Suzanne, « L'allaitement est-il compatible avec le féminisme ? », *Spirale*, mars 2003.

## BIBLIOGRAPHIE


BLAFFER HRHY, Sarah, *Les Instincts maternels*, Payot, 2002.

COLLECTIF, *L'Art de l'allaitement maternel*, LLL, 1995.

DEJAGER WARD, Jule, *La Leche League, at the Crossroads of Medicine, Feminism and Religion* (La Leche League, à la croisée de la médecine, du féminisme et de la religion), University of North Carolina Press, 2000.

DELAHAYE, Marie-Claude, *Tétons et tétines, histoire de l'allaitement*, Trame Way, 1990.

DELAISI DE PARSEVAL, Geneviève et LALLEMAND, Suzanne, *L'Art d'accommoder les bébés*, Poches Odile Jacob, 2001.

DIDIERJEAN-JOUVEAU, Claude-Suzanne, *Anthologie de l'allaitement maternel*, Jouvence, 2002.

DIDIERJEAN-JOUVEAU, Claude-Suzanne, *L'Allaitement maternel : La voie lactée*, Jouvence, 2003.

DIDIERJEAN-JOUVEAU, Claude-Suzanne, *Les 10 plus gros mensonges sur... l'allaitement*, Dangles, 2006.

LYSANE, Grégoire et SAINT-AMANT, Stéphanie (dirs), *Au cœur de la naissance : témoignages et réflexions sur l'accouchement*, Éditions du Remue-Ménage, 2004.

PELLÉ-DOUËL, Christilla, *Le Guide de l'allaitement*, Marabout, 2004.

ROQUES, Nathalie, *Vivre la relation avec son bébé : allaiter, dormir, porter*, Chronique sociale, 2005.

RUFO, Marcel, *Tout ce que vous ne devriez jamais savoir sur la sexualité de votre enfant*, Anne Carrière, 2003.

THIRION, Marie, *L'Allaitement*, Albin Michel, 2004.

## Les sites de La Leche League

www.lllfrance.org
www.lalecheleague.org

## D'autres sites sur l'allaitement et les associations de soutien à l'allaitement

http://www.allaitement-informations.org
http://www.coordination-allaitement.org/
http://www.solidarilait.org
http://www.unicef.org/french/nutrition/index_24806.html

# Chapitre 3
# Garder son enfant contre soi jour et nuit

## POUR
## Willi Maurer

**« La période de maternage au corps de la mère devrait avoir une durée au moins égale à celle de la vie prénatale. »**

**Willi Maurer est un animateur-thérapeute suisse. Dans son livre *Mère et bébé l'un contre l'autre*, il développe la thèse selon laquelle la séparation précoce maman-bébé peut avoir des conséquences graves, même à long terme.**

« Normalement, pendant et immédiatement après la naissance, mère et enfant sont biologiquement programmés par un puissant cocktail hormonal qui fait que l'indispensable attachement réciproque, l'"empreinte", a lieu. L'intense expérience du contact "corps et âme" entre mère et enfant est indispensable : elle permet à l'enfant de trouver ses repères, de commencer son existence avec un sentiment de sécurité et d'appartenance, et à la mère de percevoir les réels besoins de son enfant, d'y répondre, de le materner avec joie.

« C'est pourquoi la période de maternage au corps de la mère devrait avoir une durée au moins équivalente à celle de la vie prénatale. Un début de détachement par rapport à la mère devrait pouvoir se faire en douceur, spontanément et indépendamment de tout dogme pédagogique relatif au “quand” ou au “comment”. L’enfant commencera ainsi à explorer son environnement et ses propres facultés à son rythme, lorsqu’il sera prêt à le faire. Il développera ainsi une importante confiance en soi. Toute séparation trop précoce d’avec l’enfant dérange chez la mère l’activation de l’ocytocine et de la prolactine, qui stimulent respectivement la capacité d’aimer et la production du lait maternel. Empêcher ces deux réactions bio-chimiques ouvre parfois la porte à la dépression *post-partum* et compromet les futures capacités relationnelles de l’enfant.

« Des réalités biologiques hélas trop souvent oubliées dans nos sociétés modernes. Or, la naissance violente suivie de la séparation créent des traumatismes considérables : insécurité, manque d’un sentiment d’appartenance, solitude, impuissance. Plus précoce est la séparation, plus graves pourront être les conséquences. Tant qu’ils ne seront pas exprimés, reconnus et élaborés, les sentiments douloureux seront refoulés et émergeront tout au long de la vie, sous des formes diverses : problèmes du comportement amoureux, nationalismes, violence, avidité matérielle, dépression...

« Il y a pourtant des possibilités de changer cela, en se mettant à l’écoute de notre “enfant intérieur”, l’enfant que nous avons été, à l’écoute de nos sensations, de nos émotions. En retrouvant la trace de ce que nous avons vécu, en revivant les anciens sentiments, nous les empêcherons de conditionner notre vie. Et de nous comporter envers nos enfants de cette même manière qui nous a fait tant souffrir hier. »

## OUI, MAIS...
## Lyliane Nemet-Pier

**« Au-delà des trois premiers mois, la symbiose maman-bébé doit se desserrer peu à peu. »**

**Lyliane Nemet-Pier est psychologue clinicienne et psychanalyste. Dans son livre *Mon enfant me dévore*, elle développe la thèse selon laquelle il est vital, pour les parents comme pour l'enfant, que tout ne tourne pas autour de lui après le premier semestre.**

« La proximité corporelle intensive avec la mère, c'est fondamental pour sécuriser les tout-petits. C'est la fusion organique des trois premiers mois entre la mère et son bébé, que Winnicott appelle "les cent jours de folie amoureuse". Je suis bien sûr d'accord pour qu'un bébé soit pris dans les bras, cajolé, nourri à la demande, etc. Mais je m'oppose formellement au fait de le prendre dans le lit conjugal la nuit, car il y a un risque réel d'étouffement. Il vaut mieux, dans ce cas, choisir la solution du "side-bed", c'est beaucoup plus sécurisé et tout aussi pratique. Mais dans l'idéal, mieux vaut ne pas commencer, car une fois l'habitude prise, les enfants ne renoncent pas facilement à ce privilège-là ! Et quoi qu'il en soit, cette pratique ne devrait pas durer au-delà de six mois – un an, grand maximum. Car à partir du moment où l'on est dans le lit d'un parent, on est vécu symboliquement comme un partenaire sexuel de celui-ci. Le corps d'un petit enfant est érotisé de partout : il n'est pas anodin pour lui de dormir contre le corps d'un adulte, car il peut ressentir des excitations.

« D'une manière générale, la maman qui va bien, qui a vécu une grossesse normale et n'a pas subi de séparation traumatisante d'avec son enfant à la naissance, n'a pas besoin de rester en contact physique avec lui 24 h sur 24.

Le portage donne, certes, d'excellents résultats pour les bébés prématurés, mais j'en vois beaucoup moins la nécessité pour un enfant né à terme et en bonne santé. Les mamans qui portent en permanence leur bébé en écharpe, ce n'est pas tant parce qu'elles aiment ça, que, souvent, parce qu'elles n'ont pas trouvé d'autre solution pour qu'il ne pleure plus. Cette pratique peut aussi être le reflet d'une angoisse profonde de leur part : elles pensent que si elles posent leur enfant ne serait-ce que quelques minutes, elles n'en gardent plus l'entière maîtrise, donc qu'il va lui arriver quelque chose. Ces mères ont du mal avec la séparation, sans doute parce qu'elles ont été séparées de leur bébé à la naissance ou les jours qui ont suivi ou qu'elles ont un vécu personnel de séparations douloureuses ou traumatisantes. Sur ce point comme sur celui, essentiel, de la reprise de l'intimité sexuelle du couple, ce sera au père de jouer son rôle de tiers séparateur, si la mère ne parvient pas d'elle-même à se détacher, progressivement, de son tout-petit. La condition *sine qua non* pour que cette symbiose ne conduise pas à un véritable enfermement. »

N'invitez pas une maman maternante à laisser quelques heures son enfant à la halte-garderie du coin pour souffler un peu entre copines. Soit elle déclinera poliment l'invitation, soit elle se joindra à vous... avec son dernier-né blotti dans l'écharpe, si ce n'est pas, aussi, avec ses aînés. En effet, durant la petite enfance de leurs enfants, et *a fortiori* avant leur première année, les maternantes ne s'en séparent pas ou le moins possible. Elles les gardent près d'elles, si ce n'est tout contre elles, 24 heures sur 24, de jour comme de nuit. Cette pratique passe par trois voies : le portage de bébé, en intérieur comme en extérieur ; la limitation ou la sélectivité maximales de toute garde extérieure ; le sommeil partagé, ou « co-sleeping ».

# I – Porter son enfant

## 1 – Le portage « nature », une pratique qui monte

De plus en plus souvent, on peut croiser dans la rue des parents portant un bébé ou un petit enfant sur leur ventre ou sur leur dos, enveloppé dans un vaste tissu coloré noué à leurs épaules et autour de leur taille ou dans une poche de toile. Ce qui interloque beaucoup les passants, plus habitués à voir des enfants en poussette ou en porte-bébé classique.

Le portage est le mode de transport de leurs petits le plus prisé par les familles maternantes. Pour ce faire, elles utilisent la plupart du temps une écharpe spéciale. De nombreux autres produits s'offrent aujourd'hui aux parents « nature », étant donné le succès croissant de la pratique. Ces produits sont fabriqués, dans leur immense majorité, en Europe du Nord, à commencer par l'Allemagne, leader incontesté du portage « nature ». On les trouve avant tout sur Internet, mais de plus en plus aussi dans des boutiques spécialisées. Écharpe de portage à nouer, « hamac », « chinado » ou autre « sling » ont tous pour point commun d'être considérés comme plus respectueux de la physiologie de l'enfant et de son besoin de contact rapproché avec le porteur.

Bien qu'il soit largement oublié de la majorité de nos contemporains, le portage des enfants serait antérieur à la plus haute Antiquité. Claude-Suzanne Didierjean-Jouveau rappelle dans son livre *Porter bébé : avantages et bienfaits*[1] que, pour beaucoup d'anthropologues, le premier outil inventé par les humains aurait en effet été un porte-bébé. « D'après l'archéologue britannique Timothy Taylor, dit-elle, c'est à l'époque d'*Homo erectus* et d'*Homo ergaster* que les femmes auraient

1. Didierjean-Jouveau, Claude-Suzanne, *Porter bébé : Avantages et bienfaits*, Jouvence, 2006.

"inventé le premier artefact vraiment humain, le porte-bébé, un morceau de peau animale noué de façon à former une poche portée en bandoulière" (que certains peuples utilisent toujours). Pour l'archéologue, "l'invention apparemment triviale du papoose, ou porte-bébé, il y a environ un million huit cent mille ans, a été déterminante, car elle a permis de prolonger et d'intensifier la période de développement cérébral chez le nourrisson, qui a culminé avec l'émergence du langage" ».

Dans un article paru dans la revue *Allaiter aujourd'hui*[1], Claude-Suzanne Didierjean-Jouveau met ensuite en parallèle les devenirs de l'allaitement et du portage. « Comme l'allaitement, le portage a souffert de désaffection à l'époque moderne », déclare-t-elle. Le courant béhavioriste est passé par là qui, aux lendemains de la Seconde Guerre mondiale, a isolé les bébés bien "au calme" dans des chambres séparées, enfermés dans de petits lits à barreaux tenus soigneusement immobiles. Selon ce mode de pensée, chaque preuve d'amour ou chaque contact physique rendait l'enfant trop dépendant de ses parents. D'où l'interdiction faite à des milliers de mères et à une génération de soignants et gardes d'enfants de prendre ceux-ci dans les bras, au risque de les gâter. Avec, pour corollaire à cette prévention, l'avènement des landaus, puis des poussettes. Lesquels sont loin de faire l'unanimité parmi les tenants d'une relation intense avec leur progéniture. Irene Wambui, une Kenyane citée par le *Washington Post* du 20 mai 2004, voit ces derniers comme des « cages à enfants », froids et remplis de gadgets inutiles, où les bébés sont assis comme « de gros tas ».

À l'instar de l'allaitement, le portage a connu un regain de faveur à l'occasion du « retour à la nature » des années 1970, poursuit Claude-Suzanne Diderjean-Jouveau. « Alors qu'il

1. DIDIERJEAN-JOUVEAU, Claude-Suzanne, « Enfant bien porté, enfant bien portant », *Allaiter aujourd'hui* n° 40, juillet 1999.

était considéré auparavant comme une pratique de “sous-développés”, on a revu dans nos rues des “bébés-kangourous” sur le ventre de leur mère ou de leur père. Mais, tout comme l’allaitement prolongé, le portage prolongé est rare chez nous : quand il dépasse quelques semaines et quelques kilos, le bébé se retrouve généralement en poussette, au niveau des pots d’échappement… »

C’est aussi dans les années 1970 que le portage en écharpe ou en poche de tissu, ventrale ou dorsale, apparaît outre-Rhin. Mais il ne commence à être médiatisé en France que lors de la décennie suivante, avec les bébés-kangourous de Colombie, ces prématurés portés en permanence en peau à peau pour un meilleur développement. Mieux que la couveuse ! Il a pourtant fallu le fantastique bouche à oreilles permis par Internet, à partir du début des années 2000, pour que le portage des bébés dans la vie courante entame sa percée, d’abord dans le milieu associatif puis, de plus en plus, dans le grand public. « Lorsque j’ai commencé, il y a trois ans, je faisais un atelier tous les quinze jours, témoigne Murielle Fabre, animatrice de portage pour l’association Porter son enfant de Haute-Savoie. Aujourd’hui, j’en enchaîne deux ou trois par semaine, ça marche du tonnerre ! Si 90 % des participantes allaitent leur bébé, le public, au départ très maternant, est de plus en plus large et diversifié. »

Un succès dû aussi au fait, selon Claude-Suzanne Didierjean-Jouveau, que, « comme l’allaitement, le portage est hors commerce. Mis à part l’achat du porte-bébé (et encore, on peut très bien le fabriquer soi-même), porter ne coûte rien, alors que toute la puériculture moderne vise à persuader les nouveaux parents qu’ils ont besoin d’acheter tout un matériel coûteux et encombrant ».

## 2 – Le portage : beaucoup plus qu’un moyen de transporter bébé

« La beauté du portage, c’est qu’il permet au parent de remplir facilement ses deux tâches principales : répondre aux besoins de son enfant (en l'occurrence le besoin de chaleur et de contact) tout en l'ouvrant au monde », assure Claude-Suzanne Didierjean-Jouveau dans son livre.

Porter son enfant tout contre soi correspond en effet, aux dires de nombreux spécialistes de l'enfant, à un besoin primaire, biologique, de celui-ci. « Les bébés veulent être portés », assure Franz Renggli, psychanalyste et psychothérapeute corporel et auteur de plusieurs livres spécialisés sur la relation précoce entre parents et enfants [1]. « On constate chez un petit enfant un besoin archaïque de contact corporel, ou, autrement dit, une peur archaïque lorsqu'il perd ce contact physique », écrit-il. Ces observations font écho à celles déjà énoncées, il y a trente ans, par la psychothérapeute Jean Liedloff, dans son essai *Le Concept du continuum*, qui a connu un succès retentissant et qui a été récemment réédité [2].

Pendant deux ans et demi, Jean Liedloff a partagé la vie de deux tribus de la jungle amazonienne, les Yekwanas et les Sanemas, et elle a été impressionnée par leur pacifisme et leur joie de vivre – qualités qu'elle attribue au mode de maternage pratiqué par ces tribus. Chacun reconnaît dans l'enfant, dès sa naissance un être naturellement bon dont la sociabilité est innée. Durant sa première année, le bébé est constamment porté par sa mère et l'accompagne dans toutes ses activités. Au fur et à mesure de sa croissance, il participe à la vie de la tribu, il n'est jamais grondé ni puni et ne met jamais sa vie ni celle des siens en péril, en dépit des dangers de la jungle.

Pour Jean Liedloff, le continuum, c'est la séquence naturelle des expériences que des millions d'années d'évolution ont préparées pour les êtres humains dès leur conception. Ainsi, de la même façon qu'un poumon s'attend à recevoir de l'air, le bébé,

1. www.franz-renggli.ch (site en allemand).

2. Liedloff, Jean, *Le Concept du continuum. À la recherche du bonheur perdu*, Ambre Éditions, 2006.

au moins jusqu'à sa première année, s'attend à être en contact continu avec sa mère, jour et nuit. De son côté sa mère s'attend tout naturellement à ne jamais le poser, à l'allaiter à la demande et à répondre sans tarder à ses moindres besoins. En grandissant, l'enfant imite tout naturellement ses aînés et ses parents. Ceux-ci ne le contraignent jamais, de quelque façon que ce soit, à obéir. Selon Jean Liedloff, la joie de vivre est la norme à tout âge lorsque les attentes du continuum sont comblées de façon appropriée.

Corollaire à cette théorie du maternage idéal : toute expérience manquée du continuum (séparation trop précoce d'avec sa mère, allaitement à heures fixes, attention trop marquée à l'enfant ou répression de ses erreurs) constitue une grave rupture dans l'équilibre psycho-affectif de celui-ci. Or, les enfants des sociétés occidentales étant forcément élevés sans respect de leur continuum, Jean Liedloff attribue à cette erreur éducative l'ensemble des comportements addictifs, voire « déviants », de nos sociétés : boulimie de travail ou de voyages, donjuanisme, agressivité, toxicomanie, dépression, criminalité... Cette vision rejoint celle de Willi Maurer.

Ces théories d'ordre psychologique sont corroborées par les recherches de nombreux anthropologues et scientifiques. Il y a plus d'un demi-siècle déjà, Margaret Mead avait observé qu'à Bali les bébés n'étaient pas censés toucher le sol avant l'âge de neuf mois. On considérait en effet que la vraie naissance se situait quand l'enfant était en mesure de marcher et de se déplacer seul. Jusque-là, il était donc constamment porté. En effet, explique Claude-Suzanne Didierjean-Jouveau, le petit d'homme naît prématuré. « Porté par sa mère, le bébé retrouve une grande partie des perceptions sensorielles qu'il a connues *in utero* : le rythme rassurant des battements de son cœur, les gargouillis de son corps, le bercement de ses mouvements, le son de sa voix, le contact de sa peau. » Au point que le porte-bébé est qualifié par certains d'« utérus avec vue ».

Aux dires de ses partisans, les retombées positives du portage sont innombrables. Voici les principales :

## Le portage renforcerait le lien réciproque d'attachement mère-enfant

Des chercheurs américains ont fait en 1990 une étude sur les effets d'un contact physique étroit sur le lien mère-enfant [1]. Ils ont observé que les mères qui avaient utilisé les porte-bébés en tissu avaient, à trois mois et demi, des réponses plus fréquentes aux vocalises de leur bébé, et plus d'échanges verbaux que l'autre groupe, qui s'était servi d'une coque en plastique rigide. À 13 mois, cette plus importante capacité de réponse à l'enfant semblait corrélée à un attachement mère-enfant plus sécurisant : 83 % des bébés du premier groupe étaient considérés comme ayant tissé un lien très sécurisant, contre 38 % dans le deuxième groupe.

En ce sens, note Claude-Suzanne Didierjean-Jouveau, le portage peut être « doublement utile quand le parent part avec un handicap : mère (ou père) aveugle, tétraplégique, avec des difficultés d'attachement... Ou lorsque les conditions de la naissance ont perturbé les premières relations mère/enfant (notamment en cas de séparation à la naissance) ». Pour les pères, c'est aussi un excellent moyen de compenser l'absence de vécu de la grossesse « de l'intérieur ».

## Le portage diminuerait considérablement le temps de pleurs des bébés

Une étude menée en 1986 par deux chercheurs canadiens [2] a montré qu'au moment du fameux « pic de pleurs » des six

1. Anisfeld, E., Casper, V., Nozyce, M. et Cunningham, N., « Does infant carrying promote attachment? An Experimental study of the effects of increased physical contact on the development of attachment », (Le portage favorise-t-il le lien parent-enfant ? Une étude des effets du contact physique sur le développement de l'attachement), *Child Development*, 1990.

2. Hunziker, Urs A. et Barr, Ronald G., « Increased carrying reduces infant crying : a randomized controlled trial », (Un soin renforcé permet de réduire les pleurs du nourrisson : étude), *Pediatrics*, 1986.

semaines, les bébés des mères auxquelles on avait demandé de les porter une heure et demie de plus par jour ont manifesté 43 % de pleurs en moins sur 24 heures, et jusqu'à 51 % de pleurs en moins en soirée. Soit une diminution de plus de moitié des pleurs de fin de journée, qui déstabilisent tant les nouveaux parents !

## Le portage améliorerait le développement psychomoteur des enfants

Les bébés portés en permanence reçoivent nettement plus de *stimuli* que ceux qu'on laisse seuls dans leur chambre. Ils participent à toutes les activités de la maisonnée, « à hauteur d'homme », tout en étant sécurisés par le contact. De plus, d'après le pédiatre américain William Sears, le portage, par les mouvements du porteur et les bruits de son cœur, stimule le système nerveux immature du bébé, et notamment son système vestibulaire et son oreille interne. Cette stimulation « aide les bébés à mieux respirer, à mieux grandir, régule leur physiologie et améliore leur développement moteur ».

Dans les années 1950, la pédopsychiatre Marcelle Geber a observé une surprenante avance du développement moteur, intellectuel et affectif de l'enfant africain comparé à celui d'enfants européens ou américains du même âge [1]. Portés constamment par leur mère, ces enfants pouvaient se tenir droits à 17 semaines, sans soutien et pendant quelques minutes. Ils tenaient assis, stables, le dos bien droit, dès 4 mois. Ils tenaient debout sans appui à 7 mois, marchaient à 9 ou 10 mois et pouvaient courir à 12 mois (geste dont l'enfant européen n'est capable qu'un an plus tard environ), donnaient un coup de pied dans un ballon à 18 mois... Marcelle Geber en concluait que « la position au dos de la mère entraîne une avance de développement des muscles commandant la tenue de la tête, la

1. Geber, Marcelle, *L'Enfant africain dans un monde en changement. Étude ethno-psychologique dans huit pays sud-africains*, PUF, 1998.

station assise, la locomotion. C'est aussi un poste d'observation privilégié pour voir et entendre tout ce qui se passe et se dit. Les massages et manipulations de la mère dès le début de la vie, le contact peau à peau sont de tels *stimuli* qu'ils concourent non seulement au développement moteur, mais aussi à la pleine possession de toutes les capacités ».

## Le portage serait bénéfique à la santé des enfants

Illustration la plus évidente de cette allégation : les bébés-kangourous. Il apparaît que le portage des prématurés n'a que des avantages pour ces derniers : il stimule tous les paramètres physiologiques (rythmes cardiaque et respiratoire, thermorégulation, respiration, oxygénation, consommation d'oxygène, température, glycémie, cycles du sommeil...). Il favorise l'allaitement, abaisse la morbidité infantile et la durée du séjour en néonatologie, favorise le lien parents-enfant... – des effets bénéfiques que l'on peut étendre aux enfants nés à terme. La recherche a en effet montré que le contact peau à peau entre la mère et son bébé pouvait réduire la production d'hormones du stress chez ce dernier de 74 %. Or, des taux élevés de ces hormones inhibent les fonctions intestinales, la digestion et la croissance. La position « en grenouille » de l'enfant dans l'écharpe permettrait aussi de remédier « naturellement » aux dysphasies de la hanche.

## Le portage produirait des enfants plus équilibrés et plus pacifiques

Le neuropsychologue américain James W. Prescott, spécialisé dans l'étude des origines de la violence chez l'homme, s'est livré à l'étude de 49 sociétés « primitives », dont 20 violentes et 20 pacifiques[1]. Il affirme qu'il est possible de prédire avec exactitude le caractère violent ou pacifique de 80 % de ces

1. Prescott, James W., « Le plaisir du corps et l'origine de la violence », *The Bulletin of The Atomic Scientists*, novembre 1975.

sociétés, en se fondant uniquement sur la durée plus ou moins longue pendant laquelle l'enfant est porté sur le corps de sa mère ou d'un substitut maternel. Et d'en conclure : « Pour toutes ces raisons, la pratique de puériculture la plus importante à adopter pour le développement d'enfants sains émotionnellement et socialement serait de porter le bébé sur le corps de sa mère ou d'un substitut maternel toute la journée [...] C'est là le meilleur "vaccin comportemental" qui soit contre la dépression, l'aliénation sociale, la violence, l'abus d'alcool et de drogues plus tard dans la vie. » Rien de moins !

**Haro sur le porte-bébé « classique » !**

Porter bébé, oui, mille fois oui ! Mais aucune maternante qui se respecte ne le fera dans un porte-bébé classique, où « sac kangourou ». En cause : la façon dont le bébé est maintenu. Le site www.allaitement-informations.org explique les raisons de cette défiance : bébé, suspendu par l'aine, a les jambes pendant dans le vide. Il repose sur ses organes génitaux, ce qui peut être préjudiciable par la suite. De plus, la courbure naturelle de sa colonne n'est pas respectée. Il est aussi reproché au porte-bébé d'être trop rigide : le bébé ne peut y téter, et il n'a pas le contact peau à peau si important à son développement. Enfin, ce type de portage n'est pas confortable, car bébé, peu solidaire de son support, se balance en avant, exerçant un poids supplémentaire. Ainsi, dès que l'enfant a atteint l'âge de quelques mois, il devient souvent difficile de le porter. D'autant plus que rares sont encore les modèles proposant un portage indifférencié sur le ventre ou sur le dos.

Une exception à cette réticence caractérisée : il existe depuis peu un porte-bébé en maille synthétique qui permet de conserver son chérubin contre soi sous la douche ou dans la piscine. L'écharpe de portage ne rend pas encore ce service !

## 3 – Les différents types de portage

### L'écharpe

D'une largeur de 65 à 75 cm et d'une longueur variant de 2,60 à 6 m environ, l'écharpe porte-bébé est un simple rectangle de coton ourlé, fabriqué dans un tissu spécifiquement adapté au portage (en général du sergé simple, croisé ou composé). Elle est prévue pour s'adapter à tous les types de nouages et à toutes les morphologies, tant celle du porteur que celle du porté. Les bonnes écharpes permettent de porter confortablement son bébé de la naissance jusqu'à 3 ans et plus, dans diverses positions, sur le ventre, sur la hanche et dans le dos.

Ces écharpes emploient souvent du tissu teint sans métaux lourds, voire du tissu biologique. Certaines d'entre elles sont issues du commerce équitable. Leur prix (entre 80 et 120 €) peut sembler prohibitif à certaines femmes, qui préfèrent se lancer seules dans la fabrication d'une écharpe ou l'acheter d'occasion ou à des fabriquants artisanaux. Murielle Fabre, animatrice de portage, met en garde contre cette pratique sur le site de l'association Porter son enfant [1]. « Parce que nous avons perdu la culture du portage dans notre société, parce que notre mode de vie a changé et parce que nous avons besoin de confort et de sécurité, nous ne pouvons pas porter avec n'importe quel tissu ou matière comme dans les ethnies où le portage existe encore de façon traditionnelle. »

Il existe une dizaine de possibilités de nouages, divisées en trois familles de positions (les hamacs, les kangourous et les croisés), adaptées à tous les types de portage et à tous les âges de l'enfant, de la naissance à la fin de la maternelle. Du plus évident (le croisé simple) au plus complexe (le kangourou). Tant pour sensibiliser les mamans à ce mode de portage encore largement inusité que pour les aider à le maîtriser,

1. www.portersonenfant.fr

plusieurs dizaines d'associations se sont développées ces dernières années dans toute la France. Elles sont particulièrement nombreuses et actives dans les zones frontalières de la Belgique, de l'Allemagne et de la Suisse, trois pays à la pointe en matière de portage. Outre des « ateliers portage » généralement couplés avec une approche plus large du maternage (allaitement, « co-sleeping », respect des besoins de l'enfant...), ces associations proposent souvent à la vente certains modèles d'écharpes.

Pour celles que l'écharpe et ses difficultés de nouage intimident, il existe d'autres modes de portage, plus accessibles mais à usage parfois plus restreint : les porte-bébé dits « physiologiques », parce qu'ils respectent la physiologie du bébé et celle du porteur.

**Le hamac**

Il s'agit d'un rectangle de tissu, rembourré ou non, avec parfois deux anneaux à une extrémité qui permettent de régler la tension du tissu. Très facile à installer, il peut néanmoins sembler moins confortable que l'écharpe, car il s'agit d'un portage asymétrique : le porte-bébé repose sur une seule épaule et il n'y a pas de maintien au niveau des lombaires du porteur. On peut l'utiliser dès la naissance, en y mettant bébé en position berceau – allongé à l'horizontale –, ou bien en position kangourou (à la verticale). On peut aussi l'utiliser pour porter sur la hanche et, pour certaines marques et avec un peu d'expérience, sur le dos. À noter que des associations commercialisent des porte-bébés spécifiques : le porte-caLLLin, fabriqué et vendu par la Leche League, ou le Tragidi, vendu par Peau à Peau, association belge qui compte des antennes en France.

**Le porte-bébé chinois**

Composé d'un carré et de quatre lanières ou sangles en tissu, ce type de porte-bébé, décliné en plusieurs marques voisines, est très facile à installer et permet de porter bébé sur le dos, sur la hanche et sur le ventre. Ce modèle s'enfile en un tour de main, tout en offrant une position physiologique à l'enfant, qui est assis « en grenouille », fesses soutenues. Il remporte un franc succès parmi les maternantes de fraîche date.

### 4 – Comment choisir ?

« On ne peut que conseiller aux parents intéressés par le portage de se rendre à un atelier avant d'acheter quoi que ce soit, note Ingrid Van den Peereboom, cofondatrice de l'association Peau à Peau. Qu'ils y essayent le maximum de modèles d'écharpes et de porte-bébé, afin de voir ce qui, tant dans la forme, la longueur ou l'aspect, leur convient le plus par rapport à l'usage qu'ils souhaitent en faire. »

#### Poussette ou écharpe, quel est le plus pratique ?

Les partisanes de l'écharpe de portage sont intarissables sur son côté pratique :

– Le portage semble idéal pour faire pousser au mieux un enfant plus fragile que la moyenne. « Ma fille est née avec six semaines d'avance. Cette pratique m'a permis de continuer le peau à peau comme je faisais à l'hôpital, déclare Stéphanie. Bilan : en trois semaines, elle avait pris plus d'un kilo, et n'a eu, depuis sa naissance, il y a six mois, aucun souci de santé. »

– Rien de tel pour calmer bébé tout en vaquant à ses occupations à la maison. Une règle valable pour les tâches ménagères : cuisine (en évitant toutefois de le porter sur son ventre en cas de risque d'éclaboussures brûlantes), ménage, soins aux frères et sœurs... « Dans l'écharpe, Lucie, 7 mois et demi, devient instantanément un modèle de sérénité, alors que lorsque je la pose, elle se met très vite à pleurer, témoigne Frida, 32 ans.

J'ai pris le parti de la garder quasiment en permanence, ce qui m'évite de m'interrompre dans mes activités toutes les cinq minutes pour aller la bercer ! »

– Celles qui ont déjà pris le bus ou *a fortiori* le métro avec une poussette, ou qui ont déjà tenté de slalomer dans une foule avec leur char d'assaut à trois ou quatre roues, ne jurent souvent plus que par leur léger bout de tissu. « Avec mon loulou dans l'écharpe, je me faufile partout avec une facilité déconcertante », témoigne Serena, une Parisienne convertie à l'écharpe pour son deuxième enfant.

– Dans l'écharpe, bébé est protégé d'une partie de la pollution, contrairement à ses congénères en poussette, dont le visage se trouve juste au niveau des gaz d'échappement !

– En hiver, même par un temps « à ne pas mettre un bébé dehors », bébé-kangourou reste au chaud, étroitement blotti qu'il est contre sa maman. Bien loin des courants d'air qui s'infiltrent dans les poussettes les mieux calfeutrées...

– Une écharpe est moins chère qu'une poussette, dont les prix des plus perfectionnés peuvent grimper jusqu'à plus de 500 euros : entre 45 et 120 € en moyenne. Et c'est encore moins cher si on la fait soi-même !

– Quelques mètres carrés de tissu, c'est autrement moins encombrant à ranger qu'une poussette.

– En écharpe, bébé est physiquement plus proche de sa maman, ce qui facilite la communication entre eux. « Non seulement je vois tout de suite s'il est bien ou pas, mais je peux communiquer avec lui en langue des signes, explique Émilie, 24 ans. Je ne saurais dire dans quelle mesure c'est lié ou pas, mais toujours est-il qu'il est beaucoup plus éveillé que son frère aîné au même âge ! »

– Bébé a une petite faim ? Nul besoin de s'interrompre dans ses occupations : dans l'écharpe, il peut téter en toute discrétion et en tout confort, sans attendre et sans déranger sa maman. Un avantage particulièrement appréciable dans les lieux publics.

– Une bonne écharpe peut servir jusqu'à ce que l'enfant ait atteint l'âge de 5 ou 6 ans, sur le dos ou sur la hanche. À la seule condition, pour le porteur, d'avoir de bonnes chaussures et... de bonnes cuisses !

– Dernier avantage, qui n'est pas des moindres : aux dires de nombreuses mamans coquettes, une écharpe, c'est bien plus joli qu'une poussette ! Il y en a dans tous les tissus, et dans tous les coloris : unies ou multicolores. Bref, pour tous les goûts. « J'en ai trois, que j'assortis à ma tenue du jour, sourit Maïté, 26 ans. Ma préférée ? Mon écharpe à motifs indiens : lorsque je la porte, j'ai toujours un peu l'impression d'être en vacances ! »

D'autres, en revanche, ne se passeraient pas de leur poussette, soit à la place, soit, le plus souvent, en complément de l'écharpe. Leurs arguments :

– En cas de visite chez le médecin ou bien pour faire les essayages en boutique, la poussette est beaucoup plus pratique que l'écharpe.

– Avant de nouer ses 3 à 5 mètres de tissu d'une main de maître, il y a un sacré coup de main à prendre. Gare aux mauvaises surprises ! Par exemple, les changes inondés à changer d'urgence...

– Tandis qu'une écharpe ne sert qu'à porter, une poussette a d'autres fonctions : panier à courses, chaise ou lit d'appoint en vacances ou chez des amis...

– Lorsque l'enfant grandit, les femmes qui souffrent d'un problème de dos peuvent parfois difficilement se passer de poussette, surtout pour les longs trajets. *Idem* pour les mamans enceintes du suivant...

– Avoir une poussette peut se révéler confortable, sinon nécessaire, en cas de jumeaux ou d'enfants d'âges rapprochés. Dilemme qu'ont résolu certaines en utilisant les deux systèmes simultanément. « Je porte Axelle en écharpe tout en poussant son grand frère de deux ans. Ainsi, j'ai les mains libres, tout en évitant l'investissement et la lourdeur d'une poussette double », témoigne Rachelle.

– Lorsqu'il s'agit de laisser bébé quelques heures ou quelques jours chez ses grands-parents, sans poussette, point de salut ! « En dehors du fait qu'elle est bien trop fatiguée pour porter les 13 kilos d'Arthur, 18 mois, ma mère n'accepterait jamais d'utiliser l'écharpe : elle aurait bien trop peur de le faire tomber ! » ajoute Sylvène.

– Autant, en hiver, la chaleur du corps de sa mère est appréciable, autant, en été, l'écharpe devient une étuve pour bébé. L'aération qu'autorise la poussette est alors très appréciable...

**De nouveaux produits autour du portage**

Le portage « nature », une tendance qui ne fait pas des heureux que chez les bébés ! Un petit marché se développe actuellement à la périphérie de cette nouvelle mode. Sur Internet, on peut ainsi trouver des vêtements spécialisés : « Maman-teau », « Poncho de portage et de grossesse »... Des créations astucieuses, dotées d'un empiècement « spécial portage », à installer devant ou derrière. Si tout cela est sympathique, le prix des accessoires, lui, l'est moins.

Si on peut se permettre de mêler portage et mode, le *nec plus ultra* est de conjuguer l'écharpe avec l'art. À Marcq-en-Barœul, dans la métropole lilloise, l'association Danse Création propose ainsi, depuis janvier 2007, des ateliers de « danse portage », qui permettent aux jeunes parents de danser librement en portant leur bébé. « Ces ateliers débutent par l'apprentissage de trois techniques de portage, et se poursuivent par l'expression libre de danse, le tout dans une atmosphère de liberté et de convivialité », expose la brochure. Les prix sont, cette fois, plus abordables : compter 54 € pour six séances de deux heures et 30 € pour trois séances.

## II – Faire garder bébé le moins et le mieux possible

Pendant la Seconde Guerre mondiale, le docteur Spitz, pédiatre américain, officie dans la pouponnière d'une prison pour femmes. Ces détenues sont autorisées à garder leur nourrisson auprès d'elles, dans leur cellule, jusqu'aux six mois de l'enfant. À partir de quoi il leur est retiré et placé en pouponnière. Dans ce contexte de séparation précoce, le docteur Spitz observe l'installation d'une véritable dépression chez ces tout-petits. Le premier mois après la séparation brutale d'avec la mère, le nourrisson devient exigeant et pleurnicheur. Le deuxième mois, les pleurs se transforment en gémissements plaintifs, le nourrisson perd du poids. Le troisième mois, il reste couché à plat ventre dans son berceau, refuse le contact et ne progresse plus dans son développement psychomoteur. Par la suite, les troubles du sommeil avec insomnie se confirment. Le bébé ne pleure plus mais il sombre dans un état de léthargie.

Bien que ces cas rapportés par le docteur Spitz soient extrêmes, ils confortent les maternantes dans leur certitude que toute séparation d'avec leur enfant, au moins jusqu'à la fin de sa première année, ne peut lui être que néfaste. C'est pourquoi elles sont nombreuses à choisir de faire une parenthèse temporaire (notamment à la faveur du congé parental d'éducation) ou définitive (départ pur et simple de leur travail) afin de se consacrer elles-mêmes aux premières années, si précieuses, de leurs enfants. Mais certaines, par besoin financier ou par réel désir (on peut être maternante et aimer son travail !), reprennent tôt ou tard le chemin du travail à l'extérieur. Et c'est là que le casse-tête commence, encore plus aigu, s'il en est, que pour les mamans « classiques ».

Trouver des modes de garde adaptés à leurs aspirations profondes est une gageure pour les mamans « nature ». Certes, la première crèche 100 % bio a ouvert à Paris dans le 19e arrondissement en mars 2007 : une structure de pointe, avec énergies renouvelables et matériaux recyclables du sol au plafond ainsi que produits frais en cuisine. Cette expérience fait suite à un certain nombre d'autres, moins achevées, dans plusieurs régions de France... mais elle est réservée à quelques dizaines de bambins privilégiés. D'autres chanceuses, travaillant dans une entreprise abritant une crèche (ce cas est rare toutefois), peuvent venir allaiter ou dorloter leur enfant plusieurs fois par jour, entre deux réunions. D'autres encore, comme Yaële, ont eu la chance de voir leur enfant accueilli dans une crèche parentale : « C'est une mini-structure où les parents sont impliqués, ouverte sur nos choix de vie. J'apporte même mes propres yaourts et mes enfants mangent bio tous les jours ! » se réjouit cette maman de deux enfants.

Ces expériences restent les exceptions qui confirment une règle ultra-prépondérante : en matière de garde d'enfants, il est déjà beau d'avoir obtenu une place ! Alors, il faudrait voir à ne pas trop en demander. De fait, pour l'immense majorité des mamans « nature », les crèches maternantes ne sont encore qu'un doux rêve. Dans la plupart des structures de garde collectives, les puéricultrices ont déjà du mal à se relayer pour ne pas laisser les petits pleurer trop longtemps.... Il n'est donc pas question de les porter en écharpe, de changer et de stocker des couches lavables souillées, encore moins de pratiquer l'hygiène naturelle de l'enfant (voir p. 199), ou de les nourrir au lait maternel.

En effet, donner à l'enfant le lait tiré par sa mère pose une multitude de problèmes. Premièrement, les auxiliaires et puéricultrices n'ont en principe pas le droit de stocker des aliments fournis par un tiers. Deuxièmement, en crèche, les repas se prennent à heures fixes, ce qui est en contradiction avec les données biologiques propres à l'allaitement (à la demande), surtout pour un bébé. Troisièmement, le personnel ignore généralement tout de la conservation du lait maternel, et redoute parfois une contamination microbienne – pourtant beaucoup moins à craindre qu'avec le lait artificiel. Enfin, pour des raisons de temps et de disponibilité, mais aussi par manque d'information sur le risque de confusion sein-tétine tant redouté par les maternantes, le personnel des crèches répugne à dispenser le lait maternel au compte-gouttes ou à la cuillère. La situation risque d'être d'autant plus insoluble qu'aucun texte ne permet à une mère de contraindre une crèche à accepter de donner son lait à son enfant. Aucun texte, au demeurant, n'autorise explicitement les crèches à le refuser. Cette question est donc à régler au cas par cas, par le dialogue avec la direction de la crèche et les personnels !

Les mamans rebutées par ce mur de refus se rabattent sur une assistante maternelle agréée. À charge pour elles de trouver la perle rare qui accueillera volontiers la question du don de lait (et celle, encore plus rare, qui ne verra pas d'inconvénient à ce que la mère vienne une ou plusieurs fois par jour dans sa salle à manger pour allaiter son enfant, lorsque ses disponibilités le lui permettent). Et même si c'est le cas, certaines nourrices seront suffisamment déstabilisées par cette demande pour exiger la signature d'une décharge...

Résultat, les maternantes désireuses de retravailler en sont réduites, bien souvent, à faire jouer le système D : garde d'enfant sur mesure à domicile (mais il faut que le porte-monnaie suive !) ou mise à contribution de la famille. Dans les deux cas, elles n'ont pas pour autant la garantie que leurs vœux seront respectés à 100 %... Une poignée d'entre elles, qui refusent de laisser leurs enfants et d'abandonner leur travail, saisissent cette opportunité pour s'installer à leur compte. C'est le choix qu'a fait Sabine, 35 ans, maman de trois enfants, qui en 2003 a monté son entreprise à domicile de loisirs créatifs : « Pas de mode de garde, la possibilité de travailler en présence des enfants, voire de les emmener chez mes fournisseurs quand ils n'ont pas école ! s'enthousiasme-t-elle. Il est vrai que cela demande une organisation béton. Mais quel bonheur de pouvoir concilier mes trésors et ma passion ! »

Néanmoins, à quelque chose malheur est bon : un nombre croissant d'autres jeunes mamans, conscientes des frustrations générées par ces problèmes de garde, se lancent dans le métier d'assistante maternelle en se définissant comme « nounous maternantes ». « Je suis très portée sur le maternage et je serais ravie de pouvoir garder un bébé toujours allaité et qui porte des couches lavables, déclare ainsi une jeune femme sur un forum Internet. Je suis contre laisser pleurer un bébé pour qu'il s'endorme ou pour toute autre raison. J'estime que si un bébé pleure, c'est qu'il nous parle et on se doit de l'écouter. » « Tous mes repas sont 100 % bio, assure une autre. Je soigne mes trois enfants à l'homéopathie et porte les bébés en écharpe dans la mesure du possible. Je ne punis pas, ne crie pas et, bien entendu, ne taperais jamais un enfant, *a fortiori* celui d'une autre. » Elles sont encore peu nombreuses, mais ces initiatives, portées par le bouche-à-oreille, font boule de neige. Des dizaines de projets, individuels ou collectifs (micro-crèches), prennent actuellement forme aux quatre coins de France. À suivre...

## III – Soirées, sorties... jamais sans mon enfant !

Comment faire pour se retrouver à deux, entre amis ou tout simplement seule, alors que l'on évite au maximum toute séparation d'avec son enfant ? Comment réussir à conjuguer vie personnelle et sociale avec ce credo des bienfaits de la symbiose la plus absolue possible avec le fruit de ses entrailles ?

Côté espace personnel, maternage intensif rime parfois avec déni, souvent avec dilemme. Il y a celles pour qui tout, dans l'immédiat, passe au second plan face à leur maternage. « Qui a dit que les week-ends en tête à tête étaient obligatoires ? Nous n'en avons pas pris un seul depuis la naissance de mon premier enfant, il y a huit ans, et nous nous portons très bien comme ça, assure Isabelle, maman au foyer comblée d'Antonin, Margot et d'Anaëlle, la petite dernière de trois semaines. Une fois les enfants endormis, nous avons tout notre temps pour nous retrouver à deux ! De toute façon, nous ne serions pas "complets" sans eux : les savoir loin de nous serait un véritable déchirement. Plus tard, peut-être, lorsqu'ils seront plus grands... » Pour Sophie, laisser, ne serait-ce que quelques heures, son petit Baptiste, 8 mois, même à sa mère, est inenvisageable. « Mais pas question pour autant de rester à la maison ! dit-elle. J'ai une vie associative, je chante dans une chorale aussi. Je l'emmène partout avec moi, dans l'écharpe, et tout se passe à merveille. Comme il est allaité exclusivement, je n'ai rien d'encombrant à emmener, mis à part une ou deux couches au cas où... Et tant que je pourrai, je ferai ainsi. Pourquoi chercher ailleurs alors qu'on est si bien tous les deux ? »

Néanmoins, beaucoup d'autres mamans se sentent tiraillées entre leur aspiration profonde – garder leur poussin contre leur cœur jusqu'à ce que ses ailes soient assez fortes pour qu'il prenne son envol – et leur besoin de s'évader de temps à autre. Sous la pression de leur conjoint, de leur entourage familial ou amical, ou tout simplement parce qu'elles n'en peuvent plus, elles finissent par sauter le pas et accepter de laisser la prunelle de leurs yeux quelques heures ou quelques jours chez une personne de confiance. Rarement avant la fin de la première année de l'enfant... voire nettement plus tard. « Mon petit de deux ans va quatre heures par semaine chez une nounou, depuis ses 16 mois, pour que je puisse travailler plus au calme. Je ne l'ai jamais quitté plus d'une demi-journée. Quant à mon aîné, j'ai commencé à le laisser le temps d'un week-end lorsqu'il avait trois ans », témoigne Carine Phung, rédactrice en chef du magazine *Grandir autrement*. D'autres sont plus hardies... mais pas pour tout de suite : « Nous aimerions partir une semaine sans lui, mais pas avant ses 18 mois. À moins qu'il tète encore beaucoup ou qu'il soit très dépendant de moi... », prévoit Zoé, maman d'un petit garçon de... 3 mois. D'autres, enfin, ont résolu la quadrature du cercle : « Nous les faisons garder environ une fois par mois et au maximum une nuit, afin de nous retrouver en couple, déclare Mélanie, maman de deux garçons de 8 ans et 15 mois. Mais par la famille uniquement. »

**Se faire une toile avec bébé, elles en ont rêvé... une association l'a fait !**

Le cinéma, l'un des premiers loisirs abandonnés, par la force des choses, par la plupart des nouveaux parents. Et pourtant... L'association parisienne de maternage La Ronde des Bébés organise depuis novembre 2004, en partenariat avec le cinéma L'Entrepôt (14e arrondissement de Paris), des séances sur mesure pour les parents accompagnés d'un tout-petit. Les deux premiers samedis du mois, à 11 heures, une salle est réservée aux familles, avec toutes les commodités pour que ce moment *a priori* réservé aux adultes sans enfants devienne une fête pour tous. Espace pour garer les poussettes, tables à langer, sono mise en sourdine pendant la projection. Et après le film, un jus d'orange est servi à tous les participants. Ce concept est encore unique en France, mais très répandu au Canada, où il est né. À quand des restaurants, des bars, voire des discothèques aménagés pour accueillir les nourrissons ?

## IV – Dormir avec son enfant

Aux États-Unis, où la pratique est née, on l'appelle le *family bed* (lit familial), en référence au livre éponyme de Thine Thevenin, ancienne animatrice de la Leche League, paru en 1987 [1]. On parle aussi de *co-sleeping* (sommeil partagé). Le principe : dès sa naissance, l'enfant dort dans le lit ou la chambre parentale. Et ce, jusqu'à ce qu'il décide (généralement vers 6 ans) d'aller dormir dans un lit qui lui soit propre, dans une chambre à lui.

En France, ce n'est que vingt ans plus tard que ce type de fonctionnement nocturne est devenu un fait de société, sous le terme mi-affectueux mi-moqueur de « co-dodo », suscitant, dès le départ, une polémique exacerbée. « À ma connaissance, il est apparu pour la première fois en 1999, dans un article du magazine *Biba* qui traitait de façon ironique de la mode du *co-sleeping* aux États-Unis », se souvient Claude-Suzanne Didierjean-Jouveau dans son livre *Partager le sommeil de son enfant*[2]. Très vite, Internet a fait la fortune de l'appellation.

On estime aux alentours de 10 % la proportion des enfants qui dorment avec leurs parents de façon régulière à l'intérieur de nos frontières. Ce chiffre augmente dès que l'on s'attache à un co-dodo plus occasionnel. En témoigne un sondage organisé en 2000 par la revue *Enfant magazine*. À la question « Vous arrive-t-il de prendre votre enfant dans votre lit s'il pleure ? », 54 % des lecteurs ont répondu par l'affirmative (40 % régulièrement et 14 % de temps en temps). « En fait, le sommeil partagé est sans doute beaucoup plus répandu qu'on le croit généralement », note Claude-Suzanne Didierjean-Jouveau. Et de citer les résultats troublants d'une récente enquête lancée

---

1. Thevenin, Thine, *The Family Bed* (Le lit familial), Perigee Trade, 1987.

2. Didierjean-Jouveau, Claude-Suzanne, *Partager le sommeil de son enfant*, Jouvence, 2005.

auprès des pédiatres de son établissement par le professeur Messer (chef du service de pédiatrie au CHU de Strasbourg), intitulée : « Où les bébés de moins de 6 mois ont-ils dormi la nuit précédant la consultation ? » Les résultats, présentés au congrès de la Société française de pédiatrie en juin 2004, montrent que, entre 0 et 6 mois, 62 % des enfants ont dormi régulièrement dans la chambre de leurs parents, et 32 % plus ou moins régulièrement dans leur lit. À noter que le sommeil partagé n'est pas une pratique réservée aux nourrissons : elle serait plus fréquente avec les bambins âgés de 16 à 36 mois.

Des chiffres non négligeables donc, même s'ils sont sans commune mesure avec ce qui peut être observé dans la majeure partie des pays du monde. En Asie, en Afrique ou en Amérique du Sud, le partage du lit, ou du moins de la chambre familiale, entre parents et enfants, notamment en bas âge, est ainsi une règle quasi absolue. En Norvège et en Suède, pays qui font la promotion de l'allaitement maternel depuis bientôt vingt ans, plus de la moitié des bébés dorment dans le lit de leurs parents. Et même aux États-Unis, 30 % des enfants passeraient leurs nuits en compagnie de leurs père et mère.

Dans l'Hexagone, le co-dodo fait l'objet d'un traitement médiatique qu'on pourrait presque qualifier de schizophrène, entre méfiance affichée et curiosité. La plupart des spécialistes de l'enfance à la mode s'y opposent catégoriquement. Dans leur ligne de mire, cinq « travers ». En premier lieu, le manque d'intimité – notamment sexuelle – du couple, induit par cette tierce personne dans le temple de l'amour conjugal qu'est le lit. En deuxième lieu, l'ambiguïté sexuelle provoquée par ce contact rapproché entre parents et enfants, laquelle ne peut, notamment pour les tenants de la psychanalyse, telle Claude Halmos, qu'entraîner un trouble profond chez l'enfant – mais aussi chez les parents. Avec, à la clé, le risque de possibles abus sexuels. Ensuite, nombre de pédiatres et de pédopsychiatres mettent en garde, à l'instar de Liliane Nemet-Pier, contre un risque de manque d'autonomie de l'enfant. Le pédiatre américain Richard Ferber a ainsi écrit (avant de tempérer considérablement son propos quelques années plus tard) : « Même si vous et votre enfant semblez heureux de partager votre lit la nuit, et même s'il semble bien y dormir, à long terme, cette habitude se révélera probablement nocive et pour lui et pour vous. [...] Dormir seul joue un rôle important dans son apprentissage, pour pouvoir se séparer de vous sans anxiété et se percevoir comme un individu autonome. »

Quatrième point avancé par les opposants au sommeil partagé (mais uniquement dans un même lit) : les dangers que ferait courir à l'enfant cette proximité nocturne avec ses parents. À commencer par le risque de mort subite du nourrisson (MSN). Ainsi, pour Élisabeth Briand, qui travaille au service de pédiatrie et réanimation néonatale de l'hôpital Antoine-Béclère, à Clamart, citée par le magazine *Psychologies* en juillet 2000, « il n'est pas prouvé que le partage du lit soit associé à un risque plus faible de MSN. Et on a vu des cas, certes rarissimes, de nouveau-nés posés contre la mère endormie et décédés par apnée obstructive. Il n'est donc pas recommandé de s'endormir avec un tout-petit dans un lit. La question est tout à fait différente quand l'enfant dort dans son lit à lui, à côté de celui des parents. Cela peut les rassurer et leur permettre de réagir plus rapidement en cas de problème. » De même, l'Académie américaine de pédiatrie s'est opposée en 2003 au fait de partager un lit avec un nourrisson, dans le cadre de la prévention du syndrome de mort subite. Et ce, bien qu'elle encourage le fait de partager la chambre avec son enfant. Autre danger : asphyxier le nourrisson, soit par recouvrement par le parent, soit par glissement et coincement du bébé entre des parties de la literie.

Cinquième point d'achoppement : les spécialistes estiment souvent que le *co-sleeping* est à son tour la cause de difficultés de sommeil, et notamment d'une inadaptation de l'enfant au sommeil solitaire. « Nous avons remarqué une corrélation entre le *co-sleeping* et une mauvaise qualité de sommeil, des éveils nocturnes, une fatigue au réveil et des difficultés scolaires », conclut une enquête récemment menée par la province de Luxembourg en Belgique sur 4 500 enfants. Avant d'ajouter : « On peut se demander si le *co-sleeping* favorise la survenue de troubles du sommeil ou si, parce que l'enfant ne parvient pas à trouver le sommeil, il rejoint le lit parental. » Les réveils nocturnes du tout-petit, encore plus fréquents et tardifs dans le *co-sleeping* (généralement pour cause d'allaitement), sont regardés d'un mauvais œil parce qu'ils ne répondent pas à l'impératif moderne de « faire ses nuits » dès l'âge de quelques semaines.

Enfin, pour les tenants d'une éducation « ferme », laisser l'enfant venir dans le lit des parents, c'est, purement et simplement, accéder à un caprice inacceptable, et se préparer à nombre de mauvaises surprises. Pas question, donc, de céder à ce désir contre-nature, quitte à laisser pleurer l'enfant dans son lit. C'est le propos de Richard Ferber, dont l'ouvrage *Solve Your Child's Sleep Problems*[1] s'est vendu, dans les années 1990, à des centaines de milliers d'exemplaires. En France, Marie-Josèphe Challamel et Marie Thirion invoquent les mauvaises habitudes qui peuvent être prises si le bébé est nourri la nuit, ou si les parents interviennent par contact direct[2].

Pourtant, cette image « idéale » d'un enfant qui s'endort seul, dans son lit et dans une pièce séparés de la chambre conjugale, avec pour unique compagnie celle de son doudou, de son nounours ou de sa tétine, est bel et bien évincée, dans l'imaginaire collectif, par celle de sommeil partagé. Cette dualité est

---

1. FERBER, Richard, *Protégez le sommeil de votre enfant*, ESF éditeur, 1990.

2. CHALLAMEL, Marie-Josèphe et THIRION, Marie, *Mon enfant dort mal*, Pocket, 2003.

fort bien saisie par la publicité, qui s'est emparée avec délectation de cette pratique, devenue symbole de chaleur et d'intimité familiales. Nathalie Roques, cofondatrice de l'association Information pour l'allaitement (IPA) et de la Coordination française pour l'allaitement maternel (CoFAM), rappelle ainsi, sur son site [1], qu'une campagne pour la SNCF a récemment mis en affiche un père et ses deux enfants, endormis les uns à côtés des autres, et qu'une autre, pour l'opérateur de téléphonie Orange, a montré une famille de cinq personnes endormies les unes contre les autres. Et que, pour vendre des poussettes, des biberons et même des services bancaires (banque Woolwich), rien de mieux que des bébés sommeillant contre un adulte ! À l'inverse, afin de stigmatiser l'exclusion, la Fondation de France a choisi la photo en noir et blanc d'un enfant dans son lit à barreaux...

Les partisans du *co-sleeping* analysent ainsi cette dualité : selon eux, si le sommeil partagé attendrit tant, bien qu'il soit de bon ton de s'en défendre, c'est qu'il est inscrit dans nos gènes. Mammifère né non fini, le petit d'homme a besoin d'un contact rapproché avec sa mère durant les premières années de sa vie. Dormir contre sa mère lui apporte chaleur, réconfort et (si allaitement) nourriture. Au Japon, le fait que l'enfant dort entre ses deux parents, chargés de le protéger, est ainsi appelé, très joliment, *kawa*, ce qui veut dire « rivière entre les berges ».

En outre, le *co-sleeping* est ancré dans notre histoire. Depuis toujours, la nuit, les familles ont partagé bottes de foin ou paillasses, sans se poser de questions. Les nourrices elles-mêmes gardaient les bébés qu'elles avaient en charge à proximité étroite de leur couche. Dispersion était synonyme de danger (avec les animaux domestiques qui rôdaient en liberté dans la maison) et de perte de chaleur. Si, dans notre civilisation « à

1. http://cododo.free.fr/

berceaux », selon les termes de l'ethnologue Marcel Mauss, le bébé était tout de même placé dans un lit ou dans un hamac, c'était avant tout pour sa protection dans la journée, alors qu'il était laissé seul, ses parents vaquant à leurs occupations. La nuit, sa mère étant de retour, on ne voyait pas l'intérêt de l'isoler de nouveau.

Pourtant, très tôt, le sommeil partagé a été vu d'un mauvais œil par les autorités en place et une pression très forte s'est manifestée sur les parents afin qu'ils abandonnent une pratique jugée dangereuse et contre-nature. Dès le Moyen Âge, l'Église somme les mères de ne plus dormir avec leur enfant. En cause, officiellement, la crainte des morts par étouffement (soupçonnées, dans certains cas, d'être des infanticides déguisés). Officieusement, il s'agissait de limiter une promiscuité jugée immorale. Le XIXe siècle voit un renforcement de ces préventions, avec les découvertes de Pasteur sur la contagion des maladies. Puis vient Freud, avec un concept nouveau qui fait grand bruit : l'enfant n'est pas « innocent » et désire sexuellement le parent du sexe opposé (complexe d'Œdipe).

Plus d'un siècle plus tard, il est facile de se rendre compte que nombre de ces craintes n'ont pas évolué d'un iota... Face à la pression sociale, les irréductibles du sommeil partagé mettent en avant qu'il y a plusieurs manières de pratiquer le *co-sleeping*, de la plus contraignante à la plus souple, de la plus rapprochée à la plus distante. Voilà un panorama des possibilités offertes par la pratique.

## 1 – Les différents aspects du partage du sommeil

### Le partage du lit familial

Dans cette configuration, les deux parents accueillent un, voire plusieurs enfants, dans leur couche – une adaptation du tatami familial japonais. Cette pratique est totalement institutionnalisée dans certaines familles. « Lorsque Cassandra, ma première fille, est née, nous l'avons prise dans notre lit. Comme je l'allaitais, c'était plus pratique, témoigne Nathasha. Nous l'avions placée entre nous deux pour ne pas qu'elle tombe. De mois en mois, elle est restée, même une fois sevrée. À la naissance de sa sœur, elle n'était toujours par prête à intégrer sa chambre, alors nous avons investi dans un lit plus grand, de 180 centimètres de large, et nous nous sommes serrés à quatre. Cette intimité familiale nous comble de joie. Même si les nuits sont parfois un peu crevantes, avec de nombreux réveils un peu brutaux pour cause de petit genou planté dans les côtes ! Je suis aujourd'hui à nouveau enceinte. Depuis quelques semaines, Cassandra dort sur un matelas posé à côté de notre lit : c'est désormais plus confortable pour tout le monde et laissera de la place à mes côtés pour le futur bébé... » Variante : délaisser le sommier, encombrant, pour entasser, à même le sol, plusieurs matelas de différentes tailles dans une même pièce, recouverts de plusieurs couvertures ou d'une unique grande couette familiale. « Ainsi, nous pouvons dormir tous ensemble sans nous gêner. Et la journée, cela fait un super terrain de gym pour nos loulous ! » confie une maman de quatre enfants, à qui leurs « chambres » officielles servent uniquement de salle de jeux. À noter que les États-Unis, toujours en avance d'un produit sur nous, commercialisent depuis 2003 le Family Sleeper, un surmatelas écologique sur lequel est fixé, sur une longueur, un traversin qui permet de prévenir la chute de l'enfant.

### Le partage de la chambre familiale

Les parents qui, pour des raisons de sécurité ou d'intimité, souhaitent, comme ceux de Cassandra, garder leur enfant près d'eux la nuit sans pour autant l'accueillir dans leur lit, ont la possibilité de poser un matelas à côté de leur couche. Pour un nourrisson, ils peuvent installer un *side-bed*, lit à barreaux dont l'un des côtés a été ôté et qu'ils accolent à leur lit. Seule précaution à prendre : veiller à ce que les matelas soient bien à la même hauteur et qu'il n'y ait aucun espace où le bébé pourrait se coincer. Quand la maman souhaite allaiter son enfant ou le prendre, elle n'a qu'à rouler légèrement sur le côté pour entrer en contact avec lui. En France, si l'on souhaitait adopter cette solution, il fallait jusqu'alors scier soi-même le lit de son bébé. Depuis peu, la version française du lit bébé américain spécial *co-sleeping* (avec une face amovible), l'*Arm's Reach*, est disponible sur Internet.

### Le lit partagé mère-bébé ou père-bébé

« C'est en général la solution choisie quand le père ne souhaite pas avoir le bébé dans son lit ou sa chambre, note Nathalie Roques sur cododo.free.fr. Cela peut être une solution également quand l'un des parents a des horaires de travail décalés par rapport au reste de la famille. » Dans certaines familles, la mère dort avec le bébé, et le père dort de son côté, éventuellement avec d'autres enfants plus âgés. Ailleurs, le père dormira sur le canapé du salon, laissant sa compagne et le nourrisson dans le lit parental.

### Le partage de la chambre d'enfant

De manière régulière ou occasionnelle (difficultés d'endormissement, cauchemars, maladies infantiles, etc.), l'adulte se déplace dans la chambre de son enfant pour passer ou finir la nuit avec lui. L'adulte s'étend, avec ou sans l'enfant, sur un matelas, permanent ou pliant, à proximité du petit lit. Cette solution est généralement utilisée avec des enfants qui ne sont plus des nourrissons.

Toutes ces formules peuvent être pratiquées de façon très souple et se succéder ou se compléter dans la même nuit ou au fil des mois et des années. Le tout-petit peut s'endormir dans son lit, éventuellement dans sa propre chambre, et être ramené près de ses parents lors d'un premier réveil ou d'un réveil ultérieur. À l'inverse, il pourra s'endormir au sein, puis être écarté au cours de la nuit. À moins qu'un de ses parents le rejoigne dans sa chambre. Une mère, citée par Claude-Suzanne Didier-jean-Jouveau dans son livre, parle ainsi de « co-dodo mouvant » : « J'endors ma fille, puis je retourne avec le papa, et quand celui-ci s'endort, je retourne finir ma nuit avec bébé ; parfois, au petit matin, je retourne avec mon chéri. C'est un peu haché comme nuit, mais c'est ce qui me plaît le plus pour l'instant. » La séparation peut aussi être progressive au fil du temps : d'abord dans le lit des parents, puis en *side-bed*, puis sur un matelas ou un lit dans la chambre des parents, enfin dans sa chambre, définitivement ou temporairement. L'enfant peut aussi rejoindre ses parents au petit matin, afin de finir la nuit avec eux. On le voit, en la matière, la souplesse prédomine, toujours dans la préoccupation affichée de respecter au maximum les rythmes et les besoins de l'enfant.

De fait, non seulement la formule séduit nombre de parents, mais elle est aussi défendue par certains spécialistes de l'enfance, aussi minoritaires qu'enthousiastes. Telle la célèbre pédiatre Edwige Antier : « Je fais partie de ceux qui leur disent que ça [le *co-sleeping*] ne constitue pas un problème jusqu'à l'âge de 3 ans et que l'enveloppe formée par les bras des parents doit s'ouvrir progressivement », déclare t-elle dans le magazine *Psychologies* en juillet 2000. Même son de cloche du côté du psychiatre David Servan-Schreiber.

## 2 – De nombreux avantages à la pratique

### Donner à l'enfant un sentiment de sécurité

Selon David Servan-Schreiber, « le nouveau-né est un être complètement désemparé, mais dont les besoins biologiques s'expriment haut et fort : notamment celui d'être sécurisé par la présence d'un adulte protecteur » [1]. Plus tard, à l'âge des pre-

1. *Psychologies* n° 188, juillet 2000.

mières terreurs nocturnes (entre deux et trois ans), le petit enfant ne s'endormira pas seul dans une chambre peuplée d'ombres inquiétantes et habitée de grincements étranges. Le corps de ses parents constitue une muraille de sécurité infranchissable pour les monstres et autres loups-garous qui hantent tant de jeunes sommeils solitaires.

## Un meilleur repos pour tous

Depuis des années, Edwige Antier encourage les parents à « se laisser aller à dormir avec bébé au sein : ainsi les nuits seront-elles plus reposantes ! ». David Servan-Schreiber souligne quant à lui – études scientifiques à l'appui – que « les parents qui gardent leur nouveau-né à proximité – dans leur lit ou dans un lit de bébé près du leur – sont plus satisfaits de leur sommeil que ceux qui ont choisi de le faire dormir dans une chambre séparée. De leur côté, les enfants pleurent moins et s'endorment plus facilement ». Le professeur Hélène Stork, psychologue et anthropologue française, a observé les habitudes de sommeil à Taiwan, au Japon (pays où le lit partagé est la norme) et en France. Elle a démontré que dans les deux premiers les problèmes de sommeil étaient moins fréquents que chez nous (respectivement de 57 et 27 % contre 72 %). Conséquence directe de cette sensation de sécurité éprouvée par l'enfant : des nuits plus calmes, sans réveils et sans pleurs [1].

Ces observations sont confirmées par les pratiquants du cododo. Nathalie Roques (maman de sept enfants) témoigne ainsi, sur le site Cododo [2], des nuits épuisantes qu'elle passait avant de se résoudre à dormir avec eux : « Je me souviens des premières années, quand mes deux enfants Thomas et Clément avaient moins de trois ans. Ils avaient évidemment leur propre lit, dans lequel je pensais qu'ils devaient dormir paisiblement

1. Stork, Hélène (dir.), *Les Rituels du coucher de l'enfant. Variations culturelles*, ESF éditeur, 1993.
2. http://cododo.free.fr

toute la nuit. Mais bien sûr, il n'en était rien. Souvent je me levais la nuit et restais un moment à leurs côtés pour les rendormir. Les endormissements étaient également très longs, je passais mes soirées assise à la porte de leur chambre en attendant qu'ils s'endorment. J'étais souvent épuisée le jour suivant ces nuits hachées. Mais je ne pouvais pas non plus les laisser pleurer : d'abord parce que mon cœur de mère s'y opposait farouchement ; ensuite parce que réveiller tout l'immeuble par des cris me semblait impossible. Il m'arrivait d'étendre un petit matelas, bien inconfortable, que je complétais avec quelques coussins, pour finir ma nuit, la main sur le berceau, en essayant de maintenir un léger balancement le plus longtemps possible. Je crois même qu'il m'est arrivé de dormir directement sur la moquette de leur chambre ! »

### Le plaisir et la confiance induits par la proximité intense parent-enfant

« Je me souviens encore du plaisir que j'avais à sentir le corps chaud de mon bébé, à entendre sa respiration tranquille et ses légers soupirs ; également, ses bras qui soudain m'enlacent, sa bouche qui, alors qu'il n'est pas tout à fait réveillé, attrape mon sein pour téter ; et son odeur, cette odeur si particulière du bébé allaité qui transpire un peu, cette odeur enivrante qui m'appelait, mon nez enfoui dans ses cheveux, sa tête entre mes seins. Je me souviens du grand plaisir que j'éprouvais quand je rejoignais Camille ou Marin pour m'allonger auprès d'eux ; plaisir si grand que je m'endormais en deux minutes, parfois même malgré moi. C'est également un plaisir sans pareil que de se réveiller avec son bébé. Sortir du sommeil pour voir la joie l'illuminer quand son premier regard se pose sur vous est une véritable récompense », témoigne Nathalie Roques.

Cette proximité corporelle ne profite pas seulement à la maman. Elle peut aussi, aux dires de ses partisans, aider à l'établissement des liens entre le père et son enfant. Nombre de papas disent apprécier au plus haut point ce contact, qui compense pour eux leur absence de la journée, ainsi que, pour certains, leur frustration à ne pas connaître l'intimité induite par l'allaitement.

### Un allaitement facilité

Pouvoir nourrir son bébé la nuit autant qu'il le demande, sans se lever, voire dans un demi-sommeil : toutes les mamans du monde en ont rêvé, le *co-sleeping* l'a fait, aux dires de ses promoteurs ! De fait, les études montrent que les mères qui dorment avec leur bébé allaitent plus souvent et plus longtemps la nuit que celles qui font dormir leur bébé à l'écart. Le sommeil partagé est également corrélé à un allaitement plus long.

### Une adaptation rapide à tous les changements de la vie quotidienne

En cas de changement de lieu de vie (vacances, visite chez la famille ou des amis, voyages, déménagement...), inutile de s'embarrasser d'un lit parapluie pour bébé, ou de passer des heures à tenter de l'endormir dans un environnement qui lui est inconnu. Rassuré par la présence familière de ses parents, le petit s'endort aussi facilement qu'à l'ordinaire.

### Loin d'être un danger, un gage de sécurité accrue pour le bébé

Alors que la polémique n'est pas éteinte sur les dangers effectifs d'un partage du lit familial en matière de mort subite du nourrisson (MSN), les chercheurs s'accordent généralement pour reconnaître au partage de la chambre un effet préventif à ce danger. Dès 1996, une étude néo-zélandaise portant sur 2 000 enfants a montré un risque réduit de mort subite pour ceux dormant dans la même chambre que des adultes. Les auteurs recommandaient que les bébés dorment au moins jusqu'à l'âge de 6 mois dans la même chambre que leurs parents, en affirmant qu'un quart de ces décès pourraient ainsi être évités[1]. En 1998, lors des 5e Assises internationales sur la MSN, à Rouen, le chercheur britannique Tony Nelson a présenté une étude menée à Hong Kong, qui met en évidence une diminution importante des décès chez les bébés de moins de 6 mois partageant la chambre de leurs parents, par rapport à ceux qui dorment seuls. L'anthropologue américain James J. McKenna, référence mondiale en matière de sommeil partagé, pense quant à lui que ce dernier sauve régulièrement des vies, en rendant les parents attentifs aux signaux de détresse de leur enfant. En France, le pédiatre Jean Messer et l'ethno-psychologue Hélène Stork préconisent de faire dormir le bébé dans la chambre des parents. Sans compter que l'allaitement maternel semble être un facteur protecteur vis-à-vis de la MSN.

De manière plus générale, dormir tout contre son bébé permettrait d'être très vite averti de tout problème le concernant. « Il m'est arrivé plusieurs fois de sentir mon bébé devenir anormalement chaud, et de détecter ainsi très rapidement une montée de fièvre, raconte Nathalie Roques sur son site. Je me souviens encore de Marin qui s'est mis à tousser et à avoir des difficultés à respirer à cause d'une laryngite. J'étais bien heureuse de pouvoir agir rapidement, dès les premières respirations rauques qui effraient tant les mamans, avant même que le bébé se réveille complètement et prévenant ainsi autant que possible ses pleurs et sa peur (qui n'améliorent jamais la situation). »

## À long terme, les enfants du *co-sleeping* sont mieux dans leur peau que la moyenne

Cette affirmation prend l'exact contre-pied de toutes celles qui prétendent que le partage de la chambre ou du lit parental

---

1. SCRAGG, R., MITCHELL, E.A., FORD, R.P.K., TAYLOR, B.J., HASSALL, I.B. et THOMPSON, J.M.D., *Infant room-sharing and prone sleep position in sudden infant death syndrome* (L'influence du *co-sleeping* et de la position d'endormissement dans la mort subite du nourrisson), étude publiée par l'université d'Auckland, Nouvelle-Zélande, 1996.

produira des enfants tyrans ou psychotiques. David Servan-Schreiber le confirme dans *Psychologies* : « Dix ou vingt ans plus tard, les enfants du *family bed* se décrivent comme plus indépendants que leurs pairs, plus chaleureux et plus proches de leurs parents. Leur sexualité serait aussi plus épanouie. Une étude sur Internet portant sur quelque 250 parents ayant pratiqué le lit familial a révélé que 99 % des interrogés referaient le même choix sans hésiter ; que 100 % des enfants ayant grandi dans ces conditions élèveraient certainement leurs propres enfants de la même manière. Ces chiffres sont à manier avec précaution, car les personnes interrogées l'ont été par l'intermédiaire d'organisations favorables au lit familial, comme la Leche League. Ils restent toutefois impressionnants. »

Une autre étude [1] a montré, chez les étudiants qui avaient partagé le sommeil de leurs parents entre leur naissance et l'âge de 5 ans, une meilleure estime d'eux-mêmes, moins de culpabilité et d'anxiété et une vie sexuelle plus riche ; pour les étudiants interrogés, le *co-sleeping* pendant la petite enfance était associé à une moindre gêne face au contact physique et aux marques d'affection. Une enquête anglaise réalisée en 1994 a mis en lumière que les enfants qui n'avaient jamais dormi dans le lit parental avaient tendance à être plus durs, moins heureux, plus coléreux, plus craintifs, plus stressés et plus dépendants des parents que ceux qui partageaient le lit de ceux-ci toute la nuit [2]. Ces résultats ont été renforcés en 1998 par une thèse

---

1. LEWIS, R.J. et JANDA, L.H., « The relationship between adult sexual adjustment and childhood experience regarding exposure to nudity, sleeping in the parental bed, and parental attitudes toward sexuality » (La relation entre l'adaptation de la sexualité de l'adulte, l'expérience de l'enfant face à la nudité, lorsqu'il dort dans le lit parental, et l'attitude des parents vis-à-vis de leur sexualité), *Archives of Sexual Behavior*, 1988.

2. HERON, P., *Nonreactive co-sleeping and child behavior : Getting a good night's sleep all night every night* (*Co-sleeping* non réactionnel et comportement de l'enfant : bien dormir toutes les nuits), thèse de doctorat, université de Bristol, 1994.

américaine de doctorat avançant que les adultes qui avaient partagé le sommeil de leurs parents se sentaient plus satisfaits de leur vie que les autres, tous groupes ethniques confondus [1].

### 3 – Sortir du *co-sleeping* : simple formalité ou vrai casse-tête ?

Combien de temps garder ses enfants auprès de soi la nuit ? Y a t-il un âge limite au-delà duquel il serait inutile et/ou malsain de poursuivre cette pratique ? Sur ce point comme sur tant d'autres, les avis divergent. Dans *Mon enfant dort mal*, Marie-Josèphe Challamel et Marie Thirion invitent les mères à dormir avec leur bébé durant les toutes premières semaines seulement. Isabelle Gravillon, elle, propose aux parents de garder le bébé à leurs côtés durant les six premiers mois [2]. Mais le nourrisson doit toujours regagner sa propre chambre au final, où il est censé passer la nuit sans ses parents, éventuellement avec un aîné. Pour d'autres auteurs, l'« âge de l'œdipe » (4-5 ans) serait la limite à ne surtout pas transgresser.

Les choses sont plus nuancées pour les adeptes de l'attitude « maternage ». « Bien souvent les bébés tètent plus de deux ans dans le monde, ce qui correspond vraisemblablement à la durée minimum de la cohabitation nocturne mère-bébé », estime Nathalie Roques sur cododo.free.fr. « L'expérience des peuples où toute la famille dort dans la même pièce et où donc les enfants plus âgés dorment aussi avec leurs parents (c'est par exemple le cas de 57 % des enfants de 7 ans dans une étude chinoise faite en 2003) ne semble pas montrer de dégâts psychologiques particuliers... », avance quant à elle Claude-

---

1. Mosenkis, J., *The Effects of Childhood Co-sleeping on Later Life Development* (Les effets du co-sleeping des enfants sur leur vie d'adulte), thèse de doctorat, Chicago, 1998.
2. Gravillon, Isabelle, *Le Sommeil des bébés*, Milan, 1999.

Suzanne Didierjean-Jouveau dans son livre *Dormir avec son enfant.*

La plupart des tenants de cette ligne préconisent, à l'instar du « sevrage naturel » pour l'allaitement maternel, de laisser l'enfant décider quand il est prêt à dormir seul la nuit. Cette ligne n'est tenable qu'en cas d'accord conjoint des deux parents... et d'initiative réelle de la part de l'enfant pour prendre son autonomie. Mais qu'en est-il quand l'un ou l'autre des parents (ou les deux) souhaite retrouver une intimité conjugale nocturne (ou, tout simplement, passer une nuit sans être réveillé[s] en sursaut par un peton en pleine figure)... Et quand l'enfant oppose à leur demande un « niet ! » catégorique ?

Caroline, 31 ans, s'est heurtée de plein fouet à cette situation : « Pour mon premier enfant, je suis tombée dans le panneau. J'avoue que j'adorais dormir avec elle : plein de câlins et une surveillance parfaite. Mais, malheureusement, ma petite, qui a aujourd'hui 5 ans, refuse toujours de s'endormir seule... C'est super galère, car elle nous fait des crises impossibles la nuit. Pourtant, nous y sommes allés progressivement pour qu'elle puisse retrouver son autonomie, mais impossible. En plus, elle en est devenue capricieuse, exigeante, et je trouve qu'elle est plus craintive la nuit, elle a une frousse pas possible de dormir seule. Je ne m'en sors pas alors que Bébé 2 vient d'arriver et réclame aussi les bras et les tétées pour s'endormir... »

Pour sortir du *co-sleeping*, les recettes sont nombreuses, avec toutes pour ingrédients une grosse louche de souplesse... et des kilos de patience. Car non seulement le changement de lit ne se fera pas forcément en un jour (ni même, parfois, en plusieurs mois), mais les retours en arrière ne sont pas exclus. Sur cododo.free, fr, Nathalie Roques conseille : « Quand un adulte ressent véritablement qu'une évolution serait souhaitable, la première des choses à faire est d'en parler [...]. Ensuite, des aménagements pratiques peuvent améliorer la situation. Vous pouvez passer du lit familial à la chambre familiale (le bébé dort dans son propre dispositif de sommeil). Il est possible d'être ferme, c'est-à-dire d'adopter une attitude avec conviction, sans violence. Vous pouvez également proposer à votre bambin d'aller dormir avec un frère ou une sœur aînée (particulièrement efficace à partir de 2 ans), en faisant valoir un nouveau lit, une nouvelle lampe de chevet que l'enfant pourrait allumer et éteindre à sa guise, bref, une promotion de « grand », source de fierté. Pour que votre enfant soit rassuré, n'hésitez pas à lui dire que vous autorisez les retours en arrière : un matelas peut rester dans la chambre des parents, en cas de besoin ; ou bien l'enfant peut retourner dans le lit des parents en fin de nuit [...]. Et si votre enfant exprime de la tristesse devant cette nouvelle situation, réconfortez-le, même si vous êtes décidé à maintenir le changement. Reconnaissez son chagrin en l'évoquant avec lui, et prenez-le dans vos bras pour ne pas laisser le doute s'installer : vous l'aimez toujours ! »

## V – ALLAITEMENT LONG, PORTAGE, *CO-SLEEPING* : ET LE COUPLE DANS TOUT ÇA ?

Dans le roman *Un heureux événement*, Éliette Abécassis parle de la Leche League, qui lui ouvre les yeux, mais lui ferme les bras de son mari. Tous les jeunes parents du monde sont confrontés à la problématique : comment préserver l'intimité des parents quand l'enfant est omniprésent ? Ce dilemme est vécu à la puissance dix dans les familles où le maternage est pratiqué. « La monogamie s'accorde mal du maternage intensif, s'il n'est pas accompagné d'une réflexion sur le thème de la sexualité, reconnaît Catherine Dumonteil-Kremer dans son livre *Élever son enfant... autrement*[1]. La prolactine, hormone de

1. DUMONTEIL-KREMER, Catherine, *Élever son enfant... autrement*, La Plage, 2003.

production du lait maternel, fait souvent chuter la libido des femmes. Après la naissance, [...] la fatigue due à la demande non-stop du bébé va souvent générer une mère épuisée qui n'aura qu'un désir après 20 heures (et peut-être même avant...) : DORMIR. Le *co-sleeping*, l'allaitement long à la demande, le portage, la présence du bébé dans toutes les activités du couple peuvent donner au père le sentiment que son enfant est un gêneur qui l'empêche de retrouver sa femme. La mère peut voir le père comme un égoïste ne pensant qu'à satisfaire ses besoins de sexe... Les besoins du bébé peuvent entrer en conflit avec ceux du père. »

Certains pères évoquent la situation d'un ton qui se veut léger. « Le canapé du salon est en effet moins confortable que notre lit ! sourit Antoine, mari d'Éliza, maman maternante, allaitante et co-dodotante de Mélissa, 15 mois. Mais au moins, on ne risque pas de s'y retrouver arrosé d'un jet de lait au beau milieu de la nuit. » « Je croyais tout connaître des jeux sexuels, constate Michel, 36 ans. Avec la naissance de Benjamin, j'en ai découvert un que je ne soupçonnais pas : faire l'amour avec le moins de bruit et de mouvement possible pour ne pas réveiller Benjamin, 1 an. » Mais d'autres avouent sans détours leur exaspération : « Dans la journée, ma femme le porte sur elle, en écharpe : il paraît qu'il n'est bien que dedans ! Elle l'a au sein toute la soirée. Et la nuit, il dort entre nous ! Inutile de dire que je ne l'ai pratiquement pas touchée depuis la fin de sa grossesse », soupire ce papa d'un petit garçon de 8 mois.

Comment résoudre la quadrature du cercle ? « Vous trouverez mille façons de ne pas négliger votre relation, assure Catherine Dumonteil-Kremer, mais ne laissez pas s'accumuler les frustrations de part et d'autre sans les évoquer, parler des besoins ne signifie pas forcément les satisfaire, il s'agit plutôt de les comprendre et de chercher ensemble un chemin acceptable pour le couple. » Nathalie Roques, elle, penche pour une acceptation de cet état de fait qui, selon elle, ne représente aucun danger pour un couple équilibré, assorti de la recherche d'une sexualité différente : « Ce ne sera plus jamais comme avant, constate-t-elle sur le site cododo.free.fr. Il deviendra plus difficile de s'ébattre toute une nuit. Faire l'amour va demander plus d'attention et de créativité : attendre que le bébé s'endorme, faire moins de bruit, changer d'endroit, s'interrompre si le bébé se réveille, etc. » Mais, selon elle, rien que de très naturel : « Il est tout à fait possible de déplacer un bébé profondément endormi et ce ne sont pas quelques bruits étouffés qui le réveilleront, ajoute-t-elle. De toute façon, où que dorme le bébé, les parents devront faire preuve d'inventivité, et compter avec lui, ne serait-ce que psychologiquement. Et cela reste valable de longues années : la présence d'enfants, d'adolescents, de jeunes adultes, est un élément qui devra également être pris en compte pour préserver une certaine intimité au couple des parents. » Quel avenir pour les couples incapables de s'adapter ?

## Témoignages

### Maternante, oui, « co-sleepeuse », non !

**Elle allaite son enfant à la demande, le porte volontiers, lui donnerait la Terre entière... mais pas question qu'il mette le pied dans son lit !**

« Pour moi, le *co-sleeping* c'est comme l'allaitement : je sais dans mes tripes que c'est ce qu'il y a de meilleur pour mon enfant... mais je ne me sens pas forcément prête pour autant à le lui donner. Pour moi, mon lit, c'est mon espace vital, à moi et à mon couple. C'est peut-être de l'égoïsme pur, mais tant pis, je l'assume : je ne me sens pas en mesure de lui laisser envahir cet espace » (Rosalie).

## Bibliographie

**Pour ou contre ?**

ANTIER, Edwige, *Mon enfant dort bien*, Guides France Info, 1998.

DIDIERJEAN-JOUVEAU, Claude-Suzanne, MCKENNA, James J. et ISRAËL, Jacky, *Comment dorment les bébés ? Pour ou contre le sommeil partagé*, Belin, 2004.

MAURER, Willi, *Mère et bébé l'un contre l'autre : du processus d'attachement à l'appartenance sociale*, Le Souffle d'Or, 2004.

NEMET-PIER, Lyliane, *Moi, la nuit, je fais jamais dodo*, Fleurus, 2000.

NEMET-PIER, Lyliane, *Mon enfant me dévore*, Albin Michel, 2003.

ROQUES, Nathalie, *Dormir avec son bébé*, L'Harmattan, 2002.

SEARS, William, *Être parents le jour... et la nuit aussi*, Ligue internationale La Leche, 1992.

SOLTER, Aletha, *Mon bébé comprend tout*, Marabout, 1998.

SOLTER, Aletha, *Bien comprendre les besoins de votre enfant*, Jouvence, 2007

VAN DEN PEEREBOOM, Ingrid et ALEXANDRE, Corinne, *Peau à peau : techniques et pratiques du portage*, Jouvence, 2006.

**Les ateliers de « danse portage »**

http://www.marcq-en-barœul.org/culture/dansecrea.htm

**Activités culturelles avec bébé**
www.rondedesbebes.com

**Le site de l'anthropologue médical américain James J. McKenna, spécialiste mondial du « co-sleeping »**
http://www.nd.edu/~jmckenn1/lab/intro.html

**D'autres sites pour en savoir plus**
http://www.portersonenfant.fr/
http://www.peau-a-peau.be/
http://www.portersonbebe.com/
http://cododo.free.fr

# CHAPITRE 4
# ÉDUQUER SANS VIOLENCE ET DANS LE RESPECT DE L'ENFANT

## POUR
## Olivier Maurel

**« La violence physique est un engrenage fatal, dans lequel les parents ne doivent surtout pas tomber. »**

**Olivier Maurel, professeur agrégé de lettres à la retraite et père de cinq enfants, est président-fondateur de l'Observatoire de la violence éducative ordinaire (OVEO)[1]. Il est notamment l'auteur de l'essai *La Fessée*, manifeste contre l'ensemble des châtiments corporels.**

« La majorité des violences trouvent leur source dans la violence éducative ordinaire (tapes, fessées, gifles...). Dans toutes les civilisations, frapper les enfants a toujours été la seule forme de violence recommandée. Nos gifles et nos fessées ne sont que le résidu de ce qui était autrefois le droit de vie ou de mort, puis du "droit de correction" des parents sur leurs enfants.

« La France a signé et ratifié la Convention relative aux droits de l'enfant, entrée en application le 6 novembre 1990 et dont l'article 19 demande à tous les États de "protéger

1. www.oveo.org

l'enfant contre toute forme de violence, d'atteinte ou de brutalités physiques ou mentales". Juridiquement, elle va donc, tôt ou tard, être obligée d'interdire officiellement tous châtiments corporels, comme l'ont déjà fait dix-huit États, dont seize européens. Mais pour l'instant, elle n'a toujours pas répondu aux injonctions du Comité des droits de l'enfant de l'ONU. Pas plus qu'à l'appel de 131 associations, menées par l'OVEO, lancé en février 2007.

« S'attaquer à la violence éducative ordinaire est un travail de titan, pour deux raisons. D'une part, quasiment tous les parents actuels ont été peu ou prou frappés dans leur enfance. Or, il suffit de l'être une fois pour garder dans son corps le souvenir inconscient de cette violence et être programmé pour la reproduire sur ses propres enfants. D'autre part, la violence éducative ordinaire répond au même processus psychologique que le syndrome de Stockholm (attachement des otages envers leurs ravisseurs) : un enfant frappé par ses parents non seulement ne leur en veut pas, mais s'attache d'autant plus à eux, car il considère qu'ils font cela pour son bien.

« Conséquence : la plupart des gens ne voient pas la continuité totale entre la violence éducative ordinaire et la maltraitance. On me dit : "Une tape sur la main, ce n'est tout de même pas de la violence !" Mais trouveriez-vous normal de frapper votre femme de cette façon lorsqu'elle fait quelque chose qui vous déplaît ? On dit aussi : "Une fessée, ça n'a jamais fait de mal à personne." En Afrique, c'est la bastonnade, parfois à coups de câbles électriques, qui est réputée être inoffensive... On dit enfin : "Mais tous les parents frappés dans leur enfance ne frappent pas forcément leurs enfants." Cela correspond au phénomène de résilience cher au psychiatre et psychanalyste Boris Cyrulnik : ces personnes ont fait des rencontres qui leur ont permis de prendre conscience que ce qu'elles ont subi n'était pas normal, ce qui a cassé ce cercle vicieux de violence. Mais ce phénomène est rare, car le syndrome de Stockholm empêche les gens de voir qu'ils sont des victimes.

« La violence agit de plusieurs façons. Elle apprend à se soumettre. Elle affecte aussi le sens de l'empathie. Comme disait

Alice Miller, on devient des bombes à retardement, susceptibles d'exploser plus tard sous des formes diverses : délinquance, criminalité, etc.

« En ce qui concerne la répression autre que corporelle, l'idéal est une simple réparation de ce que l'on a fait. Il faut aussi arriver à ne pas allier la carotte au bâton et à motiver nos enfants à agir autrement que par le système de la récompense, qui n'est qu'un chantage. »

## OUI, MAIS...
## Didier Pleux

**« Face à un enfant, il arrive un moment où il faut arrêter de tout vouloir résoudre par la parole. »**

**Didier Pleux est docteur en psychologie du développement et directeur de l'Institut français de thérapie cognitive. Pour lui, éducation rime avec attention, mais aussi, quand il le faut, avec punition.**

« En matière d'éducation, la sanction physique est à proscrire, car en général il s'agit d'une réaction purement émotionnelle de la part des parents, qui ne résout rien. Il ne faut certainement pas banaliser la fessée, qui n'est que le reflet de l'impuissance des parents. Néanmoins, je ne mets pas dans ce panier la petite tape sur la main, qui est un mode de communication, un simple rappel physique. Celui qui la donne est généralement sous contrôle de ses nerfs.

« Pour moi, c'est la permissivité induite par le maternage outrancier qui rend la punition nécessaire. Depuis Dolto, on assiste à une espèce de victimisation permanente des enfants, qui fait croire que la moindre frustration sera traumatisante. Ce sera bientôt dans le spermatozoïde qu'il faudra parler à l'enfant ! Cette philosophie repose sur le concept utopiste selon lequel l'enfant peut tout comprendre, tout entendre, par le verbe. Mais un enfant, ce n'est pas ça. Il y a des enfants qui sont incapables d'intégrer la loi, l'interdit, sans qu'il y ait au bout un système de punition, ou tout du moins de récompense. Tout comme les adultes : il n'est qu'à voir l'exemple de la sécurité routière, qui n'a connu des chiffres enfin meilleurs que lorsque à l'appel à la raison et à la prudence a été ajoutée la peur du gendarme !

« Dès qu'il y a excès d'accompagnement, de verbe, de valorisation de l'enfant, de consommation et de protection, cela donne des enfants omnipotents, si on n'a pas, de l'autre côté, des frustrations et des ruptures communicationnelles. Il ne s'agit pas de faire marcher son rejeton à la spartiate ! Mais, de temps en temps, ne plus lui expliquer, ne plus le stimuler, ne plus communiquer, accepter de le laisser pleurer. Ma devise : "Qui aime bien frustre bien." Le tout, toujours, et c'est fondamental, avec en cadre de fond un support affectif fort.

« Une bonne punition, c'est la conséquence nécessaire après le passage à l'acte de l'enfant. Quand l'enfant pique une crise et qu'on n'a pas réussi à le calmer par le jeu ou par le bisou, il faut l'isoler dans sa chambre (pas à la cave avec les rats, évidemment !). Il est nécessaire de briser temporairement la communication avec l'enfant : "Je suis physiquement présent, mais je ne veux plus que tu sois là." Il faut arrêter de dire que l'enfant est complètement déterminé par l'amour de sa mère. C'est l'éducation qui le construit (dans le sens amour ET frustration, indissolublement liés). Il faut que les enfants apprennent qu'on n'est pas tout le temps à leur disposition, c'est comme ça. »

## I – Ne pas laisser pleurer bébé... et en tout cas jamais seul

Au Moyen Âge, face à un nourrisson braillard, les solutions allaient de l'indifférence la plus totale au recours à l'exorcisme. Au XVIII$^{e}$ siècle, si le bébé se faisait trop entendre, on en reportait le blâme sur les parents. Il leur fallait punir et ne surtout pas céder. De cette époque au quasi-tournant du XX^e siècle, on a considéré qu'un bébé qui avait été nourri, qui était propre, qui n'avait manifestement ni trop chaud, ni trop froid, faisait forcément un « caprice » s'il protestait lorsqu'on le reposait dans son berceau. Ainsi accéder à son désir en le reprenant dans les bras n'aurait pour conséquence que de le « gâter ». De toute façon, il n'était pas mauvais pour lui de se « faire les poumons ». Cette manière de voir fut quasi institutionnalisée par le courant behavioriste né aux États-Unis au lendemain de la Seconde Guerre mondiale.

Avec l'avènement de la pensée de Françoise Dolto, les choses s'assouplissent un peu. Le bébé est une personne, il a des émotions, des ressentis. Il n'est pas un simple tube digestif, mais un adulte en devenir, dont les expériences, dès le plus jeune âge, ne sont pas anodines sur son développement futur. Mais pas question pour autant de se laisser envahir par cet insatiable petit être : la nuit, c'est fait pour dormir ! Les parents sont donc invités à laisser pleurer leur bébé quand celui-ci les appelle. C'est la fameuse règle des « 5-10-15 » minutes : laisser une première fois le bébé pleurer 5 minutes, avant de le rassurer, mais sans le prendre dans les bras. Puis le laisser pleurer 10 minutes et retourner le rassurer. Puis, cette fois et les suivantes, le laisser pleurer 15 minutes à chaque fois.

Une approche qui reste, peu ou prou, la ligne « officielle » des tenants de la puériculture classique. Néanmoins, ces dernières années, Aletha Solter a révolutionné l'approche des pleurs des nourrissons, séduisant parents traditionnels, mais aussi nombre de couples favorables au maternage proximal et réticents à laisser pleurer leurs enfants [1]. Selon cette psychologue suisse-américaine, spécialiste du développement, les

---

1. SOLTER, Aletha, *Pleurs et colères des enfants et des bébés : une approche révolutionnaire*, Jouvence, 1999.

pleurs et les colères des enfants sont tout ce qu'il y a de normal et de sain. Loin d'être des caprices, ces pleurs sont avant tout, pour le bébé, un moyen de s'exprimer, de sortir et d'évacuer ses frustrations. Faire quelque chose pour calmer ces pleurs serait donc étouffer dans l'œuf l'expression de ses sentiments, avec toutes les conséquences nocives qui pourraient ultérieurement en découler (maladies psychosomatiques, dépression...).

Face à un bébé dont tous les besoins physiologiques sont satisfaits, Aletha Solter propose aux parents d'accepter les pleurs, sans les ignorer, de le prendre dans ses bras pour l'accompagner dans son chagrin, mais sans le bercer pour autant, et l'encourager verbalement à se soulager en pleurant. Selon elle, l'acceptation des pleurs favorise un attachement satisfaisant entre parents et enfants et fabrique des bambins sûrs d'eux et pacifiques.

Ces conseils sont suivis avec enthousiasme par un certain nombre de mamans maternantes. « Je la laisse pleurer de temps en temps parce que rien ne l'apaise. Mais elle est dans les bras, ou je suis à côté d'elle et lui tiens la main, ou bien je vais la voir très souvent » (Gabrielle). « Je ne la laisse pas pleurer plus de cinq minutes seule, et dans mes bras le reste du temps. Je n'essaye plus de calmer à tout prix ses pleurs quand je ne le peux ou ne le veux pas, mais j'essaye d'être présente, de "compatir", et de ne pas lui interdire ce mode d'expression » (Anaïs).

Pourtant, une bonne partie des auteurs et des pratiquants du maternage ne l'entendent pas de cette oreille. « Je crains que le schématisme d'Aletha Solter (notamment le fait de ne pas faire de différence selon l'âge de l'enfant) n'aboutisse une fois de plus à "laisser l'enfant pleurer pour son bien", s'insurge Claude-Suzanne Didierjean-Jouveau dans la revue *Allaiter aujourd'hui* (n° 13). Autant je suis d'accord pour dire qu'il est mauvais d'empêcher l'enfant d'exprimer son chagrin ou sa douleur, [...] autant je pense qu'il est de notre devoir d'être humain en général, et de parent en particulier, d'éviter aux autres le plus possible les souffrances inutiles, et si elles ont quand même lieu, de consoler par les moyens à notre disposition, tout en reconnaissant cette souffrance. Laisser pleurer, voire encourager à pleurer (même si l'on tient l'enfant dans ses bras), et penser que cela est bon, ce n'est finalement qu'une sorte de sadisme. »

De même, pour le docteur William Sears, aucune maternante qui se respecte ne laisse son bébé pleurer, ne serait-ce que quelques minutes. Sur son site [1], l'inventeur de l'« attachment parenting » déclare, sous le titre « Sept choses que les parents doivent savoir à propos des pleurs du bébé » : « La mère est biologiquement programmée pour donner une réponse maternante aux pleurs du nouveau-né, et pas pour se restreindre [...]. Mamans, écoutez les indices biologiques de votre corps quand votre bébé pleure plutôt que les donneurs de leçons qui vous disent de faire la sourde oreille. C'est facile pour eux de vous donner de tels conseils, ils ne sont pas biologiquement connectés à votre bébé. Rien ne se passe au niveau de leurs hormones lorsque votre bébé crie. [...] Votre boulot est de créer un environnement positif qui fera décroître le besoin de pleurer du bébé, d'offrir des bras aimants et relaxés pour que le bébé ne pleure pas tout seul, et de pousser comme vous le pouvez le travail de détective qui consiste à chercher pourquoi votre bébé pleure et de quelle manière vous pouvez l'aider. Le reste, c'est le bébé qui décide. »

Ces conseils sont repris par Catherine Dumonteil-Kremer dans son guide *Élever mon enfant... autrement* : « Les fruits gâtés, ce sont ceux qu'on ne prend pas, que l'on abandonne dans la corbeille », résume-t-elle joliment. De fait, rares sont les mamans maternantes qui résistent longtemps à l'appel de la chair de leur chair. « Je ne laisse jamais bébé pleurer. Impossible, c'est viscéral », dit Christine. « J'ai moi-même été un bébé

1. www.askdrsears.com

qu'on laissait pleurer et depuis j'ai très peur des endroits sombres. J'ai même dû faire un long travail chez un psy pour retrouver une certaine confiance en moi. J'aimerais que ce soit différent pour mon fils, alors pas question de le laisser s'égosiller en vain ! » renchérit Sonia. Pas de larmes non plus, dans la mesure du possible, chez Morgane : « Je ne laisse jamais bébé pleurer. Ni selon un principe éducatif, ni par négligence. Lorsque je suis sous la douche, aux toilettes ou avec l'aînée, parfois il pleure une minute ou deux, mais je lui parle pour qu'il se sache accompagné. »

Et elles ont raison, ces mamans, si l'on en croit plusieurs études 100 % scientifiques, qui ont démontré, ces dernières années, que laisser sangloter un petit enfant sans le réconforter pouvait avoir des conséquences non seulement psychologiques, mais également neurologiques.

Dès les années 1970, les chercheurs américaines Silvia Bell et Mary Ainsworth ont étudié deux groupes de couples mère-nourrisson. Le groupe 1 était constitué de mères donnant des réponses promptes et maternantes aux pleurs de leur enfant. Le groupe 2 était constitué de mères plus restreintes dans leur réponse. Elles ont trouvé que les enfants du groupe 1 étaient moins portés à utiliser les pleurs comme moyen de communication à l'âge d'un an. Ces enfants semblaient plus sûrement attachés à leur mère et avaient développé de meilleurs talents de communication, devenant moins pleurnichards et manipulateurs [1].

Dans son best-seller *Un enfant heureux* [2], Margot Sunderland énumère, arguments scientifiques à l'appui, les conséquences neurologiques dues à la manière dont on répond ou non aux demandes des enfants. L'énoncé fait froid dans le dos.

1. Ainsworth, Mary, Bell, Silvia M. et Stayon, Donelda J., *L'Attachement de l'enfant à sa mère*, La Recherche, 1972.
2. Sunderland, Margot, *Un enfant heureux*, Pearsons Editions, 2007.

« Si on laisse un bébé hurler dans sa chambre : un afflux important d'hormones réactives au stress envahit son cerveau ; son cerveau cesse de sécréter des opioïdes (des hormones qui procurent une sensation de bien-être) ; ses mécanismes de réponse au stress peuvent réagir au moindre *stimulus* ; les voies de transmission de la douleur sont activées dans son cerveau, comme s'il s'était blessé physiquement. » Mais aussi : « L'angoisse croissante d'un bébé qui pleure déclenche une réaction hormonale en chaîne. C'est d'abord le système général de contrôle hormonal de l'organisme, l'hypothalamus, situé au cœur du cerveau intérieur, qui se met en marche. Il produit une hormone qui incite l'hypophyse à sécréter une autre hormone, appelée ACTH. Celle-ci, à son tour, stimule les glandes surrénales (situées juste au-dessus des reins) qui libèrent alors du cortisol dans le corps puis dans le cerveau. Ce mécanisme de réponse au stress est appelé l'axe HPA. Un bébé angoissé présente un axe HPA très actif qui génère du cortisol en continu, pareil à un système de chauffage central qui se serait emballé. Consoler un enfant, c'est trouver l'interrupteur pour stopper ce processus. Des images IRM du cerveau montrent que le stress précoce peut causer une hyperactivité permanente de l'axe HPA. » Elle prévient : « Ne pas réconforter un enfant dans ses accès émotifs risque d'entraîner une hyperactivité des mécanismes de réponse au stress de son cerveau. Il éprouvera ainsi de réelles difficultés à "éteindre" les systèmes d'alerte hypersensibles de son cerveau inférieur. Chaque événement sera plus ou moins perçu comme une menace ou comme un obstacle insurmontable. »

En revanche, avoir une attitude compréhensive, prendre le bébé dans ses bras pour le cajoler, suffit, de manière éclatante, à faire rentrer les choses dans l'ordre : « La plupart des bébés cessent de pleurer quand on les prend dans ses bras, note Margot Sunderland. Le contact corporel régule leur système neurovégétatif en activant l'axe parasympathique, calmant, et en libérant de l'ocytocine. » Et de conclure : « Un tel comportement leur permet de construire les réseaux cérébraux qui les aideront, en grandissant, à modérer l'intensité de leurs émotions et à ne pas se laisser envahir par le stress. »

Alors, consoler un bébé en larmes... un jeu d'enfant et une nécessité dont les parents seraient bien malvenus de se priver ? La théorie est séduisante. Hélas, il est une catégorie de bébés qui ne se calme pas si facilement.

## Les bébés aux besoins intenses : l'épine dans le pied des maternantes

Aux yeux de beaucoup de parents, ce sont des enfants qui ne sont pas faciles. Les maternantes, elles, les surnomment affectueusement « BABI », pour « bébés aux besoins intenses ». Le terme est apparu en 1985 sous la plume de l'incontournable docteur Sears [1], lui-même doté d'un enfant « intense », à savoir un bébé pour lequel à peu près aucune règle de puériculture classique ne semble fonctionner ! Un petit qui, depuis sa première inspiration hors du ventre de sa mère, semble en rage ou en désespoir permanent.

Le BABI est un petit animal sauvage à apprivoiser et à réapprivoiser en permanence. Un visage ou un environnement inconnu ? Il manifeste bruyamment son refus. La moindre contrariété, le moindre délai dans la réalisation de ses désirs (à commencer par être pris non stop dans les bras et téter quasi continûment), plonge cet hypersensible dans une crise dont il peut parfois ne sortir qu'au bout de plusieurs heures, laissant autour de lui un univers familial dévasté, des parents exsangues et totalement désemparés, tremblant déjà par anticipation à la perspective du prochain ouragan... qui ne tarde guère.

Ajoutons au tableau le fait que ces bébés, par ailleurs très éveillés, font en général montre de tendance hyperactives, avec

---

1. SEARS, William, *Que faire quand il pleure ? Vivre avec un bébé aux besoins intenses*, LLL, 1985.

des besoins de sommeil plus faibles que la moyenne et n'appréciant pas particulièrement les câlins. On mesure l'épuisement des parents. Virginie, maman de Samuel, 7 mois : « Samuel est allaité et porté en écharpe, mais même cela, ça va un quart d'heure, pas plus. Contrairement à d'autres BABI, il dort bien la nuit, et il aime mon contact. Il n'aime que ça, d'ailleurs : il hurle sitôt que je le pose. Il tête en permanence, n'aime pas être ailleurs que chez nous, dort très peu la journée, et pique des crises terribles, impossible de le calmer autrement qu'au sein. Je l'aime énormément, mais parfois ses cris m'épuisent. Comme je suis fatiguée, je le mets au sein sans tendresse, et j'ai peur d'avoir des gestes méchants. Je me sens coupable, mais je suis bien obligée de le laisser pleurer parfois, pour m'occuper des deux aînés, qui ont encore besoin de moi. Ce soir, je vais devoir les coucher et je sais que Samuel va "criser" ; et je bâcle le coucher de mes grands pour lui... »

Chez certaines mamans de BABI, on décèle une véritable détresse. « Avoir un BABI est très éprouvant mentalement et physiquement, avoue Sophie, maman d'un petit "intense" de 21 mois. Je peux même dire que c'est la plus grosse épreuve que j'aie vécue jusqu'à présent. Car en plus de la fatigue, il y a le regard des autres, qui remet en cause mes choix de maternage de la manière la plus cruelle qui soit. Combien de fois certains m'ont-ils fait remarquer que mon fils a beau être porté, allaité et co-dodoté, cela ne l'empêche pas de hurler non stop, alors que le leur, nourri au biberon, qu'on laisse pleurer s'il le faut, transporté en poussette et qui dort seul dans sa chambre depuis sa naissance, est un bébé adorable, toujours calme et de bonne humeur ! » « Pour les autres, si mon enfant pleure tout le temps, c'est soit que c'est un sale gosse, soit que je suis une mauvaise mère, renchérit Sylvie. Pour le calmer, il n'y a que l'écharpe, mais pas question de l'enlever, même pour aller aux toilettes ! J'ai le dos en compote et le moral dans les chaussettes. Car, avec le stress incessant provoqué par ses pleurs, ainsi que mon manque total de disponibilité pour mon mari, mon couple part à vau-l'eau depuis quelques mois. »

Cette culpabilité a été analysée ainsi dans les années 1970 par le pédiatre américain Thomas Berry Brazelton[1], à une époque où on ne parlait encore que d'enfants « difficiles » : « Un bébé très agité peut amener sa mère à se demander s'il est intact sur le plan neurologique. Il est si difficile, si hyperactif, si long à calmer qu'elle finira souvent par s'accuser elle-même d'être incapable. [...] J'ai toujours plaint de tout mon cœur le père ou la mère qui devrait affronter seul ce type de bébé. »

Avec Sears, ces nourrissons que personne ne cherchait à comprendre, mais plutôt à oublier, sont, pour la première fois, vus sous une facette positive. Le chantre du maternage amène parents et entourage à voir en eux tout le potentiel lié à leur tempérament de feu (curiosité, exigence, vivacité, sensibilité...). Il les présente comme des enfants comme les autres, qui nécessitent simplement des doses supplémentaires d'empathie et de patience. « Ces bébés ont des besoins affectifs énormes, dit le docteur. Le seul moyen d'éviter leurs pleurs est de les rassurer, de les porter, de les materner. » Et d'inciter les parents à ne pas lâcher : « Il s'agit d'un investissement à long terme. Ce sera l'année, voire les deux années les plus dures de votre vie, mais si vous jouez le jeu, vous en serez mille fois récompensée. Car cette hypersensibilité deviendra chez l'enfant qui aura grandi une force incroyable ! »

Ces propos mettent du baume au cœur des maternantes et les rassurent : non, leur instinct ne les avait pas trahies lorsqu'il leur disait de porter et de câliner sans relâche leur petite boule de nerfs. Alors elles continuent, regonflées à bloc face au scepticisme de leur entourage. « Le livre du docteur Sears a été ma bouée de sauvetage, assure Marion, maman d'une petite

---

1. Brazelton, Thomas B., *Trois Bébés dans leur famille, Laura, Daniel et Louis : les différences du développement*, LGF, 1993.

Anaïs "intense" de 28 mois. J'étais en train de craquer, je remettais tout en question dans mon mode d'éducation et de maternage. Maintenant, tous les soirs, quand j'endors ma fille, je lui répète que je l'aime telle qu'elle est et que je suis contente de combler ses besoins. » D'ailleurs, depuis quelques semaines, Anaïs s'est bien calmée... Le début d'une ère nouvelle ?

**Pour faire dormir bébé sans le laisser pleurer : la méthode plébiscitée par les maternantes**

Quand bébé ne fait pas ses nuits, les plus gros cernes sont pour les parents. C'est avec ravissement que les familles maternantes qui se refusent à laisser pleurer leur enfant ont découvert la méthode d'Elizabeth Pantley, une auteure américaine et « éducatrice de parents » (*sic*), également maman allaitante et co-dodotante. Son livre *Un sommeil paisible et sans pleurs*[1] est un tel succès que la première difficulté est souvent d'en dénicher un exemplaire.

En dix étapes, ce guide propose de parvenir à réussir ce qui peut sembler une gageure à nombre de parents épuisés : faire s'endormir paisiblement leur enfant lorsque et comme ils le souhaitent, tout en respectant les rythmes de celui-ci. Après avoir expliqué le déroulement des cycles de sommeil chez le bébé, l'auteure propose aux parents d'observer ce qui se passe au moment du coucher de leur enfant et de noter leurs remarques sur des fiches prévues à cet effet. Au terme de cette phase d'observation, les parents sont libres d'appliquer l'une ou l'autre des solutions suggérées par Elizabeth Pantley, en fonction de leurs choix et de leurs possibilités personnelles. Point commun à ces solutions : une diminution graduelle de la réponse faite au bébé.

1. PANTLEY, Elisabeth et CHAMPAGNE, Danielle, *Un sommeil paisible et sans pleurs : aider en douceur son bébé à dormir toute la nuit*, ADA, 2006.

Intérêt de l'ouvrage : il ne s'agit pas tant de solutions que d'une multitude de petits trucs autour du sommeil, dispensés en fonction du profil familial. Par ailleurs, il s'agit du seul livre qui donne des solutions aux mamans qui allaitent et co-dodotent. On est loin, toutefois, de la méthode miracle : elle nécessite une forte motivation et une forme physique certaine de la part des parents. Et sur la durée, puisque les résultats ne se feront pas sentir avant une période « de trente à soixante jours ». La méthode serait valable de la naissance à 5 ans au moins et donnerait des résultats globalement très satisfaisants, si on la suit jusqu'au bout. Il paraît que les quatre enfants d'Elizabeth Pantley font tous leurs nuits.

## II – Masser son bébé

Au tout début, on a touché les tout-petits pour mieux les soigner. Dans son livre *La Peau et le toucher*[1], l'anthropologue Ashley Montagu raconte qu'au début du XIX^e^ siècle le taux de décès des bébés dans les orphelinats américains dépassait les 60 %. Jusqu'à ce que quelqu'un suggère qu'on les prenne dans les bras plusieurs fois par jour. À l'hôpital de New York, ou ce régime de soins maternels avait été institué, le taux de mortalité des enfants de moins d'un an avait chuté sous les 10 %. Cette technique a été popularisée en France en 1976 par l'obstétricien Frédérick Leboyer, avec la publication de *Shantala*[2], du nom d'une jeune mère indienne qui lui a fait découvrir l'art du massage pour les enfants, existant depuis la nuit des temps dans plusieurs civilisations. « Nourrir l'enfant ? Oui. Mais pas seulement de lait. Il faut le prendre dans les bras. Il faut le caresser, le bercer. Et le masser. Ce petit, il faut parler à sa peau, il faut parler à son dos qui a soif et faim autant que son ventre », écrit-il.

---

1. Montagu, Ashley, *La Peau et le toucher*, Seuil, 1979.
2. Leboyer, Frédérick, *Shantala, un art traditionnel, le massage des enfants*, Seuil, 2004.

Dès 1981, la professeure de yoga Vimala McClure fonde, en Californie, l'Association internationale de massage pour bébé (IAIM). Elle aussi a découvert la pratique lors d'un séjour en Inde, en 1973. Elle en est revenue convaincue que les techniques traditionnelles de massage pour bébé permettent de calmer les tout-petits et jouent un rôle dans la communication affective et le lien d'attachement. En 1979, elle publie un premier livre, *Infant Massage, a Handbook for loving Parents,* qui devient la bible de la génération de 1968 avide d'un meilleur contact avec son enfant [1]. L'IAIM compte à ce jour des instructeurs et instructrices dans plus de quarante pays à travers les cinq continents. Son émanation hexagonale, l'Association française de massage pour bébé (AFMB), est créée en janvier 2000.

On peut masser un bébé dès la naissance, pour son plaisir et celui du ou des parents. « Le massage sera néanmoins particulièrement bénéfique pour les bébés souffrant de maux de ventre, les bébés hyperactifs ou hypotoniques, ceux qui sont ou ont été privés du contact parental. Les nourrissons nés par césarienne, les prématurés, les enfants souffrant de maltraitance ou atteints de handicaps divers en tireront aussi un apaisement et un mieux-être certains », peut-on lire sur le site de l'AFMB [2].

De nombreux bienfaits sont en effet attribués au massage pour bébé. Selon Pascale Gendreau, doula et formatrice de l'AFMB, il contribuerait, tout d'abord, à un meilleur lien parents-enfant, en aidant à mieux comprendre les désirs et les besoins du bébé, en renforçant la confiance des parents, en favorisant les moments privilégiés avec son bébé... Il aurait aussi des atouts en matière de santé : développement de la conscience du schéma corporel, fortification et régulation des systèmes circulatoire, respiratoire, musculaire, immunitaire,

1. McClure, Vimala, *Le Massage des bébés,* Sand, 2004.
2. www.massage-bebe.asso.fr/

gastro-intestinal, nerveux... Il soulagerait aussi nombre de petits maux dont sont affligés les nourrissons (coliques, flatulences, rhumes, poussées dentaires...), favoriserait un meilleur sommeil, améliorerait la qualité de la peau et aiderait à éliminer les toxines.

Les cours de massage pour bébé s'échelonnent sur trois à cinq séances par petits groupes, à raison d'une rencontre d'une heure à une heure et demie par semaine. À chacune des rencontres, les parents apprennent les techniques pour masser certaines parties précises du corps de leur enfant. Comme tous les ateliers « maternage », ces rencontres sont aussi un lieu d'échanges entre parents, permettant à chacun de s'exprimer sur ses expériences vécues.

**Témoignage**

**« Les massages sont une véritable nourriture pour mon bébé et moi. »**
**Audrey, 28 ans, maman de Timothée, 8 mois**

« C'est une amie qui m'a offert des séances de massage bébé comme cadeau. La première fois que j'ai massé Timothée, c'était il y a trois mois. Au début, je me suis sentie très maladroite : j'avais peur de le griffer avec mes ongles, ou de le chatouiller plus qu'autre chose ! Mais, avec l'aide de la formatrice et de l'huile de calendula bio dont je me servais, je me suis vite sentie à l'aise, d'autant plus que je voyais bien qu'il adorait ça ! Les séances de massage, en atelier comme à la maison, sont devenues un instant magique qui n'appartient qu'à nous, où le temps semble suspendu. À travers nos gestes, mon bébé et moi nous nourrissons mutuellement de tendresse, de complicité. Même s'il était très énervé quelques minutes avant, il se calme instantanément lorsque je commence mon massage. Avec mes mains, je caresse ce petit corps doux et chaud sorti de mon ventre, tandis qu'avec mes yeux, c'est son cœur, son âme, que je masse et que je soulage. C'est une véritable nourriture pour nous deux, un dialogue, un bonheur, au-delà des mots. »

## III – Communiquer précocement avec son enfant grâce à la langue des signes

Quel parent ne s'est jamais trouvé désemparé devant la crise de larmes aussi désespérée qu'incompréhensible de son bébé à table, en plein jeu ou encore dans la rue ? « On sentait bien qu'il voulait nous faire passer un message, qu'il n'était pas bien ou qu'il désirait quelque chose, mais quoi ? » Contre ce mur d'incompréhension entre les parents et leur tout-petit, encore incapable d'exprimer par des mots toutes les émotions et les besoins qui l'habitent, deux psychologues américaines, Lina Acredolo et Susan Goodwyn, inventent, à la fin des années 1980, le *baby signs*[1].

Partant du constat que le langage verbal se développe chez les enfants beaucoup plus tard que le langage gestuel, elles ont l'idée de développer ce dernier durant la période dite « préverbale », afin d'éviter les conflits et l'incompréhension. La méthode, dérivée du langage des signes pratiqué par les non-entendants, remporte rapidement un franc succès aux États-Unis et au Canada. La marque Baby Signs commercialise aujourd'hui une gamme impressionnante de produits dérivés : livres pour parents et pour enfants, vidéos, jouets, posters, gadgets, marionnettes... « Aux États-Unis, la langue des signes est largement vulgarisée, elle est considérée comme la 4e langue la plus utilisée, déclare Nathanaëlle Bouhier-Charles, co-fondatrice de l'association française Signe avec moi, dans une

1. Acredolo, Lina et Goodwyn, Susan, *Baby Signs*, éd. revue, McGraw-Hill, 2002.

interview publiée sur le site www.expatclic.com. On trouve absolument partout des gens qui ont des rudiments de langue des signes, dans la rue, dans les administrations... Plus d'une crèche ou école maternelle sur dix affiche "Sign language" dans la liste des activités proposées, au même titre que l'espagnol ou l'éveil musical. Cela fait partie de la culture, du patrimoine. »

Nathanaëlle tombe amoureuse de cette pratique qu'elle découvre en 2003, lors de son installation outre-Atlantique, et qu'elle expérimente avec le deuxième de ses trois enfants. En mai 2006, sitôt de retour en France, elle crée, en collaboration avec Monica Companys, comédienne, auteure, formatrice et éditrice sourde, l'association Signe avec moi. Contrairement à son modèle américain, qui n'a qu'un lointain rapport avec la langue des signes officielle (gestes très simplifiés, adaptés aux tout-petits), la méthode est une émanation directe de la langue des signes française (LSF). Elle n'est pas accueillie favorablement dans un pays où la LSF est très fortement connotée « handicap ». « Quand je suis arrivée en France avec ce projet, on m'a vraiment prise pour une extra-terrestre, se souvient Nathanaëlle dans la même interview. On ne signe déjà pas automatiquement avec les enfants sourds, alors vouloir signer avec des enfants entendants, quelle idée ! »

Pourtant, ce premier mouvement de méfiance passé, les médias commencent à se pencher avec un intérêt nouveau sur le phénomène « bébés signeurs ». Mais les parents maternants n'ont pas attendu que la pratique devienne une mode pour se passionner. Pour permettre une communication à la fois plus précoce et meilleure avec son enfant, ils plébiscitent la méthode. « Parmi nos 75 personnes en formation sur 2007, la moitié venait du maternage, l'autre du cercle des non-entendants et des professionnels de la petite enfance : orthophonistes, pédiatres, puéricultrices, psychomotriciens... », précise Nathanaëlle. Beaucoup se lancent, à la faveur d'un témoignage enthousiaste, sur un forum de discussion... et se prennent très vite au jeu.

**Audrey Delisle, déléguée au Québec pour le programme Baby Signs**

« J'ai commencé lorsque Marie-Ève a eu ses 9 mois. Je savais que je devais lui laisser le temps de comprendre ce que je faisais. À 10 mois, elle commençait à faire des signes. Elle a eu une phase "banane" (elle en aurait mangé matin, midi et soir !). J'étais obligée de les cacher pour qu'elle mange son repas principal. Et même si elle ne les voyait pas, elle me faisait le signe pour "banane", ce qui veut dire qu'elle y pensait. À l'âge de 17 mois, elle faisait 35 signes (de "jus" à "chat" en passant par "dehors" et "merci") et en apprenait facilement des nouveaux. Elle associait même deux signes ensemble pour faire une phrase. Elle était si fière lorsqu'elle se faisait comprendre, sans compter qu'elle avait ce qu'elle voulait beaucoup plus rapidement. Les signes m'ont aidée également à déchiffrer les premiers mots de Marie-Ève, qui étaient parfois similaires phonétiquement (par exemple "dehors" et "encore"). Sa grande sœur lui montrait des signes et était très fière de sa petite sœur. Papa aussi a beaucoup apprécié d'avoir des signes pour comprendre sa petite fille. C'est une aventure extraordinaire que je recommande à tous, même si ce n'était que pour voir son enfant sourire jusqu'aux oreilles lorsqu'il fait son premier signe et qu'il est compris. »

## Signer avec son bébé : à partir de quand, comment, pourquoi ?

Dès la naissance, s'ils le souhaitent, les parents peuvent prendre l'habitude d'associer un mot de l'univers du bébé (téter, dormir, changer la couche, se promener, etc.) au signe qui lui est associé. Ils peuvent aussi lui chanter des comptines en joignant le geste à la parole (avec, en premier lieu, les fameuses « petites marionnettes » dont raffolent tous les petits). Mais il est généralement conseillé de ne commencer sérieusement l'apprentissage qu'à partir du moment où l'enfant utilise spontanément le langage gestuel pour s'exprimer :

dire « au revoir » avec la main, faire « oui » ou « non » de la tête, pointer du doigt les objets, mais aussi s'intéresser aux livres d'images (soit entre 6 et 12 mois). « Plus votre bébé est jeune au moment d'apprendre les premiers gestes de communication, plus il aura besoin de temps pour assimiler et reproduire ceux-ci. Soit quelques mois pour un bébé de 6 ou 7 mois, contre quelques jours seulement pour un bébé de 12 mois », précise Nathanaëlle Bouhier-Charles.

### Rudiments de LSF pour bébés

**Bébé :** bercement des deux bras.

**Aider :** avant-bras croisés devant soi, une des mains soulève l'autre coude, un peu comme on soutient le bras de quelqu'un pour l'aider à traverser.

**Avoir mal :** les pouces font des moulinets.

**Manger :** joindre le bout des doigts et les approcher de la bouche.

**Encore :** le bout des doigts viennent taper dans la paume de l'autre main.

**Boire :** main fermée, pouce tendu, le diriger vers la bouche.

**Dormir :** incliner la tête dans la main comme pour « dodo ».

**Fini :** mains devant soi, les paumes vers le haut, retourner les mains en les baissant légèrement.

**Bain :** poings fermés, se frotter la poitrine de haut en bas.

**Livre :** mains ouvertes, jointes par les petits doigts, action d'ouvrir le livre.

**Je t'aime :** la main caresse au niveau du cœur et fait un arc de cercle vers la personne à qui on dit « je t'aime » (aimer = caresse vers le haut, ne pas aimer = vers le bas).

**Téter :** main en pince qui s'ouvre et se ferme devant la bouche, qui reproduit le mouvement de succion.

**Doudou/tétine :** doigts serrés comme pour manipuler une clé, portés à la bouche comme pour les suçoter.

**Maman :** la tranche d'une main vient tapoter deux fois sous un sein.

**Papa :** le pouce et l'index en pince qui s'ouvre et se ferme deux fois sur un côté de la bouche.

**Bisou :** la main, formant une pince, est plaquée sur l'une des joues.

**Couche :** la main à plat sur l'entrejambe ou sur l'aine.

**Pipi :** la main, pouce et petit doigt levés, touche deux fois le ventre, seulement par le pouce.

**Caca :** on se touche le cou de l'index.

**Promenade :** les pouces sur les épaules comme pour tenir un sac à dos, avec les doigts qui virevoltent.

Selon Nathanaëlle, cette méthode améliore la communication et donc le lien, parents-enfant : « Signer avec ses enfants, c'est mieux se comprendre tout en s'amusant follement. Les tout-petits adorent, car ils sont complètement fascinés par le ballet des mains et par les chansons. Les plus grands en raffolent aussi, car pour eux, c'est comme une sorte de langage secret ! » La LSF pour bébés peut parfois prendre un enjeu d'une tout autre importance, en cas de handicap ou de maladie. « Je regrette de ne pas avoir entendu parler plus tôt de ce mode de communication, soupire une maman. Ma fille a fait une otite séreuse sur plusieurs mois qui a fait qu'elle ne nous comprenait pas pendant longtemps, et c'est long à "rattraper". Signer avec elle nous aurait bien aidés alors ! Je pense m'y mettre avec son frère, qui naîtra bientôt. »

Certains émettent la crainte que l'expression gestuelle entraîne un retard dans l'acquisition du langage parlé. Nathanaëlle s'insurge contre ces objections : « Ce n'est pas parce qu'on signe qu'on ne parle plus, bien au contraire ! Les bébés signeurs baignent en permanence dans un bain de *stimuli* auditifs car tout en signant, on explicite sans cesse par la parole des termes qu'on n'aurait pas forcément utilisés autrement. Des enfants qui refusent de parler parce qu'ils se font comprendre en signes, je n'en ai jamais vu ! » D'autres, à l'inverse, à l'instar des promoteurs de la marque Baby Signs, vantent l'acquisition verbale plus rapide et plus profonde que permettrait la pratique de la méthode. Les Américains vont plus loin encore, en promettant une augmentation notoire des qualités intellectuelles et une amélioration des résultats scolaires moyens qu'entraînerait ultérieurement, selon eux, cette communication précoce. La brochure de présentation du programme Baby Signs met ainsi très officiellement en avant une étude : faite sur des enfants de 8 ans ayant appris à communiquer par le langage gestuel, elle prouve qu'ils ont obtenu des tests de QI supérieurs de 12 points au groupe de leurs camarades qui n'étaient pas passés par là. Cette approche, Nathanaëlle Bouhier-Charles la réfute également : « Dans notre conception, il ne s'agit absolument pas d'en faire un singe savant ! Signer avec son bébé, c'est avant tout lui donner de l'amour. » La langue des signes, décidément, n'est toujours pas un langage universel...

En tout état de cause, signer avec son bébé peut également constituer un outil bien commode pour mener à bien une autre pratique de certaines maternantes : l'hygiène naturelle infantile.

## IV – PRATIQUER L'HYGIÈNE NATURELLE INFANTILE

Comme nombre de pratiques maternantes, l'« hygiène naturelle infantile » (HNI) trouve sa source en Inde, en Afrique et en Amérique du Sud. Appelée outre-Atlantique *elimination communication* (ou « communication des besoins »), et outre-Manche *potty training* ou *toilet training* (« entraînement au pot »), la pratique consiste à laisser les bébés sans couches et à se tenir à leur écoute afin d'intervenir pour les aider à éliminer lorsqu'ils en éprouvent le besoin. C'est l'Américaine Laurie Boucke qui, la première, au début des années 1990, découvre, grâce à une amie indienne, qu'il est non seulement possible de se passer de langes mais que, plus étonnant encore, les « accidents » qu'on aurait pu attendre de la part des bébés étaient rares, voire inexistants. De quoi bouleverser toutes nos certitudes occidentales sur la propreté des nourrissons.

Séduite, Laurie Boucke l'expérimente sur son dernier enfant et en fait une méthode adaptée aux parents occidentaux [1], en utilisant un lavabo, un pot ou des toilettes, mais aussi en faisant varier les positions ou encore en proposant de pratiquer la méthode à temps partiel, en alternant avec des couches... Quelques années plus tard, une autre Américaine, Ingrid Bauer, fait la même découverte : en 2001, elle publie un livre, depuis peu traduit en France [2]. La méthode arrive en France début 2005, avec l'ouvrage de Sandrine Monrocher-Zaffarano, assistante maternelle très engagée dans la philosophie du maternage [3].

---

1. BOUCKE, Laurie, *Infant Potty Basics : With or Without Diapers – The Natural Way* (Apprendre le pot aux enfants : avec ou sans couche, la méthode naturelle), Colin White & Laurie Boucke, 2003.
2. BAUER, Ingrid et SOUHAITÉ, Stéphanie, *Sans couches, c'est la liberté, à la redécouverte de l'hygiène naturelle du bébé*, L'Instant présent, 2006.
3. MONROCHER-ZAFFARANO, Sandrine, *L'Hygiène naturelle de l'enfant : la vie sans couches*, Jouvence, 2005.

L'HNI, méthode oubliée dans nos sociétés modernes, est pourtant pratiquée sur 60 % de la surface de la planète. « Dans la plupart des pays du monde, les enfants n'ont jamais porté de couche-culotte, rappelait ainsi l'anthropologue Meredith Small, dans un entretien au *New York Times* le 12 octobre 2005. Quand il est clair qu'ils ont un besoin à faire, ils s'accroupissent ou alors des bras disponibles les portent au bon endroit en un quart de seconde. » En Afrique, les enfants se promènent les fesses à l'air. En Chine, ils ont un trou à leur culotte. En Inde, ils restent collés au corps de leur mère, qui, du coup, pressent instinctivement quand ils veulent se soulager.

Ce « mouvement de libération de la couche-culotte », comme le surnommait un article du *Monde* en date du 14 décembre 2005, est aussi en opposition par rapport aux deux méthodes qui ont successivement prévalu en Occident en matière de propreté infantile. D'une part, la méthode coercitive, utilisée dans les années 1930 à 1950 (enfants attachés au pot sitôt qu'ils sont en âge de s'asseoir, punitions, insertion de bout de savons dans le rectum pour stimuler le réflexe d'expulsion et autres horreurs...). D'autre part, depuis les années 1960, le règne de la « couche-culotte », censée symboliser la liberté pour l'enfant et pour les parents – avec un âge officiel de la maîtrise des sphincters (donc, du début conseillé de la mise sur le pot) situé entre 2 et 3 ans. Signe généralement admis que l'enfant est « prêt » : il sait monter et descendre debout les escaliers, aux dires unanimes des pédopsychiatres. En attendant, rien ne sert de se presser : les couches, devenues si absorbantes que l'enfant ne sent même plus vraiment qu'il s'est sali, sont là pour soulager l'emploi du temps de la mère de famille débordée. Cette méthode simplissime n'est pas sans compter quelques inconvénients : érythèmes fessiers et problèmes plus ou moins prononcés lors du sevrage de la couche, dont il faut bien, un jour, apprendre à se défaire...

Les promoteurs de l'HNI défendent une tout autre philosophie. « Je crois que les humains ne sont pas "programmés" pour se faire dessus. Aucun mammifère ne souille son nid ou sa couche, c'est une question de survie de l'espèce, déclare Nathanaëlle Bouhier-Charles, également parent-ressource à la Maison de l'enfant, association de promotion de l'éducation sans violence fondée en 1998 par Catherine Dumonteil-Kremer et pratiquante – partielle – de l'HNI. Dès sa naissance, le bébé est conscient de ses besoins d'élimination, au même titre que le besoin de nourriture et de chaleur. Si on lui met des couches, il cessera vite d'être conscient de ce besoin, dont il devra réapprendre les signaux à l'âge de l'acquisition de la propreté. Mais si on l'habitue très tôt (en commençant de préférence avant ses 4 mois) à ne pas porter de couches et à se soulager dans un contenant quelconque, il sera tout à fait capable de se retenir quelques instants, le temps que sa mère ou la personne qui s'occupe de lui le prenne pour le placer dans la position d'élimination. »

Selon Ingrid Bauer, la pratique de l'HNI repose sur quatre outils combinés. Le premier : le repérage des rythmes du bébé. On observe dans la journée de son nourrisson à quels moments il fait ses besoins (au lever, au milieu de la tétée, dans la soirée...) et on prend les devants en lui proposant le pot ou les toilettes à ces moments-là. Sur DiaperfreeBaby.org, site américain de promotion de l'*elimination communication*, les positions pour tenir un bébé qui ne sait pas s'asseoir sont décrites (au-dessus du lavabo, le dos de l'enfant posé sur le ventre de la mère ou assis sur les toilettes entre les jambes d'un adulte, par exemple) [1]. Deuxième outil : l'observation des signaux de l'enfant, tels une grimace, un regard concentré, un couinement particulier, une émission de gaz... À chaque bébé son propre code... plus ou moins facile à déchiffrer ! Troisième clé : l'intuition des parents, qui peut leur permettre d'intervenir avant même qu'il y ait eu demande. « Une condition que seul rend possible un maternage très rapproché, avec, de préférence,

1. www.diaperfreebaby.org

*co-sleeping* et portage en écharpe », note Nathanaëlle Bouhier-Charles. Quatrième clé : l'incitation (émission de sons récurrents encourageant le bébé à se soulager une fois en position adéquate, soit par des « psss » pour l'inciter à uriner, soit, par exemple, un grognement pour stimuler la défécation).

Et pour la nuit ? « Dès la naissance de ma fille, je me suis contentée d'une simple épaisseur de polaires et de langes placés sous elle, explique Ingrid Van den Peerebom, de l'association Peau à Peau, "adepte" de l'HNI pour ses deux plus jeunes enfants. Parfois elle dormait toute nue sur une peau de mouton, mais toujours près de moi. Très vite, elle a arrêté de faire pipi la nuit ! » Pas question, toutefois, de parler d'« apprentissage ». « L'élimination des besoins est avant tout un moyen d'être à l'écoute de son enfant, afin qu'il se sente mieux dans son corps, précise Ingrid. En aucun cas, il ne s'agit de dresser l'enfant à la propreté ou de le gronder ou le punir en cas de ratés. » Comme le résume une maman : « L'HNI, c'est comme l'allaitement à la demande, mais pour l'élimination ! »

**Témoignage**

**« Signer avec bébé : un formidable outil pour pratiquer l'HNI ! »**
**Nathanaëlle Bouhier-Charles**

« Pour moi, l'HNI, c'est avant tout de la communication. C'est repérer les signaux de l'enfant. C'est même par l'HNI que je suis venue aux signes. J'ai appris le signe "pipi" à mon deuxième enfant quand il avait 5 mois. Un jour, il avait 10 mois, nous avions fait des courses toute la journée, j'étais lessivée. À tel point que, contrairement à mon habitude, je ne lui ai pas proposé de faire pipi. À peine installé dans la voiture, il s'est mis à chouiner. J'ai compris qu'il avait envie, mais, trop crevée, je lui ai répondu, sans même me retourner, de faire dans sa couche, pour une fois. Mais il insistait. Lorsque enfin je me suis retournée, il signait "pipi" des deux mains ! Je l'ai vite descendu pour le faire se soulager sous un arbre. Il m'a alors adressé un regard de reconnaissance pure que je n'oublierai jamais...

« Pour mon troisième enfant, j'étais bien évidemment très attentive à ses signaux subtils de bébé.

« Aujourd'hui, Lucas a 22 mois. Il dit et signe "pipi", "caca", "potty", "couche", signe "change", il va seul sur son pot, m'entraîne aux W-C, vers un arbre, enlève parfois sa couche tout seul... On se connaît bien, on en rate peu quand on est bien connectés, beaucoup quand je ne suis pas dispo ou que je ne réponds pas de suite... »

**HNI : pour ou contre ?**

Même parmi les maternantes, l'HNI est loin de faire l'unanimité. Si la plupart s'accordent sur ses avantages, ses aspects très contraignants en font reculer plus d'une. Du coup, seules les mamans les plus « avancées » dans leur démarche en faveur d'une parentalité sans violence tiennent la distance. Les autres se rabattent, en tout ou partie, sur les couches (lavables ou bios, voir p. 298).

Avantages de la « communication des besoins » :

– Un renforcement de la relation parents-enfants. « J'ai d'abord réussi à repérer les signaux et le *timing* de ses cacas, et depuis peu j'arrive à comprendre aussi quand elle a besoin de faire pipi. Je trouve ça fabuleux de pouvoir communiquer aussi intimement avec elle ! » s'extasie une maman.

– Un plus grand bien-être de l'enfant. « C'est une véritable satisfaction pour moi de savoir que mes deux plus jeunes n'ont quasiment jamais baigné dans une couche sale, apprécie Ingrid Van den Peereboom. En pratiquant l'HNI, même quand un enfant fait dans sa couche, on le sent plus vite. Du coup, je le changeais juste après. Je pense que c'est quelque chose de chouette pour l'image qu'ils ont de leur corps. Et puis, un petit enfant qui reste tout nu est tout heureux de pouvoir jouer avec son sexe, c'est important aussi ! »

– Des économies substantielles. Trois années de couches représentent une dépense de plus de 2 000 euros... – un peu plus coûteux que l'achat des quelques éponges destinées à effacer les éventuels accidents. Et même si on s'équipe de gadgets (voir encadré, p. 205), c'est encore très appréciable.

– Une pratique résolument écologique. Ne pas porter de couches évite aux petits le contact physique avec des molécules chimiques potentiellement irritantes.

– Une propreté plus rapide. Aux dires de Laurie Boucke, l'HNI permet aux bébés d'obtenir un contrôle approximatif de leurs éliminations vers 12-18 mois et d'être totalement propres dès l'âge de 2 ans.

Contraintes de la pratique :

– Très accaparante. De l'avis de tous, l'HNI nécessite une entière disponibilité de la part des parents (généralement de la mère), une véritable écoute et une patience à toute épreuve. Trois choses auxquelles tout l'amour et toute la bonne volonté du monde ne suffisent pas toujours. « Chez nous, on ne vit pas vraiment sans couches, note Nathanaëlle Bouhier-Charles. J'ai trois enfants rapprochés, je travaille, je réponds au téléphone, il n'y a pas d'autres adultes ou enfants plus grands qui pourraient prendre le relais et emmener mon petit faire pipi si je suis occupée. En outre, je ne suis pas fan de la serpillière et je ne veux pas non plus que des petites surprises dans les coins puissent devenir source de tension ou de ressentiment. » Certaines avouent leur perplexité : « Si j'avais eu une fille, j'aurais essayé, dit Marie-Laure. Au pire, elle aurait fait pipi sur une serviette !

Mais j'ai un garçon, et s'il fait pipi, ce sont les murs qu'il arrose, et je n'ai pas envie de refaire la peinture tous les quinze jours. Alors, pour moi aussi, ce sera couches lavables ! »

– Difficile à pratiquer à l'extérieur. Fuites intempestives ou éclipse aux toilettes tous les quarts d'heure, bébé sous le bras, ne riment pas aisément avec vie sociale. Seuls des très proches (et encore !) prendront à la rigolade un petit pipi (ou pire...) sur la moquette, sur le divan, à table, sur mamie ou sur la bonne copine qui étrenne sa robe toute neuve... Sans compter l'incompréhension théorique : « On m'accuse souvent plus ou moins ouvertement de vouloir dresser mon gamin au pot bien avant l'heure, ce qui n'est pas vrai ! » s'énerve une maman. Du coup, dans les lieux publics, chez des amis ou en vacances, la couche est généralement de rigueur...

**Le parfait équipement du bébé HNI**

L'HNI, ce n'est pas juste vivre d'amour et de fesses à l'air. Il y a toute une logistique derrière, ce qu'ont bien compris les fabricants de produits « nature ». Pantalons avec fond amovible, robes longues spéciales resserrées en bas, pot taille lilliputien adapté au fessier d'un nouveau-né (facile à glisser dans un sac à main !), serviettes imperméables spéciales à placer sous le postérieur de bébé la nuit... Sans oublier les fameuses « babylegs », sortes de chaussettes géantes montant jusqu'en haut des cuisses pour tenir les petites jambes au chaud, tout en laissant le derrière à découvert.

**Mon doudou ? C'est maman !**

Serait-ce parce que leurs besoins profonds ont effectivement été mieux écoutés ? Les bébés maternés se passent beaucoup plus couramment que les autres des objets dits « transitionnels » (doudou, nounours, tétine...) ou des gestes transitionnels (pouce à la bouche). C'est le résultat d'une étude troublante réalisée en 2004, à partir d'un questionnaire publié dans une revue internationale de maternage, *The Compleat Mother*. Sur les 275 mères qui ont répondu, 91 % ont dit pratiquer l'*attachment parenting*, pour la plupart avec un allaitement exclusif et/ou prolongé (l'âge moyen du sevrage était de presque 3 ans). On a demandé aux participantes si leur enfant avait ou avait eu un objet transitionnel, et lequel. 48,7 % des mères ont déclaré que leur enfant les utilisaient comme objet de câlin, à commencer par leur sein. Seuls 18,2 % des enfants utilisaient un objet transitionnel traditionnel (doudou, tétine ou pouce). Un chiffre extrêmement bas, comparé aux 50 à plus de 60 % d'utilisation généralement relevés dans une population occidentale standard... [1].

## V – ÉDUQUER SES ENFANTS SANS VIOLENCE

Jusqu'à la Première Guerre mondiale, les parents avaient un quasi-droit de vie ou de mort sur leurs enfants. L'Ancien Régime regorge de fils et de filles jetés au cachot et oubliés jusqu'à leur mort entre ces quatre murs, sur simples « lettres de cachet ». De même, les bagnes pour enfants, de sinistre mémoire, du XIX^e^ siècle étaient plus souvent le fait d'une décision unilatérale du chef de famille que d'une justice extérieure et

1. GREEN, Katherine E., GROVES, Melissa M. et TEGANO, Deborah W., « Parenting practices that limit transitional object use : an illustration » (La pratique du maternage limite l'utilisation d'objets transitionnels : exemple), *Early Child Development and Care*, 2004.

éclairée. Ce n'est qu'en 1935 que ce droit quasi discrétionnaire d'internement et d'enfermement est restreint, et en 1958 qu'est enfin aboli le « droit paternel d'incarcération pour correction ». Mais, d'une manière générale, en matière de châtiments corporels « ordinaires », la justice est réticente à intervenir dans ce qui lui paraît relever de la stricte intimité des familles.

D'ailleurs, si les premières tentatives pour réduire la violence envers les enfants remontent au XVIIe siècle, elles ne concernaient alors que l'école. En 1834, première nationale : le ministre Guizot promulgue un statut de l'université stipulant que « les élèves ne pourront jamais être frappés ». Cette interdiction est restée pour ainsi dire lettre morte jusqu'en 1887, où une circulaire du ministère de l'Instruction interdit « absolument » d'infliger quelque châtiment corporel que ce soit aux élèves. Mais l'efficacité de ces lois est battue en brèche par les tribunaux, qui continuent à reconnaître aux maîtres et éducateurs le droit de corriger les enfants placés sous leur responsabilité, dans la mesure où il n'y a pas « excès ». Et en 1990, 44 % des maîtres du primaire avouaient encore donner quelquefois des fessées.

Pour que la loi anti-fessées entre enfin de manière ferme dans les écoles, il faut attendre la circulaire du ministère de l'Éducation nationale du 6 juin 1991, qui stipule : « École maternelle : aucune sanction ne peut être infligée. Un enfant momentanément difficile pourra, cependant, être isolé pendant le temps, très court, nécessaire à lui faire retrouver un comportement compatible avec la vie du groupe. École élémentaire : tout châtiment corporel est strictement interdit. »

Mais dans les familles, pas question, encore, pour la loi française, de s'immiscer trop avant. Bien que la France ait signé et ratifié la Convention relative aux droits de l'enfant, entrée en application le 6 novembre 1990 et dont l'article 19 demande à tous les États de « protéger l'enfant contre toute forme de violence, d'atteinte ou de brutalités physiques ou mentales », aucune législation nationale n'a, pour le moment, relayé cet engagement européen.

Le code pénal (article 222-13) prévoit pourtant que les coups, même sans blessures et quel que soit le mobile qui les a inspirés, sont punissables d'amendes et de peines de prison, pénalités aggravées lorsque les victimes ont moins de quinze ans et lorsque les coups sont donnés par des ascendants. L'article 312 du même code promet quant à lui des punitions à « quiconque aura volontairement porté des coups à un enfant âgé de moins de 15 ans ou aura commis à son encontre des actes de violence ou voies de fait ». Mais il ajoute : « à l'exclusion des violences légères ». « Ce qui revient à justifier la violence éducative ordinaire », accuse Olivier Maurel, fondateur de l'Observatoire de la violence éducative ordinaire (OVEO). Et il poursuit : « Paradoxalement, en France, l'ancienne défenseure attitrée des enfants, Claire Brisset, estimait que la situation n'est pas mûre pour demander une interdiction de la violence éducative. Nous attendons beaucoup de sa remplaçante, Dominique Versini. De même, Boris Cyrulnik, très influent dans les milieux liés à l'enfance, s'est déclaré publiquement opposé à une loi d'interdiction qui, d'après lui, aggraverait les violences verbales. »

Conséquence : d'après une enquête réalisée en 1999 par la Sofres pour des associations anti-fessées, 54 % des parents disent donner « souvent » des fessées à leurs enfants. 16 % seulement des parents déclaraient ne pas les frapper, ce qui équivaut à dire qu'au minimum 84 % les frappent. D'ailleurs, 85 % des enfants disent avoir reçu gifle, tape ou fessée... Et cela bien que 45 % des personnes interrogées pensent que les châtiments corporels ont des conséquences négatives.

Pourtant, sous ces chiffres *a priori* accablants, l'esprit de 1968 et les écrits des psychanalystes Françoise Dolto et Alice Miller sont bien passés par là. Leur première victime a été la « raclée » parentale. Depuis 1984, le martinet, naguère instrument habituel des foyers français, est interdit d'utilisation sur les enfants.

Mais c'est loin d'être suffisant pour les partisans de l'interdiction pure et simple de toutes les punitions corporelles. Depuis plusieurs années, le mouvement s'organise. L'OVEO, créé en 2005, compte dans son Comité de parrainage une trentaine de personnalités influentes du monde de l'enfance : sociologues, psychologues, écrivains, sages-femmes, militants d'une parentalité sans violence, pédopsychiatres, magistrats, journalistes, médecins... Depuis 2004, l'association La Maison de l'enfant a repris l'initiative lancée aux États-Unis en 2001 de « No spank day » (« Journée sans fessée »), rebaptisée depuis « Journée de la non-violence éducative » et fixée au 30 avril de chaque année. Par ailleurs, l'« Appel pour la protection des enfants contre toute forme de violence », lancé en février dernier par l'OVEO, avait été signé, en juillet 2007, par 131 associations, pour la plupart liées de près ou de loin au maternage proximal. De son côté, le Conseil de l'Europe, qui prône lui aussi la « tolérance zéro » en matière de claques et fessées pour ses 47 États membres, devait lancer à la rentrée 2007 une campagne sur l'interdiction des châtiments corporels, assortie d'un programme d'action intitulé « enfance et violence ».

**Les pays qui ont interdit les châtiments corporels**

**Suède (1979) ; Finlande (1983) ; Norvège (1987) ; Autriche (1989) ; Chypre (1994) ; Danemark (1997) ; Lettonie (1998) ; Lituanie (1998) ; Croatie (1999) ; Bulgarie (2000) ; Allemagne (2000) ; Israël (2000) ; Islande (2003) ; Roumanie (2004) ; Ukraine (2004) ; Hongrie (2005) ; Grèce (2007) ; Pays-Bas (2007) ; Portugal (2007) ; Nouvelle-Zélande (2007).**

**Alice Miller, LA référence anti-violence éducative**

Les écrits de la psychanalyste suisse Alice Miller sur la violence, qui caractérise souvent, selon elle, la relation parents-enfants, et sur ses conséquences, sont depuis plus de vingt ans le pivot de la lutte contre la violence éducative ordinaire. Née en Pologne en 1923, psychanalyste et enseignante jusqu'en 1980, elle rompt avec la psychanalyse en 1988, en désaccord frontal avec la vision de l'enfant développée par celle-ci : un être dont les fantasmes, notamment sexuels, orientent l'ensemble des expériences. Pour Alice Miller, contrairement à ce que pensait Freud, l'enfant est innocent, et ce sont les violences, notamment physiques, et les humiliations éducatives dont il est victime qui le pervertissent. Dans ses nombreux ouvrages, Alice Miller décortique l'influence et le retentissement psychosomatique des années d'enfance. Dans son livre le plus retentissant, *C'est pour ton bien*, elle se penche sur les cas d'Adolf Hitler, d'un *serial killer* et d'une jeune fille droguée et prostituée. Sa thèse : c'est la violence de leur éducation qui les a conduits à leur destin criminel ou tragique. Elle traitera aussi d'autres despotes sanguinaires du XXe siècle : Staline, Ceauşescu, Mao Zedong, Milošević et Saddam Hussein, toujours sous l'angle de la violence subie contre la violence donnée. Explication, selon elle : la violence éducative entraîne chez celui qui la reçoit une « cécité émotionnelle » qui le fera, plus tard, reproduire, parfois au centuple, les sévices dont il aura été victime.

Alice Miller va plus loin encore et estime qu'aucune punition n'est jamais bénéfique, car elle n'enseigne à l'enfant que le simple fait que celui qui l'inflige n'est pas content. Par la punition, l'enfant n'apprend pas qu'il doit réparer son erreur ni comment le faire. Elle s'oppose pourtant aussi à une éducation trop permissive, qui serait angoissante pour l'enfant.

**Principes des « parents conscients »** [1]

**(concept développé par la psychologue Aletha Solter)**

1. Les parents conscients comblent les besoins de leurs enfants (par exemple, le besoin de contact physique). Ils n'ont pas peur de « gâter » leurs enfants.

2. Les parents conscients acceptent toutes les émotions et ils écoutent sans jugement les sentiments de leurs enfants. Ils savent qu'ils ne peuvent pas empêcher les sentiments de tristesse, de colère ou de frustration chez les enfants et ils n'essaient pas d'arrêter la libération, par les pleurs et les colères, d'émotions pénibles.

3. Les parents conscients donnent des stimulations (jouets, livres, expériences, etc.) qui correspondent aux intérêts et au stade de développement de leurs enfants. Ils leur font confiance quant à leur manière d'apprendre. Ils n'essaient pas d'accélérer le développement naturel de leurs enfants.

4. Les parents conscients encouragent l'apprentissage des nouvelles compétences, mais ils ne portent pas de jugement sur les accomplissements des enfants en usant de reproches ou de compliments.

5. Les parents conscients passent du temps chaque jour avec leurs enfants pour leur accorder une attention complète. Pendant ce temps, ils observent, écoutent, répondent et se joignent aux jeux de leurs enfants (s'ils y sont invités), mais ils ne dirigent pas les activités.

6. Les parents conscients protègent leurs enfants des dangers réels, mais ils n'essaient pas de leur éviter toutes les fautes, tous les problèmes, ni tous les conflits.

---

1. Cet article se trouve sur le site du Aware Parenting Institute (www.awareparenting.com).

7. Les parents conscients encouragent leurs enfants à résoudre leurs propres problèmes et ils les aident seulement si c'est nécessaire. Ils n'essaient pas de résoudre eux-mêmes les problèmes de leurs enfants.

8. Les parents conscients établissent des limites raisonnables, ils indiquent les comportements acceptables d'une façon respectueuse et ils tiennent compte des besoins de chacun pour la résolution des conflits. Ils n'utilisent ni récompenses, ni menaces, ni punitions pour contrôler leurs enfants.

9. Les parents conscients essaient de combler leurs propres besoins et ils acceptent leurs propres sentiments. Ils ne se sacrifient pas jusqu'à en éprouver de la rancœur.

10. Les parents conscients essaient de comprendre comment leurs propres traumatismes d'enfance les handicapent dans leur relation avec leurs enfants et ils tâchent d'éviter de blesser leurs enfants d'une manière semblable.

## Le débat : pour ou contre les punitions ?

Depuis Dolto, il est difficile de trouver des spécialistes de l'enfance qui prônent encore les châtiments corporels comme méthode éducative. Une poignée d'entre eux les tolère en cas d'insubordination manifeste et/ou répétée : le psychiatre Patrick Delaroche, la sociologue Judith Lazar ou encore les psychanalystes Christine Brunet et surtout Christiane Olivier. « Arrêtons de montrer du doigt ceux qui, de temps en temps, donnent une petite claque à leur enfant, s'insurge cette dernière dans une interview sur le site du magazine *Psychologies*. Quand la parole ne suffit pas, une fessée peut être utile. Il y a une différence énorme entre une petite claque éducative et le fait de battre un enfant quand on est en colère. Si un enfant ne veut pas sortir du bain, on lui dit une fois, deux fois et, à la troisième, on lui donne une petite claque : c'est de l'éducation. Si on le laisse deux heures et qu'on en vient à le tirer par les cheveux, c'est de la violence. »

Au cours d'un entretien avec les lecteurs du *Monde* en date du 22 septembre 2005, la pédiatre Edwige Antier se déclarait catégoriquement opposée à toute notion de punition avant 7 ans. Avant cet âge, dit-elle, un enfant a certes besoin de limites, mais il ne peut s'agir que d'un accompagnement : « Soit [les punitions] aggravent la turbulence car elles endurcissent l'enfant, qui prend l'habitude de vous braver, soit elles l'éteignent et le transforment en un enfant trop soumis qui perd de sa curiosité. » Même discours, en France chez les psychologues Isabelle Filliozat et Anne Bacus, pour ne citer qu'elles, comme chez les apôtres américains de la communication non violente, tels Thomas Gordon, Marshall Rosenberg ou le couple Steve et Shaaron Biddulph.

Bref, la punition elle-même a mauvaise presse. Les maternantes font tout leur possible pour l'éviter au maximum, de même que les cris, voire les récompenses. Sur les forums de discussion, elles s'échangent assidûment leurs trucs et astuces pour y parvenir, à grands renforts de métaphores culinaires : « On peut se dire que l'enfant est comme une casserole sur le feu : quand ça commence à bouillir et à éclabousser au-dehors, il y a des gens qui vous conseillent de "mettre un couvercle et de le maintenir", peut-on ainsi lire sur une discussion du site Magic Maman. Là, on pourra se dire "chouette, ça marche, ça n'éclabousse plus !"... mais on se rendra vite compte qu'au bout d'un certain temps, ça crame au fond de la casserole, sauf qu'on ne le voyait pas, à cause du couvercle. Alors on se rend compte qu'il aurait fallu bien laisser s'échapper la vapeur et non essayer de la contenir dans la casserole, cuire à feu plus doux, mettre plus de matière grasse au fond... Pour la fessée (et les punitions) c'est pareil : ça marche, ça "n'éclabousse plus", mais on ne résout rien. On n'essaie pas de comprendre pourquoi ça bout, on n'apprend pas à l'enfant comment et pourquoi il faut bien se conduire, on lui apprend uniquement à obéir sous la contrainte. Et quand ça bout à l'intérieur, quand à l'adolescence ça a attaché au fond... c'est dur de nettoyer la "casserole". »

Si la prohibition des châtiments corporels semble, de manière unanime, l'objectif à atteindre, les débats font néanmoins rage, même au sein de la communauté maternante, sur celle des punitions dans leur ensemble. « Je compte limiter au minimum les punitions et les récompenses. Mais cela peut être utile dans certains cas, je ne suis pas à 100 % contre, en fait. En revanche, par les parents et personne d'autre », précise Gabrielle. « Pas de punition genre copier des lignes ou des trucs comme ça. Mais réparer, demander pardon et s'isoler quelques minutes pour reprendre son calme, ça oui », confie Yaële. D'autres sont moins tranchées. « Sans récompense ? Je ne vois pas trop. Disons que je ne vais pas l'acheter avec des images, mais la féliciter quand elle fait un truc bien, ça me paraît naturel », affirme Chloé.

Que ce soit parmi les professionnels ou les mamans, le débat n'est pas tranché entre les partisans et les détracteurs du *time out*, ou mise à l'écart temporaire de l'enfant en cas de faute. Le laisser seul ou non ? porte fermée, entrebâillée ou grande ouverte ? en silence ou non ? pour quelle durée et sous quelle optique ? Aux partisans de l'isolement ferme, pour quelques minutes (Judith Lazar [1], Didier Pleux [2]...), et à ceux de la simple pause de réflexion bien comprise (Edwige Antier ou l'Américaine Margot Sunderland), se heurtent ceux qui réfutent catégoriquement ce mode de sanction (Aletha Solter ou Catherine Dumonteil-Kremer notamment), l'estimant humiliante et inutile.

Il est certaines fois où, l'énervement et la fatigue se mêlant à un vécu personnel parfois douloureux, la maman la plus maternante, la plus fermement opposée à la violence éducative, dérape et où sa main s'élève toute seule sur la chair de sa chair.

---

1. LAZAR, Judith, *Punir, pour quoi faire ?*, Flammarion, 2004.
2. PLEUX, Didier, *Manuel d'éducation à l'usage des parents d'aujourd'hui*, Odile Jacob, 2006.

Quelle maternante n'a pas connu le lourd sentiment d'échec et de culpabilité induit par ce geste ?

En réalité, l'éducation non violente implique souvent un travail sur soi-même. Et, tout comme les gestes de base du maternage, elle ne vient pas forcément tout de suite, mais est le fruit d'un cheminement parfois très long. « Pour mon premier, j'ai reproduit le schéma parental, assez dur, témoigne Emmanuelle Sallustro, créatrice du site Maternage. Mon aîné a pris des fessées. Dans ma tête, il fallait punir, corriger. Ce n'est qu'après le troisième que j'ai pris conscience de beaucoup de choses. Quand l'enfant nous pousse à bout, il ne fait que refléter la partie agressive de notre personnalité. Aujourd'hui, ça fait deux ans que je n'ai pas levé la main, ni simplement crié sur mes enfants. Le plus dur à corriger, c'est de ne pas être cassant en paroles. » Et Ingrid Van den Peereboom se souvient, avec émotion : « J'ai frappé mon troisième enfant, à un moment où j'étais très mal dans ma peau. J'ai alors suivi une formation éco-tactile avec Catherine Dumonteil-Kremer, ce qui m'a beaucoup aidée. » Bérengère, maman d'une petite fille de 2 ans : « Je n'ai jamais donné de fessée et ne compte pas en donner, mais j'avoue avec beaucoup de remords que j'ai déjà donné deux tapes sur la main parce que Calliste me griffait et n'arrêtait pas malgré mes demandes. C'était sous le coup de la colère, mais ensuite je me suis excusée. » Sophie, elle, fréquemment battue par sa mère dans son enfance, a dû faire un long travail sur elle-même avant de pouvoir élever ses deux petits garçons dans la non-violence éducative qui lui tient si fort à cœur.

**Les enfants du « docteur Spock » : une génération sans repères ?**

Benjamin Spock, pédiatre, psychiatre et psychanalyste américain, est mis depuis trente ans au banc des accusés pour avoir fait connaître à l'éducation parentale une dérive similaire à celle du vaisseau fréquenté par son homonyme aux oreilles pointues dans la série *Star Trek*. Cet ancien champion olympique de rame, ardent militant contre la guerre du Viêtnam et les recherches nucléaires, écrit en 1946 le premier guide d'informations sur la puériculture, les pathologies et la psychologie de l'enfant : *Baby and Child care* (*Comment soigner et éduquer son enfant*) [1]. Cet ouvrage, avec plus de 50 millions d'exemplaires vendus, traduits en une quarantaine de langues, est l'un de ceux qui se sont le mieux vendus après la Bible. Autant dire qu'une génération entière, dans l'ensemble des pays occidentaux, a été élevée à la doctrine spokienne.

Que dit-il ? Dans ce guide comme dans les suivants, Spock se livre à un travail d'information et de vulgarisation de la psychanalyse sur le développement de l'enfant. Surtout, il s'attache à rassurer les parents sur leurs compétences, réhabilitant l'affection, la tolérance, le respect de la personnalité, longtemps mis à mal par le mouvement behavioriste. Selon lui, l'éducation brime, tyrannise, déforme les petits. Face aux transgressions de l'enfant, il préconise non seulement l'abolition des châtiments corporels, mais aussi de toute forme de punition. Bref, il se fait l'avocat d'une discipline sans violence. Cependant, nombreux ont été les parents à avoir pris au pied de la lettre les conseils et à n'avoir imposé aucune limite à leurs enfants. Dans des millions de foyers, le « laisser dire » et le « laisser faire » ont pris le pas sur l'éducation et sur l'encadrement, dans toutes les circonstances. Ce qui fait que Spock, dès les années 1970, est accusé d'inciter les familles à l'absolue

---

1. Spock, Benjamin, *Comment soigner et éduquer son enfant ?*, Belfond, 1979.

permissivité, à la démission, et d'être à l'origine de la figure décriée des sociétés industrialisées : l'enfant-roi.

Ses détracteurs, désormais aussi nombreux qu'ils l'avaient été quelques années plus tôt à le suivre, font peser sur lui la responsabilité de la hausse de la délinquance, de la dégradation des mœurs et de la violence chez les jeunes. « La génération Spock, celle des trentenaires d'aujourd'hui, élevée dans le laxisme, la surconsommation et la désaffection paternelle, est désenchantée, désinvestie et profondément angoissée », estime la sociologue Bernadette Bawin-Legros[1].

Le psychiatre Boris Cyrunik n'est pas plus tendre. Dans une interview accordée au *Nouvel Observateur* le 19 février 2004, il dit : « La génération élevée selon les principes du fameux docteur Spock [...] a créé des catastrophes comportementales. Je vois souvent en thérapie des enfants de parents trop gentils. Leur phrase type c'est : mes parents se foutaient pas mal de moi, je pouvais faire tout ce que je voulais. C'est-à-dire que l'idéologie de la liberté a été éprouvée par ces enfants comme une carence affective. »

Quant au psychologue Didier Pleux, il considère que la méthode massivement adoptée par les parents maternants est un retour aux idées de Spock et s'en inquiète : « Aux États-Unis, la génération Spock a produit deux générations de gros, de tarés et de dopés. Recroire en des choses comme ça en 2007, c'est un peu dramatique », assène-t-il. Une thèse à laquelle s'oppose catégoriquement Olivier Maurel, fondateur de l'OVEO, qui se félicite toujours d'avoir élevé ses cinq enfants selon la pensée de Spock. « Il y a un malentendu fondamental sur celui-ci, estime-t-il. Les enfants de cette génération ont été livrés à eux-mêmes, sans aucun repère, dans une surconsommation totale. Être parent conscient, c'est au contraire accompagner son enfant dans toutes ses acquisitions, ce n'est certainement pas l'absence de règles ! »

1. BAWIN-LEGROS, Bernadette, *Génération désenchantée : le monde des trentenaires*, Payot, 2006.

Olivier Maurel ne veut garder de Spock que sa condamnation sans appel de la fessée. Nombre des détracteurs du pédiatre américain rappellent, eux, comme preuve du bien-fondé de leurs critiques, le fait que le maître à penser de l'éducation non violente a édulcoré son discours au soir de sa vie, insistant, dans ses dernières publications, sur les limites nécessaires à opposer aux désirs démesurés du jeune enfant.

# Bibliographie


**Pour ou contre ?**

BIDDULPH, Steve et Shaaron, *Le Secret des enfants heureux*, Marabout, 2006.

COLLECTIF, *Grandir autrement*, hors-série n° 1 : L'éducation non violente, février 2007.

DELAROCHE, Patrick, *Parents, osez dire non !*, Pocket, 2007.

DIDIERJEAN-JOUVEAU, Claude-Suzanne, *Pour une parentalité sans violence*, Jouvence, 2002.

DUMONTEIL-KREMER, Catherine et CHARTRON, Delphine, *Élever son enfant... autrement*, La Plage, 2003.

DUMONTEIL-KREMER, Catherine et CHARTRON, Delphine, *Poser des limites à son enfant et le respecter*, Jouvence, 2004.

DUMONTEIL-KREMER, Catherine et CHARTRON, Delphine, *Jouons ensemble... autrement. Améliorer nos relations par le jeu*, La Plage, 2007.

FABER, Adele et MAZLISH, Elaine, *Parler pour que les enfants écoutent et écouter pour que les enfants parlent*, Relations Plus, 2006.

FILLIOZAT, Isabelle, *Au cœur des émotions de l'enfant*, Marabout, 2007.

GORDON, Thomas, *Éduquer sans punir : apprendre l'autodiscipline aux enfants*, Les Éditions de l'homme, 2003.

GORDON, Thomas, *Parents efficaces : une autre écoute de l'enfant*, Marabout, 2007.

HARDY, Sarah, *Les Instincts maternels*, Payot, 2004.

MAUREL, Olivier, *La Fessée*, La Plage, 2004.

MILLER, Alice, *Le Drame de l'enfant doué*, PUF, 1992.
MILLER, Alice, *Abattre le mur du silence*, Aubier-Montaigne, 1992.
MILLER, Alice, *Images d'une enfance*, Aubier-Montaigne, 1992.
MILLER, Alice, *L'Enfant sous terreur*, Aubier-Montaigne, 1993.
MILLER, Alice, *La Souffrance muette de l'enfant*, Aubier-Montaigne, 1993.
MILLER, Alice, *La Connaissance interdite*, Aubier-Montaigne, 1993.
MILLER, Alice, *Chemins de vie – Sept Histoires*, Flammarion, 1998.
MILLER, Alice, *C'est pour ton bien*, Aubier-Montaigne, 1998.
MILLER, Alice, *Libres de savoir : ouvrir les yeux sur notre propre histoire*, Flammarion, 2001.
MILLER, Alice, *L'Avenir du drame de l'enfant doué*, PUF, 2003.
MILLER, Alice, *Notre corps ne ment jamais*, Flammarion, 2004.
OLIVIER, Christiane, *Enfants-rois, plus jamais ça*!, Publibook, 2007.
PLEUX, Didier, *De l'enfant roi à l'enfant tyran*, Odile Jacob, 2006.
PLEUX, Didier, *Manuel d'éducation à l'usage des parents d'aujourd'hui*, Odile Jacob, 2006.
ROSENBERG, Marshall B., *La Communication non violente au quotidien*, Jouvence, 2003.
ROSENBERG, Marshall B., *Les mots sont des fenêtres (ou bien ce sont des murs) : introduction à la communication non violente*, La Découverte, 2005.
ROSENBERG, Marshall B., *Enseigner avec bienveillance*, Jouvence, 2006.
SOLTER, Aletha, *Mon bébé comprend tout*, Marabout, 1998.
SOLTER, Aletha, *Pleurs et colères des enfants et des bébés*, Jouvence, 1999.
SOLTER, Aletha, *Bien comprendre les besoins de votre enfant*, Jouvence, 2007.

**En savoir plus sur les bébés aux besoins intenses**
http://bbintenses.bbactif.com/

**Masser son bébé**
http://www.massage-bebe.asso.fr/
http://www.massersonbebe.com/

**Le Baby Sign**
http://signeavecmoi.perso.cegetel.net/

**Le site de Sandrine Monrocher-Zaffarano**
http://s-mz.ovh.org/amp/jhin.php

**Groupe de discussion sur l'hygiène naturelle infantile**
http://fr.groups.yahoo.com/group/ec_francophone/

**Le site d'Ingrid Bauer**
www.natural-wisdom.com

**Les sites de Laurie Boucke**
www.white-boucke.com/reviews/ipfrench.html
www.diaperfreeBaby.org

**Le site des parents conscients**
http://www.parentsconscients.com/

**En savoir plus sur les travaux d'Alice Miller**
http://www.alice-miller.com/index_fr.php

**Sur l'éducation sans violence en général**
http://alterneduc.perso.orange.fr/

# Chapitre 5
# Choisir une instruction alternative

## POUR
## Laure Guinard

### « Les enfants scolarisés à la maison sont au moins aussi bien préparés que les autres à affronter la société ! »

**Psychologue et maman de trois enfants longtemps descolarisés, Laure Guinard est cofondatrice de l'association CISE (Choisir d'instruire son enfant).**

« En pratiquant l'école à la maison, vous entendrez très souvent le reproche que vos enfants manquent de socialisation... Quand vous passerez le contrôle pédagogique, votre inspecteur vous fera remarquer que vos enfants ne sont pas socialisés, même si vous venez de les sortir de l'institution. Que faut-il en penser ?

« Savez-vous que la socialisation n'est ni un concept de la psychologie, ni une théorie de la pédagogie ? Même les théoriciens actuels de l'intelligence sociale n'en parlent pas, car ils s'intéressent à la sociabilité, soit la capacité d'avoir des relations souples avec différentes personnes dans différents contextes. Or, il ne faut pas confondre la sociabilité et la socialisation ! La socialisation, prônée par l'Éducation nationale, n'a rien à voir ni avec l'éducation ni même avec l'instruction ; elle n'est pas un besoin psychologique, ni pédagogique. Mais elle est simplement une idéologie qui vise à rendre tous nos enfants pareils ! La socialisation est un "non" massif à l'individu, à l'originalité, aux parcours atypiques, aux idées nouvelles... Et c'est à l'antipode de relations sociales saines, fondées sur la reconnaissance et l'acceptation des différences !

« La meilleure définition de la socialisation est fournie par les inspecteurs d'académie quand ils notent que nos enfants scolarisés à la maison manquent de socialisation, c'est-à-dire qu'ils ne connaissent pas le bonheur et l'obligation d'apprendre dans une classe de 30 élèves, 200 jours par an ! Manquer de socialisation est donc uniquement défini par le fait de ne pas aller à l'école ! N'est-il pas évident que l'école institutionnelle conclut un peu vite à un besoin affectif et naturel de l'enfant, quand il ne s'agit que d'une contrainte imposée par l'organisation et les finances de la collectivité ?

« Concrètement, les *a priori* sur le manque de socialisation des enfants scolarisés à la maison sont battus en brèche par l'expérience vécue : les quelque 300 enfants de notre association ne vivent aucunement en vase clos et participent à de nombreuses activités extérieures, pour lesquelles ils sont assidus. Ils sont appréciés par leurs professeurs, qui font parfois état de la maturité de leurs comportements. Ils adhèrent volontiers à l'esprit de groupe, mais en gardant un esprit critique, et semblent savoir se défendre si nécessaire. Nos enfants sont donc préparés, au même titre que les autres, à se faire apprécier par le monde des adultes au sein duquel ils devront faire leur place un jour. »

## OUI, MAIS...
## Guy Vincent

### « Intégrer les pédagogies alternatives à l'école publique, oui ! S'instruire en famille, attention danger ! »

**Guy Vincent est professeur honoraire en anthropologie et sociologie à l'université Lumière, Lyon 2, et ancien directeur du Groupe de recherches sur la socialisation. L'un des axes principaux de ses travaux est la « socialisation démocratique », ou tentatives d'insuffler des idées issues des pédagogies alternatives dans l'école publique classique.**

« L'école publique a sérieusement besoin d'intégrer certaines méthodes prônées par les philosophies alternatives d'éducation. En ce début du XXIe siècle, bien que des évolutions aient vu le jour au cours des années (notamment la prise en compte, par la pédagogie institutionnelle, de certaines formes d'apprentissage prônées par Célestin Freinet), l'Éducation nationale est encore trop marquée par la doctrine mise en place sous Jules Ferry, dans les années 1880. À savoir que la transmission des savoirs passe par un apprentissage par cœur de vérités proclamées comme incontestables, dispensées par un enseignant placé hiérarchiquement au-dessus des élèves.

« La "socialisation démocratique", sur laquelle je travaille depuis six ans en collaboration avec un autre groupe de recherches à Montpellier, vise, *a contrario*, à retrouver l'esprit qui prévalait avant la IIIe République, celui des Lumières. Avec un enfant considéré comme un citoyen à part entière, en droit de s'interroger sur la teneur des enseignements qu'on lui dispense et de les discuter le cas échéant. Plusieurs des pratiques des écoles dites "alternatives" nous paraissent tout à fait intéressantes, comme par exemple la ceinture de comportement de la pédagogie institutionnelle (comme dans le judo, l'enfant revêt une ceinture de couleur différente en fonction de son évolution comportementale dans le groupe), ou encore les conseils enseignants-élèves hebdomadaires, dans lesquels sont gérés collégialement fonctionnement de l'école et conflits.

« Cela étant dit, l'idée d'une instruction en famille me semble une aberration. À mon avis, il n'y a de socialisation véritable que par l'école. Déjà, cette pratique repose sur un malentendu de départ : même dans les sociétés traditionnelles, où l'enfant apprenait, c'est vrai, « sur le tas », l'unité sociale de base n'était pas la famille mais le village. De plus, à partir du moment où l'on passe à une société industrielle, fondée sur la non-réduction de l'ordre social à la cellule familiale, il doit y avoir rupture entre le maternage et l'école. Bien sûr, il ne faut pas que ladite rupture soit trop brusque. Cette transition en douceur entre le maternage et l'apprentissage est – normalement – dévolue à l'école maternelle.

« Rester en famille, ce n'est pas de la socialisation, c'est de l'infantilisme. L'être humain est fait pour développer sa raison, pas pour laisser libre cours à ses désirs. Ce serait de la liberté au mauvais sens du terme. Une éducation fondée sur le désir, sur l'envie du moment, n'en est pas une. De plus, le rapport parents-enfants, qui est un rapport affectif par essence, ne se prête pas à l'apprentissage, qui nécessite la neutralité de celui qui dispense le savoir. Faute de s'être frottés à la réalité du monde extérieur, qui n'est pas fondée sur l'affectif, les enfants élevés de cette manière ne deviendront jamais des hommes au sens de "citoyen". Lorsqu'ils sortiront de leur bulle – et tôt ou tard ils y seront contraints –, ils s'exposeront à de grandes fragilités au moindre échec. »

« L'école en France est très dure : la plupart des enfants y sont malheureux, estime Emmanuelle Sallustro. On leur demande une grande concentration, ils sont sanctionnés quand ils dérapent. Je n'allais pas mettre ma fille dans un établissement où quand trois enfants pleurent, il n'y a qu'une paire de bras pour les consoler, où les punitions tombent d'une manière arbitraire. C'est pourquoi j'ai choisi une école Steiner, école alternative qui privilégie l'art et la créativité. »

Rigidité des enseignements et des savoirs, violences, rythmes inadaptés à ceux de l'enfant... : l'école traditionnelle, qu'elle soit publique ou privée, n'a pas bonne presse auprès des maternantes. Mais les critiques qui sont faites au système mis en place en 1880 par Jules Ferry dépassent largement le cadre de l'éducation « consciente ». Il n'est qu'à lire Philippe Meirieu, dans *La Machine-école*[1], pour s'en convaincre : « L'école de la République a perdu son projet fondateur, pour devenir une institution chargée de gérer des flux d'élèves. Une sorte de gigantesque garderie doublée d'une gare de triage [...]. Si les Français qui ont aujourd'hui entre 40 et 50 ans rapetissaient et retournaient à l'école, ils seraient frappés par le fait qu'en dépit de toutes les réformes annoncées, le quotidien de l'enseignement soit resté très largement identique à ce qu'ils ont vécu. Certes les programmes ont un peu changé, le vocabulaire utilisé n'est plus tout à fait le même et des ordinateurs sont présents ici ou là, mais l'organisation de la scolarité et les ressorts essentiels de l'enseignement n'ont pas bougé. L'infantilisation règne toujours autant dans la cour et dans les couloirs, le cours magistral plus ou moins dialogué demeure la forme dominante de communication, le travail en groupe est toujours aussi rare, le recours aux sanctions traditionnelles et punitions collectives est toujours privilégié, les méthodes dites "actives" systématiquement cantonnées à quelques disciplines marginales par quelques enseignants illuminés. Écouter, recopier, apprendre, réciter restent les activités principales...

---

1. MEIRIEU, Philippe et LE BARS, Stéphanie, *La Machine-école*, Gallimard, 2001.

comme suivre des yeux la trotteuse de sa montre en attendant la sonnerie ! L'école change, mais la classe reste. »

Face à ces insuffisances, les écoles alternatives, fondées, elles, sur les besoins de l'enfant, sur une pédagogie par l'action et une démocratie participative, ont furieusement la cote auprès de ces irréductibles, qui refusent que leur progéniture soit broyée par le rouleau compresseur du « mammouth » au million et demi de têtes. Ces parents plébiscitent des pédagogies qui placent l'enfant au centre, en tant qu'acteur responsable de ses apprentissages, qui misent sur la stimulation de l'intérêt individuel bien plus que sur la contrainte, privilégiant la compréhension et le dialogue sur le dogme de cours prémâchés, l'interactivité et l'expérimentation sur l'acquisition silencieuse de vérités autoproclamées, l'accompagnement bienveillant sur l'évaluation systématique, l'acquisition progressive et individualisée sur le programme « à boucler », la pédagogie de projet sur le bachotage de théories, et qui enfin réfutent la suprématie des mathématiques et du français, accordant une large place aux matières artistiques et à l'expression manuelle. Bref, selon l'expression d'une maman, ils réclament une pédagogie qui professe l'ambition de fabriquer des « citoyens du monde », et non simplement de futurs « bons Français ».

## I – La recherche de pédagogies alternatives : une idée vieille de 600 ans

Tout un chacun a eu vent du fameux mot de Montaigne, dès le XVI^e^ siècle : « une tête bien faite vaut mieux qu'une tête bien pleine ». Sans oublier Rabelais et son abbaye de Thélème, première utopie éducative des Temps modernes. Déjà, pour le père de Gargantua, l'enfant devait être « comme un feu qu'on allume et non comme un vase qu'on remplit ». Au XVIII^e^ siècle, Jean-Jacques Rousseau lance un pavé dans la mare en affirmant que l'enfant est au centre de l'acte d'apprendre et que la formation qu'il subit le dénature. Toutes théories mises aussitôt en application par le pédagogue suisse Johann Heinrich Pestalozzi, inventeur de l'éducation populaire en milieu rural.

Il faut néanmoins attendre la fin du XIX^e^ siècle pour que, dans l'ensemble du monde industrialisé, se manifeste un véritable bouillonnement intellectuel en faveur d'un renouveau pédagogique. Dès cette époque, ces expérimentations s'appuient sur les travaux de médecins et de psychologues, qui cherchent à appliquer les découvertes de la science à l'éducation. Dès 1896, le philosophe américain John Dewey crée une école-laboratoire où le maître est un guide et où l'élève apprend en agissant. C'est la naissance de la pédagogie du projet (« learning by doing »), qui deviendra le fer de lance de l'Éducation nouvelle, dont le Manifeste est rédigé dès 1898 par Edmond Demolins, fondateur de l'école des Roches, à Verneuil-sur-Avre.

Entre-temps, cette pédagogie aura été largement expérimentée dans toute l'Europe, dans des pensionnats ou des orphelinats situés à la campagne et, fait inédit dans l'histoire éducative, mixtes. Avec, dès 1889, la création de la New School d'Abbotsholme, en Angleterre, par Cecile Reddie. Avec en France, le socialiste Paul Robin et son « éducation intégrale », puis La Ruche, école libertaire créée en 1904 par Sébastien Faure. « L'école chrétienne, disait Faure, c'est l'école du passé, organisée par l'Église et pour elle ; l'école laïque, c'est l'école du présent, organisée par l'État, et pour lui... l'école de l'avenir, [c'est l'école] organisée pour l'enfant, afin que, cessant d'être le bien, la chose, la propriété de la religion ou de l'État, il s'appartienne à lui-même et trouve à l'école le pain, le savoir et la tendresse dont ont besoin son corps, son cerveau et son cœur. »

À Genève, le médecin et psychologue Édouard Claparède crée en 1912 l'Institut Jean-Jacques Rousseau, école des sciences de l'éducation. Tandis qu'en Pologne le médecin-pédiatre Janusz Korczak fonde en 1912 la première « République d'enfants ». « L'enfant a le droit de vouloir, de réclamer, d'exiger. Il a le droit de progresser. Or, à quoi le restreint l'éducation ? À ne pas faire de bruit, ne pas traîner ses souliers, écouter et exécuter les ordres, ne pas critiquer et croire que tous n'ont en vue que son bien... », écrit Korczak dans *Comment aimer un enfant*[1]. Et, à la suite de la Révolution russe, Anton Makarenko fondait des maisons coopératives pour les orphelins de la guerre civile, avec le projet ambitieux de donner naissance à un « homme nouveau »...

En 1910, on dénombre dix écoles nouvelles en France – elles seront trente-neuf à la veille de la Seconde Guerre mondiale. La guerre de 1914-1918 est en effet, pour tous les pédagogues, le révélateur de la nécessité d'une éducation qui s'adresse à tous dans un autre état d'esprit. 1921 : sur la base de la Charte de l'éducation nouvelle rédigée en 1915 par le psychologue suisse Adolphe Ferrière, la Ligue internationale pour l'éducation nouvelle est créée lors du congrès de Calais en 1921.

Le psychologue et homme politique Henri Wallon a résumé plus tard cet état d'esprit en ces termes : « Ce congrès était le résultat du mouvement pacifiste qui avait succédé à la Première Guerre mondiale. Il avait semblé alors que pour assurer au monde un avenir de paix, rien ne pouvait être plus efficace que de développer dans les jeunes générations le respect de la personne humaine par une éducation appropriée. Ainsi pourraient s'épanouir les sentiments de solidarité et de fraternité humaines qui sont aux antipodes de la guerre et de la violence. » Bref, c'était le début d'une internationale de l'éducation nouvelle... plus que jamais vivace aujourd'hui, sous la forme, depuis 2001, du réseau de la Ligue internationale pour l'éducation nouvelle (LIEN)[2].

---

1. Korczak, Janusz, *Comment aimer un enfant*, suivi de *Le Droit de l'enfant au respect*, Robert Laffont, 1998.
2. http://hmenf.free.fr/article.php3 ?id_article=45

## Finalités et méthodes d'éducation nouvelle [1]

Trois moments caractérisent l'apprentissage dans une classe d'éducation nouvelle :

1. Les projets, à caractère social surtout.

2. Le théâtre quotidien ainsi que l'expression, sous plusieurs formes : textes variés, peinture, musique, sport coopératif, modelage, jardinage.

3. Les apprentissages scolaires importants en auto-socio-construction créative. Les notions clés des programmes sont explorées en « cent visages » par des variations qui différencient les angles d'attaque.

En éducation nouvelle, les valeurs de créativité et de solidarité sont concrètement rencontrées par :

– l'organisation, quotidienne ou à long terme, des apprentissages faits d'une part par les enseignants et d'autre part par l'assemblée générale adultes/enfants en conseil coopératif matinal ;

– la suppression des éléments de compétition tels que les examens, les points, les bulletins, les punitions, les récompenses, afin de faire vivre jusqu'au bout le droit à l'erreur, les dialogues, la coopération en groupes hétérogènes décidés par l'adulte ;

– le couronnement de la scolarité primaire par la présentation d'un chef-d'œuvre pédagogique multidisciplinaire, sorte de projet personnel, préparé avec les autres, prouvant la maîtrise des outils intellectuels de base ;

– la substitution des jeux de coopération aux jeux de compétition ;

– l'invention personnelle des tâches facultatives à domicile (« devoirs au choix ») dont la présentation aux autres le lendemain fait apprendre à tout le monde ;

1. http://freinet.org/educpop/PFPA/gben.html

– le remplacement des classes transplantées – souvent difficiles à assumer financièrement par certaines familles – par trois jours à l'école et/ou par des classes de solidarité ;

– les réunions de parents sous forme de recherche, dont la première a lieu le jour de la rentrée (N.B. les parents sont informés des apprentissages réalisés au jour le jour) ;

– le décloisonnement des classes d'âges. Les élèves apprennent tantôt dans leur groupe d'âge, tantôt en trios composés d'un petit, d'un moyen, d'un grand, tantôt suivant d'autres regroupements favorables à l'apprentissage ;

– l'entraînement à la non-violence : l'espace libre pendant les récréations, l'éradication de la violence institutionnelle issue de la compétition, l'usage de la boîte à dispute pour régler les différends interpersonnels ;

– l'ouverture au quartier, aux écoles normales et autres visiteurs, l'habitude d'apprendre en groupes autonomes dispersés, pour un temps, dans différents endroits sans adultes ;

– la préférence, quand cela est possible, de quitter les grands bâtiments scolaires, souvent anonymes, pour des maisons occupées de la cave au grenier par une cinquantaine d'enfants et deux ou trois adultes, de-ci, de-là dispersées dans les quartiers.

## II – SECTEUR PRIVÉ : LE GRAND FOURRE-TOUT DES PÉDAGOGIES, DES PLUS SÉDUISANTES AUX PLUS IMPROBABLES

Force est de reconnaître que les parents, maternants ou non, désireux d'opter pour une école « différente » se retrouvent projetés en terrain inconnu... pour ne pas dire miné. Confrontés à une véritable jungle de plus d'une centaine d'établissements « alternatifs », accueillant environ 20 000 élèves, de la maternelle au collège, et plus rarement au lycée.

Sans compter tous les instituteurs ou professeurs pratiquant une pédagogie « nouvelle » dans des établissements classiques. Ce qui doublerait peu ou prou le nombre d'élèves concernés, selon Roger Auffrand, fondateur de la revue *Possible* consacrée aux alternatives éducatives.

Cruelle ironie de l'histoire : la quasi-totalité des pédagogues de l'éducation nouvelle se situaient politiquement à gauche, voire à l'extrême gauche. Ils rêvaient d'un enseignement démocratisé, ouvert aux couches populaires. Mais l'arrivée de pratiques davantage centrées sur les élèves provoqua une farouche levée de boucliers de la part de l'Éducation nationale. Pour survivre, les écoles « alternatives » se sont réfugiées presque exclusivement dans le secteur privé... Devenant l'apanage d'une petite poignée de familles privilégiées, capables de payer entre 1 500 et parfois plus de 4 000 euros l'année de scolarité de chacune de leurs chères têtes blondes.

Qui plus est, la plupart de ces établissements sont hors contrat, c'est-à-dire placés en dehors de tout contrôle de l'État sur leurs programmes – et sans obligation aucune quant à leurs résultats. Or, mis à part les grands courants pédagogiques présentés ci-après, dont les méthodes sont de notoriété publique et les résultats concrets relativement faciles à apprécier, la plus grande partie des écoles « alternatives » s'apparentent à un vaste fourre-tout idéologique, pas franchement labellisé : écoles « ouvertes », « communautaires », « familiales », « à horaires aménagés », écoles « itinérantes » ou « du voyage » (« en bateau, péniche ou roulotte, à pieds, à dos d'âne, en barque, à vélos, en bus ou Land-Rover », ironise Roger Auffrand sur son site [1])... Il y en a pour tous les goûts (mais, encore une fois, pas pour toutes les bourses). « D'inévitables bricoleurs, margoulins, assoiffés de pouvoir, lobotomisés diplômés MBA et autres agités, ne prennent que la marque "école alternative" – avec ou sans fran-

1. http://ecolesdifferentes.free.fr/

chise – parce qu'il leur semble que c'est furieusement tendance comme concept, et que ça peut servir à faire passer la soupe réchauffée, et à vendre plus cher la garderie avec ou sans le diplôme grigri en option, dénonce Roger Auffrand. En saupoudrant d'une pincée de spiritualisme-spiritisme-écolo-développement-personnel-new-age, d'une cuillerée de sports extrêmes et/ou orientaux, et d'une louche d'œcuménisme tout-le-monde-il-est-beau-il-est-gentil, méditation et concert de gongs en option. Avec un nuage d'échanges internationaux, sans oublier quelques grumeaux d'Internet. »

D'où la nécessité, pour les familles tentées par l'une de ces pédagogies, qui toutes affirment vouloir placer l'enfant au centre de leurs préoccupations, de se livrer à quelques vérifications avant de signer, surtout dans une école détachée de toute obligation envers l'Éducation nationale, de participer aux journées portes ouvertes, de rencontrer l'équipe éducative, d'interroger les parents d'enfants qui y sont déjà scolarisés, de demander à lire le projet pédagogique... « Attention aux dérives sectaires ! » prévient le Centre information et documentation jeunesse (CIDJ) dans sa brochure consacrée aux « écoles différentes » [1]. En cas de doute, l'organisme conseille de contacter l'Union nationale des associations de la famille et des individus [2] et le Centre de documentation, d'éducation et d'action contre les manipulations mentales [3]. En cas de dérive sectaire constatée, les écoles incriminées seront soumises à fermeture. Dernière question, mais non des moindres, à ne pas négliger : celle des résultats concrets affichés (ou non !) par l'école, notamment dans l'optique d'un retour ultérieur au cursus classique, d'autant moins éventuel que peu de ces écoles vont jusqu'au bac...

---

1. www.cidj.com
2. www.unadfi.org
3. www.ccmm.asso.fr

## 1 – La pédagogie Montessori : « Aide-moi à faire seul »

Avant de devenir l'une des plus célèbres pédagogues du siècle dernier, Maria Montessori fut la première femme italienne à être reçue docteur en médecine, en 1897. Elle se pencha d'abord sur le sort des enfants handicapés mentaux. C'est après avoir acquis la conviction que la thérapeutique dont ils avaient besoin était avant tout d'ordre pédagogique qu'elle ouvrit à Rome, en 1907, la première *Casa dei bambini* (Maison des enfants), dans le quartier défavorisé de San Lorenzo. Sa pédagogie, qui s'appuie sur le respect du rythme de l'enfant, la maîtrise de son corps, l'éducation des sens et de l'intelligence, la domination de soi et le respect des autres, fait peu à peu des dizaines de milliers d'émules à travers le monde. À commencer par les États-Unis, où il existe aujourd'hui quelque 5 000 écoles labellisées Montessori, dont environ 300 sont publiques.

En France, en revanche, où l'on recense une cinquantaine d'écoles Montessori maternelles et élémentaires, très souvent bilingues français-anglais, la méthode demeure l'apanage du secteur privé, la plupart du temps hors contrat. Chacune de ces écoles accueille en moyenne de 30 à 50 enfants. Environ 70 % sont situées à Paris et en région parisienne. Parmi elles, on compte un Institut médico-psychologique. Moins de 3 % sont confessionnelles et près de 95 % fonctionnent hors contrat.

Trois principes dirigent la pédagogie Montessori. D'une part, la liberté ambiante. Les élèves ne sont pas soumis à un programme pré-établi, ni à des activités-types. Ils choisissent leurs activités à leur gré, circulant librement dans la classe. Les groupes ne sont pas répartis par classes d'âge, comme dans une école classique : dans une même pièce cohabitent des enfants d'âges et de profils différents (certains, parfois, handicapés), chacun s'associant avec qui il souhaite pour s'amuser ou pour travailler. Les bambins ne sont soumis ni à punitions, ni à récompenses, ni notés, et ce, bien que les programmes officiels de l'Éducation nationale soient respectés dans leur ensemble.

D'autre part, un matériel d'éveil spécifique est proposé aux enfants, leur permettant d'exercer tous leurs sens : toucher (lettres rugueuses, transvasements...) et ouïe (instruments sonores), mais aussi odorat et goût. Cette exploration sensorielle précède toujours l'appréciation abstraite (longueur, nombre, signification...). Chaque pièce de ce matériel comporte une difficulté unique, afin de permettre une compréhension plus claire et plus solide. Enfin, il est toujours conçu pour l'auto-éducation : le contrôle de l'erreur se trouve dans le matériel lui-même plutôt qu'auprès de l'adulte.

Car, et c'est là la troisième épine dorsale des écoles Montessori, l'éducateur est un accompagnant des libres acquisitions de l'enfant, bien plus qu'un enseignant. Il doit se faire le plus discret possible, n'intervenant auprès de l'enfant que si celui-ci le demande. Maria Montessori a résumé cette philosophie dans cette phrase : « Aide-moi à faire seul. »

**Témoignage**

**Une journée avec Louis à l'école Montessori « Aide-moi à faire seul » (Grenoble)**

« Bonjour, je m'appelle Louis et j'ai deux ans et demi. Je vais vous parler de mon école. [...] Certains de mes amis sont déjà très grands, ils ont presque six ans, mais d'autres, comme Hugo et Capucine, ont mon âge. Et nous sommes tous ensemble dans la même classe.

« Dans celle-ci, il y a des étagères où l'on peut tout attraper. Sur ces étagères, des petits plateaux contenant toutes sortes d'objets sont bien rangés. [...] Sur d'autres rayonnages, de jolis objets, en bois le plus souvent, me permettent de comprendre, de comparer, de classer les couleurs, les sons, les formes, les dimensions...

« Quand je travaille, je m'installe sur une petite table ou sur un tapis déroulé au sol. Les grands, eux, font des choses extraordinaires ! Par exemple, Albin et Laure comptent des milliers, des centaines, des dizaines et des unités en petites perles dorées... ils disent qu'ils font une addition. En plus, ils ont l'air de s'amuser !

« [...] Ma maîtresse s'appelle Nathalie. Elle nous parle toujours très doucement, et nous, on essaie de faire comme elle. [...] Parfois, quand nous sommes tous ensemble, nous jouons à écouter les sons et les bruits de l'extérieur. Moi, j'ai déjà entendu un hélicoptère et la sirène des pompiers.

« Nous choisissons toujours le travail que nous allons faire, tout seul ou quelquefois avec un petit ami. Il arrive que j'aie très envie de faire quelque chose que je ne connais pas encore. Là, Nathalie me propose de passer un petit moment avec moi pour me présenter ce nouveau travail. Je comprends ce qu'il faut faire parce que, c'est étonnant, elle me le montre avec des gestes toujours très lents et mesurés. Je m'en souviens ensuite quand, après m'avoir souhaité bon travail, elle me quitte pour se rendre auprès d'un autre enfant.

« Tout le monde se déplace, s'organise, en faisant attention de ne déranger personne. Surtout pas les enfants qui travaillent déjà ! Quand nous avons fini, nous préparons l'activité pour d'autres enfants et nous la rangeons à sa place, sur l'étagère. Je m'installe et, de temps en temps, Nathalie me regarde ou m'aide un petit peu lorsque je lui demande. Elle ne me dit jamais que je me suis trompé. Je m'en rends compte tout seul et c'est comme ça que je fais des progrès. [...]

« Dans un moment, j'irai jouer dans le jardin avant le repas. Je dirai un petit bonjour à Crème Caramel, notre lapine. [...] Je déjeune à l'école chaque jour. Parfois, j'aide à mettre le couvert. Certains jours, je suis invité au "restaurant" avec un autre enfant. Nous avons deux jolies assiettes et un bouquet de fleurs est posé sur cette petite table. Alors, je m'applique, après avoir été servi par un petit ami, pour manger sans renverser mon verre ni le contenu de mon assiette.

> « [...] C'est déjà le moment où, pour finir notre journée d'école tous ensemble, nous écoutons l'histoire que nous raconte Nathalie et nous goûtons avant l'arrivée des premiers papas et mamans. Il se passe une chose curieuse qui m'a causé quelques soucis avant que je comprenne son intérêt : nous attendons toujours l'enfant qui nous sert avant de commencer à goûter et nous nous souhaitons "bon appétit" avec une petite chanson. Ensuite seulement nous nous régalons. »

Alors, Montessori, est-ce que ça marche ? Eh bien, au vu des résultats d'une étude réalisée par le département de psychologie des universités de Virginie et du Wisconsin et publiée en septembre 2006 par la revue américaine *Science*[1], il semble que la réponse soit largement positive.

Les tests ont été réalisés auprès d'enfants de 5 et 12 ans d'un groupe scolaire public de Milwaukee. Les résultats montrent des « avantages très significatifs » pour les enfants du groupe Montessori par rapport à ceux obtenus par les groupes d'enfants non soumis à cette pédagogie. En ce qui concerne les compétences cognitives et les connaissances académiques, ceux de 5 ans (sortie de l'école maternelle) sont nettement meilleurs en lecture (identification des mots, décodage et phonologie), ainsi que dans les exercices mathématiques. Ceux de 12 ans (entrant dans l'enseignement secondaire) font montre d'une plus grande créativité littéraire, employant davantage de phrases complexes et produisant des textes plus longs. Les compétences comportementales et sociales des sortants de Montessori sont également plus élevées : notion de *fair-play* et interactions positives plus nombreuses chez les petits, auxquelles viennent s'ajouter, à 12 ans, un plus grand respect des autres et un sens de la communauté plus élevé que dans les autres groupes scolaires.

---

1. Lillard, A. et Else-Quest, N., « Evaluating Montessori education », *Science*, vol. 313, n° 5795, 29 septembre 2006.

**Une école Montessori tendance nature en Ardèche**

L'un des départements cultes des *baba cool* français dans les années 1970 est toujours à la pointe des alternatives écolos et libertaires de ce début de XXIe siècle. En matière d'éducation, on y trouve une école qui ferait rêver plus d'un parent... et craquer tous les enfants !

La Ferme des enfants, située à Lablachère, petit village de 1 500 habitants, est une école fondée en 1999, accueillant 25 enfants âgés de 3 à 12 ans. Cet établissement privé hors contrat, divisé en deux classes, fonctionne sur le lieu d'une exploitation agricole familiale (petits élevages, jardin potager et verger), au milieu de 300 hectares de bois. En plus des acquisitions scolaires classiques, dispensées selon la pédagogie Montessori, les enfants ont à leur disposition un petit potager, qu'ils cultivent. Ils apprennent à soigner les animaux (chèvres, poules, lapins, cochons, ânesses, poney...), à faire du pain, du fromage et la cuisine. L'établissement se veut ouvert sur le monde et l'actualité, avec notamment, chaque année, l'étude d'un pays du monde (en 1999-2000, ce fut l'occasion d'un échange avec une classe nomade de Touareg, au Niger !). Par ailleurs, un travail est mené avec les parents afin d'établir une cohérence entre la vie de l'enfant à l'école et à la maison (initiation à la pédagogie, à la non-violence, à l'écoute de l'enfant, organisation de groupes de parole...).

Cette pédagogie vise quatre objectifs, beaucoup plus ambitieux que celui de l'école traditionnelle. Éducation complète à la vie (compétences scolaires, vie pratique, jardinage, bricolage, artisanat...), connaissance de soi et développement de la conscience. Éducation à la paix : conseils d'enfants (qui permettent l'expérimentation d'un système démocratique), communication non violente... Éducation à l'écologie : découverte et connaissance du milieu naturel, gestion respectueuse des ressources, pratiques écologiques... Enfin, éducation sociale, au travers de rencontres régulières avec des artistes, des professionnels, des scientifiques, des voyageurs et de la cohabitation avec des personnes retraitées. En effet, outre ses activités pédagogiques, la Ferme des enfants est aussi une association qui, depuis 2002, développe un projet intergénérationnel, sous la forme d'un lieu de vie qui associe l'école à une vingtaine d'habitations pour personnes retraitées. Ce projet donne lieu à un chantier solidaire qui durera 2 ans et demi.

## 2 – Les écoles Waldorf-Steiner : dans le dédale de l'anthroposophie

Pédagogie fumeuse, dans les écoles Waldorf-Steiner ? Au sens propre du terme, oui ! Ces écoles privées, pour la plupart hors contrat d'association avec l'État, tiennent leur double nom de celui de leur fondateur, le penseur et pédagogue autrichien Rudolf Steiner... et de celui d'une fabrique de cigarettes de Stuttgart où, en 1919, Steiner ouvrit son premier établissement, pour les enfants du personnel.

Ce (mauvais) jeu de mots mis à part, si la méthode Steiner est considérée avec une certaine méfiance par les pouvoirs publics et, *a fortiori*, par l'Éducation nationale, c'est parce que, dans un État résolument laïc, elle s'appuie officiellement sur l'anthroposophie, doctrine qui considère l'homme dans sa double dimension matérielle et spirituelle.

Les écoles Steiner sont une galaxie qui, si elle ne rassemble qu'une vingtaine d'établissements en France (soit quelque 2 200 élèves), compte plus de 850 écoles à travers la planète (surtout en Allemagne et aux Pays-Bas). Ce qui représente environ 150 000 enfants et qui en fait le premier groupement au monde d'enseignement privé. En France, le coût de la scolarité va de 1 500 à 3 800 € par an, en fonction des revenus des parents.

La pédagogie Steiner vise la confiance et l'enthousiasme de l'enfant, plutôt que la compétition et l'ambition. Regroupés par âges, les élèves gardent le même enseignant tout le temps de leur scolarité, laquelle s'étale sur douze ans (elle s'arrête généralement en fin de classe de première). Chaque discipline est abordée par période de trois semaines environ. L'enseignant-éducateur, comparé par Steiner à un jardinier, se base sur les périodes de croissance de l'enfant : l'enfant évoluerait par « septaines ». De 0 à 7 ans, dans l'imitation, de 7 ans à la puberté, dans la création artistique, ensuite, dans l'intellectualisation et la conceptualisation.

Il est là pour accompagner, mais les enfants réalisent leurs expériences en toute autonomie. « Le maître agit avant tout comme un artiste qui fait découvrir et aimer à l'enfant le monde qui l'entoure », lit-on sur le site de la fondation Waldorf-Steiner. Durant toute la scolarité, il n'y a ni notes (celles-ci sont remplacées, jusqu'au collège, par un rapport annuel présentant un portrait de l'enfant et de son comportement), ni sélection (aucun redoublement), ni orientation précoce. Tous les élèves, quelles que soient leurs capacités, poursuivent ensemble leur scolarité jusqu'à 18 ans.

Dans les écoles Steiner, on accorde une large place aux activités artistiques et manuelles (jardinage, musique, sculpture...). Matière-phare de ces établissements : les cours d'eurythmie, un mélange de danse, de solfège et de théâtre. Les enfants effectuent aussi des stages dans les mondes agricole, industriel et social. Ils apprennent l'informatique très tôt. Les langues y sont la seconde matière forte : les élèves apprennent deux langues étrangères dès le début de leur scolarité. Des échanges sont fréquemment organisés avec d'autres écoles Waldorf-Steiner à l'étranger. Les enfants bénéficient en outre de cours de soutien individualisés.

Spécificité de l'enseignement : les fêtes et les cérémonies, dont certaines à connotation religieuse, sont célébrées à raison d'une par saison : la Saint-Michel (automne), Noël (hiver), Pâques (printemps) et la Saint-Jean (été). « Nous accordons beaucoup d'importance aux fêtes et aux cérémonies : elles servent à relier l'humanité aux rythmes de la nature et du cosmos, explique-t-on sur le site. Marquer par des célébrations festives les ambiances des différentes saisons de l'année enrichit la vie de l'âme. »

Un tel discours, aux connotations vaguement ésotériques, a de quoi faire grincer des dents les pourfendeurs de dérives sectaires. En juin 1999, les écoles Steiner sont sèchement épinglées dans le rapport parlementaire « Les sectes et l'argent ». Les inspecteurs y relèvent « l'absence d'esprit critique » des élèves, « transformés en exécutants gentils mais béats ». Les cours d'eurythmie leur paraissent étranges : « On peut se demander si l'on ne cherche pas à gommer la personnalité des individus à travers l'uniformité du geste et du vêtement », note un inspecteur. Enfin, ils pointent le fait, plus objectif celui-là, que certaines consignes de sécurité ne sont pas respectées, et que plusieurs enfants n'ont subi aucun vaccin.

Le rapport fait un tollé, y compris au sein de l'Association française de défense des familles et des individus contre les sectes, qui parle de « bavure » et d'« excès de zèle ». Ces propos apaisants n'empêchent pas une véritable « descente » de soixante-dix inspecteurs de l'Éducation nationale dans quatorze écoles Steiner, le 14 décembre 1999. « Ces écoles, c'est un mode de vie parallèle, avec refus des vaccinations, pratiques ésotériques, volonté de former un homme nouveau », assurait Hayat El Mountacir, chercheuse au Centre de documentation, d'éducation et d'action contre les manipulations mentales, citée par la journaliste Ondine Millot dans un article de *Libération*[1]. Pas question non plus d'« erreur » pour Jacques Guyard, président du rapport controversé et député de l'Essonne, condamné en mars 2000 pour des propos « diffamatoires » tenus sur France 2 à l'égard des écoles Steiner.

1. Millot, Ondine, « Les écoles Steiner victimes de sectarisme », *Libération*, 11 septembre 2000.

La Mission interministérielle de lutte contre les sectes (MILS) avait alors recommandé une extrême vigilance face à la « galaxie anthroposophique ».

Bien que le ministère de l'Éducation ait reconnu officiellement ces établissements comme « non sectaires » en juin 2000, dès mars 2001, une seconde fournée d'inspecteurs visite les écoles Steiner et exige la présentation rapide de tableaux de vaccinations, sous peine de fermeture de certaines écoles. Face à la levée de boucliers de nombreuses personnalités, dont le généticien Albert Jacquard, et une pétition demandant la conservation des écoles Steiner signée par 24 000 personnes, le ministre Jack Lang jette finalement l'éponge – d'autant plus facilement que deux jugements successifs viendront confirmer, en mars et septembre 2001, le caractère « diffamatoire » de l'appellation « sectaire ». Dès la fin de l'année, certaines écoles Steiner se verront accorder des contrats, simples ou d'association, avec l'État.

Est-ce la fin, pour autant, de toute suspicion concernant ces écoles ? Pas tout à fait, puisque l'anthroposophie, même si elle n'y est pas, *a priori*, enseignée, est toujours étroitement surveillée par les mouvements anti-sectes. D'aucuns soulignent toujours l'ambiguïté de certains propos de Rudolf Steiner concernant l'« évolution des races » (et ce, bien que les nazis eux-mêmes aient fermé ces écoles). Par ailleurs, Daniel Groscolas, responsable de la cellule pour la prévention du phénomène sectaire au ministère de l'Éducation nationale, relevait, dans l'article de *Libération* déjà cité, la « sous-qualification » de certains enseignants. En effet, en dépit de l'existence d'un centre de formation à la pédagogie Steiner à Chatou (Yvelines), les écoles hors contrat ne réclament aucun diplôme particulier. « L'ennui, note Ondine Millot, c'est que, dans les 6 000 conférences et 40 ouvrages de Steiner, les nombreux appels à "l'éveil des âmes" ou à la "régénération de l'esprit par la matière" peuvent facilement attirer tous les allumés de la terre. » Et de citer

Jacques Dallé, président de la Fédération des écoles Steiner : « On voit parfois arriver des personnes dérangées, mais elles ne restent jamais longtemps chez nous. »

Qu'en est-il côté résultats ? Pour la période 1995-1998, la fédération annonce un taux de réussite au bac de 85 %, dans les quatre écoles qui proposent des classes de collège et de lycée, un an après leur départ de la classe de première. Ce chiffre passe à 91 % si on y inclut les élèves ayant passé le bac deux ans après leur sortie de première – résultats supérieurs à ceux de l'Éducation nationale pour la période considérée (77 % en moyenne).

Une enquête menée en 1995 auprès d'anciens élèves a montré la diversité des parcours ultérieurs... tout en relativisant quelque peu cette réussite affichée. Sur 122 anciens, 13,9 % suivaient ou avaient suivi une formation artistique, 23,8 % un diplôme technique ou manuel, 29,5 % un diplôme universitaire et 32,8 % un autre diplôme. Mais ils n'étaient, en tout, que 16 anciens, soit un peu plus de 13 %, à avoir un diplôme universitaire de niveau 1 (bac+4 et plus), les plus gros bataillons se recrutant dans les niveaux 4 et 5 (respectivement de bac à bac+2 et CAP-BEP). Bref, si l'on rêve de faire de la recherche, mieux vaut peut-être passer par une autre voie.

### 3 – Les « écoles nouvelles » : une éducation participative sous contrôle de l'État

Le label « école nouvelle » cache d'innombrables établissements. Parmi eux, seule une poignée est affiliée à l'Association nationale pour le développement de l'éducation nouvelle (ANEN), créée en 1970. Ils ont souvent été fondés par des groupements de parents et d'enseignants souhaitant mettre en œuvre leurs propres convictions pédagogiques ; certains d'entre eux s'adressent plus particulièrement aux enfants en échec dans le cursus habituel.

Citons l'école-collège La Prairie, à Toulouse, présentée par ses responsables en ces termes : « C'est une école où l'enfant ne fait pas ce qu'il veut, mais veut ce qu'il fait. » L'école nouvelle Antony, à Antony (Hauts-de-Seine) ; l'école Émilie-Brandt, à Levallois-Perret ; les écoles de La Rize et La Fourmi à Lyon, l'école Le Chapoly et sa cantine bio, à Tassin (Rhône). À Paris (14e arrondissement), L'école d'aujourd'hui – *School for today,* a, elle, été créée en 1975 par une équipe d'enseignants bilingues.

Ce sont des écoles privées sous contrat d'association, dont les coûts varient de 300 à 3 000 euros en fonction des revenus familiaux. Si chacune garde son autonomie, toutes s'inspirent de la pédagogie mise au point par l'inspecteur Roger Cousinet. L'accent est mis sur la responsabilité des élèves, encouragés à faire preuve d'initiative. Le maître prend ses décisions en concertation avec les élèves, il a avant tout un rôle d'éducateur. Les familles participent activement à la vie de l'école : accompagnement des sorties, ateliers, bricolage, Internet, fête des enfants...

### *Living School* : la première maternelle qui apprend à devenir citoyen du monde

En septembre 2007 s'est ouverte à Paris (19e arrondissement) la première maternelle bilingue (français-anglais) écolo, la *Living School.* Cette école privée, mais qui suit les programmes de l'Éducation nationale, a pour ambition de concilier plaisir de l'apprentissage, ouverture multiculturelle et sensibilisation à l'environnement et au développement durable. Les enfants de 3 à 6 ans y sont regroupés en une seule et unique classe, où chacun évolue à son rythme. En 2007-2008, la thématique principale sera l'arbre et la forêt, avec réalisation d'une pépinière, découverte des gestes écologiques... Mais aussi participation au programme « Des enfants pour changer le monde », qui vise à apprendre aux élèves à agir concrètement sur l'environnement ou le social. Les menus des repas seront sélectionnés pour leur qualité et leur équilibre et les collations seront bio. L'école est aussi un lieu de co-éducation, avec forte implication des parents et ateliers d'aide à la parentalité.

## III – Secteur public : initiatives expérimentales et autogestion à l'honneur

### 1 – Les classes Freinet : l'intégration dans le système du « tâtonnement expérimental »

Il était une fois un petit instituteur du sud de la France, fortement inspiré par les idées révolutionnaires et libertaires, qui pensait qu'en éduquant les individus on pouvait construire un monde meilleur et ne pas retomber dans l'horreur de la Grande Guerre. Dès 1924, Célestin Freinet introduit un outil d'apprentissage de la lecture inédit dans sa classe rurale de Bar-sur-Loup : l'imprimerie. En 1926, il lance une « Coopérative d'entraide pédagogique » et publie la revue *L'Imprimerie à l'école*, qui devient en 1932 *L'Éducateur prolétarien.* Mais, contraint de quitter l'Éducation nationale à cause de ses convictions politiques, c'est dans une « école privée prolétarienne », ouverte en 1935 avec sa femme Élise à Saint-Paul-de-Vence, où il enseignait, qu'il s'attellera à continuer à promouvoir « une méthode nouvelle d'éducation populaire ». L'école de Vence sera rachetée par l'État en 1991 et s'ajoutera au réseau public Freinet. Célestin Freinet crée en 1948 l'Institut coopératif de l'école moderne (ICEM), qui revendique aujourd'hui 2 000 adhérents et plus de 30 000 enseignants « influencés ». L'ICEM défend une pédagogie active, centrée sur l'enfant acteur de son développement et fondée sur la gestion coopérative des moyens, l'expression et la communication, et le tâtonnement expérimental. Autant de méthodes nouvelles qui seront développées et introduites au sein de la forteresse réputée imprenable de l'Éducation nationale elle-même par l'instituteur Fernand Oury, au travers de la « pédagogie institutionnelle », fondée en 1978. Certaines pratiques de l'Éducation nouvelle sont ainsi généralisées au sein de l'école publique, en particulier celles visant un apprentissage à partir du réel. Classes vertes, travaux manuels, éducation artistique, mixité... toutes ces ouvertures de l'institution sur le monde extérieur sont dues en bonne partie à Freinet et à Oury.

Les classes Freinet s'inscrivent dans le cadre de l'école publique et laïque. Elles bénéficient des mêmes conditions et moyens que leurs semblables (financement, sectorisation...). Aujourd'hui, une petite trentaine d'équipes pédagogiques, soit quelque 5 000 enseignants du primaire sur 340 000, s'appuie au quotidien sur les ressources éducatives énoncées par le vieil instituteur, disparu en 1966. Elles suivent à la lettre les programmes de l'Éducation nationale, mais proposent des méthodes de travail différentes, plus créatives et plus libres. Il existe aujourd'hui une vingtaine d'écoles entièrement dédiées à cette pédagogie.

La méthode Freinet, c'est d'abord une pédagogie du projet, individuel ou collectif, dont les enfants ont l'initiative et sont responsables de A à Z : ateliers, jardin, micro-informatique, matériel spécifique, journaux de classe complétés par un mode de gestion participatif, correspondance scolaire nourrie par le « texte libre »... Les parents sont par ailleurs étroitement associés aux réalisations pédagogiques de la classe. C'est, ensuite, une gestion participative de la vie scolaire. Les écoliers décident de leur emploi du temps, ne sont pas notés, mais pratiquent l'auto-correction. Les apprentissages sont fortement individualisés.

Une fois par semaine, un conseil réunit élèves et enseignants. Objectif : résoudre les conflits, voter démocratiquement les lois de la classe, apprendre la citoyenneté. Freinet émettait le vœu de « remplacer la discipline de caserne par la discipline de chantier ». La progression des élèves est marquée, comme dans le judo, par l'obtention d'une nouvelle ceinture de couleur (« ceinture de comportement »), qui définit aussi leur degré de responsabilités dans le groupe. L'équilibre entre activités manuelles, intellectuelles, artistiques, l'alternance des tâches individuelles et collectives forment un projet à la fois psychologique (l'élève progresse par le « tâtonnement expérimental » et social (l'école devient une coopérative gérée par les élèves et les adultes).

Comment les enfants issus d'une scolarité primaire Freinet s'adaptent-ils au collège ? Une étude [1] a été menée à Rennes, il y a environ vingt ans, comparant deux groupes sociologiquement identiques, l'un suivant un cursus primaire dans une école avec une équipe Freinet et l'autre dans une école classique. Ces enfants ont été suivis jusqu'à la classe de troisième. S'agissant des résultats scolaires, on observe peu de différences. En revanche, l'image de soi et la capacité de se projeter dans l'avenir des enfants ayant suivi un cursus Freinet est meilleur. Les résultats présentent aussi des différences sensibles dans les domaines de l'autonomie, de la responsabilisation, de la prise de parole, de l'organisation du travail...

Selon la chercheuse Marie-Laure Viaud, auteure en 2005 d'une enquête sur les écoles alternatives [2], celles qui pratiquent une « pédagogie institutionnelle » affichent les meilleurs résultats. La raison : l'organisation s'y trouve très structurée et les règles de vie sont fixées sur un mode démocratique et coopératif. Tout en se montrant bienveillants pour tous, les enseignants sont beaucoup plus interventionnistes que dans les autres écoles

1. PRADET, Myriam, « Pédagogie Freinet et pédagogie traditionnelle », Certificat de psychologie génétique et clinique, Université de Haute-Bretagne, Rennes-II, 1982-1983.
2. VIAUD, Marie-Laure, *Des collèges et des lycées différents*, Le Monde/-Puf, 2005.

(y compris traditionnelles), en veillant à l'investissement dans le travail et à la progression de chacun. Selon elle, bien que ces écoles accueillent généralement des enfants de milieux populaires (alors que les écoles non directives recrutent plutôt dans les milieux favorisés), c'est là que le taux de violence est le plus bas, voire inexistant. Les élèves y manifestent un fort sentiment d'affiliation. Mais l'ambition du modèle institutionnel fait que peu d'établissements réussissent à s'y engager entièrement.

**Du calcul vivant autour d'un petit magasin : exemple de pédagogie Freinet [1]**

« Lors d'un des premiers conseils de classe de l'année, il fut décidé que notre classe prendrait en charge un petit magasin qui vendrait des "dix heures" [des collations] aux récréations. Nous avons dû d'abord nous mettre d'accord sur ce que nous allions vendre, qui allait vendre, où allions-nous acheter nos produits, à quel prix allions-nous les vendre, ferions-nous des bénéfices...

« Comme nous étions très branchés sur l'alimentation de qualité, nous avons établi une liste des "dix heures" vendables à l'école. Pour savoir où nous allions nous fournir, nous nous sommes rendus dans les trois grandes surfaces des environs pour relever les prix que chacune nous proposait. Nous avons choisi la grande surface qui proposait globalement les prix les plus avantageux. [...]

« Chaque matin, la classe travaille sur le rapport des ventes faites la veille : X barres de galettes de riz ont été vendues, ça doit faire Y francs. Les X pommes ont rapporté Y francs... et ainsi de suite. Les opérations se font mentalement, l'enfant qui donne son résultat explique sa démarche, du temps est

1. Extrait d'une communication de Chantal Fontaine, institutrice à l'école Belleflamme, à Liège, lors du colloque du 20 avril 2002 : « La pédagogie Freinet et les pédagogies actives ».

laissé pour que les moins rapides se manifestent aussi. Les résultats sont portés dans les cases *ad hoc* [...]. Les montants des différentes ventes sont totalisés pour le jour. Le résultat obtenu n'est pas toujours égal à la somme d'argent récoltée. Les causes possibles de ces distorsions sont analysées [...].

« En fin de semaine, on totalise nos ventes de la semaine par produits, par journée. On utilisera alors le plus souvent le calcul écrit. Il faut aussi racheter : quoi, combien, en fonction de nos ventes. Qu'est-ce que la coopérative peut investir ? Nous faisons des bénéfices pour notre caisse, nous pouvons dès lors faire des achats (livres de bibliothèque, sorties...).

« [...] Le calcul vivant permet à chacun de vivre les nombres dans un registre qu'il connaît, dont il sent la réalité, il est le soubassement solide pour l'abstraction qui viendra plus tard. Encore faudra-t-il longtemps – et certainement plus longtemps que ne le fait l'école actuelle – revenir souvent au concret, au calcul dont on voit le pourquoi. »

## 2 – Autres écoles publiques expérimentales

Il y a les exemples mythiques, comme l'école Vitruve, créée en 1963 sous l'impulsion de l'inspecteur de l'Éducation nationale Robert Gloton et de son Groupement expérimental des écoles du 20e arrondissement. Sa méthode éducative est conçue dans l'enthousiasme de la mouvance libertaire : « entreprendre pour apprendre ». Avec gestion coopérative du fonctionnement interne et des conflits, autofinancement, classes vertes, large place accordée aux parents d'élèves... « Les idées ne circulent ni au sifflet ni en rang. Les gens non plus », peut-on lire sur la brochure de présentation de l'école. Ou encore l'école ouverte des Bourseaux, à Saint-Ouen-l'Aumône (Val-d'Oise). Inauguré en septembre 1980, l'établissement donne à voir un mode d'organisation cogestionnaire alliant travail en équipe et vie associative, une répartition des enfants en cycles multi-âges (chaque classe comprend trois niveaux) et une forte ouverture en direction des parents.

Parmi ces structures publiques « différentes », l'école-collège Decroly de Saint-Mandé (Val-de-Marne), du nom d'un médecin et psychologue belge qui a lui aussi conçu son action auprès d'enfants en difficulté, tient une place à part. Les retentissements de la pédagogie decrolyenne ont en effet largement dépassé le cadre restreint de cette unique école française, créée en 1945 (il en existe une autre à Bruxelles, ouverte dès 1907). Sa pédagogie a trois fondements. D'abord, l'enfant apprend globalement sans ordre, et non pas en partant du plus simple pour aller vers le plus complexe. D'où la fameuse méthode globale, dont Decroly est l'inventeur, tant décriée depuis pour l'apprentissage de la lecture, mais ici déclinée sous les aspects les plus divers. « L'enfant voit globalement, il dessine globalement, il lit globalement, il écrit globalement, il entend globalement, il chante globalement... Il analysera plus tard, beaucoup plus tard, peu à peu, et dans de nombreux domaines, il n'analysera jamais... », professait Ovide Decroly. Ensuite, les centres d'intérêt de l'enfant, fondés sur des besoins vitaux : l'alimentation, la défense, la protection contre les intempéries et le travail, comme guide de l'éducation. Ce qui amène les élèves, dans les écoles Decroly, à fabriquer du pain, à visiter châteaux et ouvrages d'architecture, à étudier la météo, etc. Enfin, pour Decroly, la « classe » à proprement parler est partout. Il préconise l'éclatement des lieux d'apprentissage : la cuisine, les magasins, la rue, la nature... Pour le reste, on retrouve les caractéristiques des autres établissements appliquant les principes d'éducation nouvelle : non-hiérarchisation des matières, évaluation non chiffrée, absence de devoirs à la maison, école ouverte sur l'extérieur (classes vertes), accueil d'enfants handicapés, implication importante des parents...

Ces pratiques sont séduisantes. En dépit des multiples tracasseries administratives que lui fait subir, depuis son ouverture, l'Éducation nationale, l'école continue de recevoir chaque année 100 à 150 demandes pour 25 places offertes en petite section et sixième.

**L'observation comme technique pédagogique : exemple de la « surprise » des écoles Decroly [1]**

« L'activité pédagogique la plus spécifiquement decrolyenne pendant les cinq premières années où l'enfant peut fréquenter l'école (du jardin d'enfant au CE1) est certainement la surprise. Quand il veut (et surtout pas sous forme d'obligation), l'enfant apporte un objet qui l'intéresse et qu'il a envie de montrer aux autres. Un objet, librement choisi ; la seule consigne est que cet objet soit emballé de telle sorte que les enfants de la classe ne puissent pas deviner ce que c'est à la simple vue du paquet. Commence alors l'observation au sens le plus large : tous les sens sont en éveil. On soupèse, on secoue, on renifle. L'objet est le centre de toute l'attention : la parole circule, passant le plus souvent par l'adulte, mais « dégénérant » parfois en un échange vif entre enfants. Les souvenirs de surprises antérieures viennent alimenter l'observation : plus lourd que, plus léger que, plus doux que... Le relais de l'adulte permet progressivement de retenir ce qui va pouvoir servir à l'acquisition d'un certain savoir et particulièrement, chez les plus petits, l'accès à un vocabulaire précis. J'ai assisté ainsi, récemment, à l'apparition du mot "translucide" en deuxième année du jardin d'enfants : lancé par un enfant à propos du sac en plastique qui emballait une surprise, il a été saisi au vol par l'institutrice qui l'a immédiatement mis en rapport avec ce qui était déjà connu : transparent et opaque. Et chacun de chercher dans la classe des objets répondant à ces trois termes ! »

## 3 – Les collèges et lycées expérimentaux

Ils ont fleuri au lendemain de la victoire électorale de la gauche, en 1981. C'est à Gabriel Cohn-Bendit, frère du célèbre

1. Compte rendu de l'intervention de Marcelle Clarinval, directrice de l'école primaire Decroly à Bruxelles, lors du colloque du 20 avril 2002 : « La pédagogie Freinet et les pédagogies actives ».

Daniel, que l'on doit la première expérience de lycée autogéré, à Saint-Nazaire. Sous la tutelle d'établissements déjà existants, ces établissements du secondaire proposent un enseignement qui s'appuie non seulement sur les matières traditionnelles, mais aussi beaucoup sur les disciplines artistiques, le sport, la botanique, etc. La participation à la vie de la communauté éducative y tient également une grande place. Il existe aussi des lycées dits de « remotivation », destinés aux jeunes sortis de l'enseignement secondaire sans aucune qualification, comme le Lycée du temps choisi/Lycée intégral, dans le 13ᵉ arrondissement de la capitale.

Les collèges et lycées expérimentaux se comptent encore sur les doigts des mains dans l'Hexagone et ne proposent en tout que quelques centaines de places : Hérouville-Saint-Clair (Calvados), Saint-Georges-d'Oléron (Charente-Maritime), Paris (lycée public autogéré, dans le 15ᵉ arrondissement), Saint-Nazaire (Loire-Atlantique). Citons aussi le micro-lycée de Sénart (Seine-et-Marne), le collège-lycée élitaire pour tous (Grenoble) ou encore le collège Anne-Frank au Mans (Sarthe), sans classes de niveau... Tous misent sur l'implication et la participation des élèves au quotidien. Les décisions concernant le fonctionnement de l'établissement sont prises en commun. Objectif : responsabiliser les jeunes et les rendre autonomes. Les adolescents sont libres de venir en cours (pas de cours magistraux), de choisir telle ou telle matière (activités artistiques renforcées), de passer ou non dans le niveau supérieur (auto-évaluation), de se présenter au baccalauréat ou non...

Côté résultats, la discrétion, ou tout du moins la prudence, est de mise pour les acteurs de ces pédagogies. Pas question d'afficher des certitudes, et encore moins des chiffres, sur les effets concrets de leurs innovations. Il est vrai que certains chiffres bruts ont de quoi faire frémir (32 % de réussite pour la promotion 2006 du bac pour le lycée autogéré de Paris, 12 %

pour le lycée expérimental de Saint-Nazaire). Beaucoup de jeunes se disent déstabilisés par l'absence de repères. Les plus fragiles psychologiquement peuvent même perdre pied.

D'autres établissements font nettement mieux (64 % pour Saint-Georges-d'Oléron et 70 % pour Hérouville-Saint-Clair en 2006)... mais toujours plusieurs points au-dessous de la moyenne nationale, située pour la même année 2006 à 81 % de réussite. Il semble néanmoins que c'est à l'aune de leurs propres objectifs qu'il convient d'évaluer ces structures : ces élèves n'auraient sans doute pas plus obtenu leur diplôme dans un système classique dont beaucoup ne voulaient plus entendre parler. Le lycée autogéré de Paris, de son côté, a mené une enquête auprès de ses anciens. Résultat : près de la moitié d'entre eux suit une formation professionnelle qualifiante ou participe à un cursus universitaire, l'autre moitié est en situation professionnelle. Marie-Laure Viaud note qu'au-delà des résultats chiffrés, ce qui est notable, c'est la grande satisfaction affichée par les sortants de ces établissements, dont beaucoup disent s'être réconciliés avec les études, grâce au climat de liberté et à la responsabilisation ambiante.

**Témoignage**

**Lydie Sainvé, 39 ans, ancienne élève du lycée autogéré de Paris**

« J'ai fait deux ans au "LAP", de 1985 à 1987. J'en garde un souvenir inoubliable et une expérience de la liberté qui a marqué ma vie. J'ai fait partie de l'époque où les AG étaient très difficiles et passionnantes à la fois. Nous avions fait un voyage en Espagne, un mini-projet vidéo dans le Tertre, en Belgique... Aussi de superbes manifs anti-Devaquet, Saint-Nazaire nous avait rejoints. Prépa des banderoles au lycée le soir, bref plein d'aventures constructives pour la vie entière, mais aussi échec au bac ! Qui finalement, avec le recul, n'a pas porté conséquence à ma construction personnelle et professionnelle... Je suis actuellement naturopathe dans l'Isère. »

Les écoles alternatives forment une réalité « complexe et nuancée », conclut Marie-Laure Viaud. En fait, seules les écoles institutionnelles semblent parvenir à la conjugaison harmonieuse entre les impératifs scolaires (fondés sur les apprentissages théoriques) et le développement personnel (qui s'appuie sur le loisir et les activités créatrices). D'une manière générale, note Marie-Laure Viaud, les établissements alternatifs qui associent réussite des élèves et satisfaction des acteurs (élèves, familles, enseignants) sont ceux où l'on observe une forte cohésion des équipes éducatives, des projets structurés offrant aux élèves des cadres stables, tout en cultivant souplesse et adaptation.

**Summerhill : sous les cahiers, la plage**

Summerhill, pour le grand public, c'est d'abord un best-seller mythique : *Libres Enfants de Summerhill*, paru en 1962 sous la plume du psychanalyste et éducateur écossais Alexander Sutherland Neill [1], est le récit d'une expérience pédagogique restée à peu près inédite à ce jour et demeurée le symbole indépassable de l'euphorie éducative libertaire.

Principe fondamental de Summerhill, inspiré des théories rousseauistes et surtout de celles du psychanalyste Wilhelm Reich : laisser toute sa place au désir de l'enfant, et non à ses seuls besoins, comme le préconisent la plupart des autres écoles alternatives. « Les livres sont ce qui compte le moins à l'école », aimait à dire Neill, décédé en 1973. « Que peuvent

1. NEILL, Alexander S., *Libres Enfants de Summerhill*, Maspero, 1972.

nous apporter des discussions sur le français, l'histoire ancienne ou Dieu sait quoi encore », écrit-il, quand l'essentiel est « l'accomplissement naturel de la vie » ?

Suivant cette idée, un maître mot prévaut à Summerhill : liberté. Les quelque 80 élèves (pour la plupart pensionnaires) âgés de 5 à 12 ans peuvent assister aux cours ou pas, s'ils préfèrent jouer, dormir ou pratiquer des activités manuelles, culturelles ou sportives. Ils sont libres de leurs déplacements dans l'enceinte de l'école, de leurs horaires. Les soirées sont réservées à la danse, au théâtre et aux fêtes. S'il n'avait craint des ennuis avec la justice, Neill n'aurait posé aucun interdit sur la sexualité.

Seule limite : la liberté de chacun s'arrête là où finit celle de ses condisciples. Les règles de l'établissement sont votées au cours d'assemblées générales hebdomadaires (« autogérées »), où tous les suffrages ont rigoureusement la même valeur, de celui du plus jeune des élèves à celui du directeur. Fondé en 1921 en Allemagne, l'établissement a connu divers emplacements, avant de trouver, en 1927, sa place définitive à Leiston, dans le Suffolk, en Angleterre. En 2000, l'école fut menacée de fermeture par le gouvernement britannique, mais un recours devant la Haute Cour de Londres garantit sa pérennité. Summerhill est aujourd'hui dirigé par la fille de A.S. Neill.

## IV – Préférer l'instruction en famille

« J'avais toujours dit que je ne mettrais pas mes enfants à l'école, et ce, pour plusieurs raisons, déclare Delphine Gazzabin, 31 ans, maman de quatre enfants âgés de 9, 8, 5 et 3 ans et membre de l'association Les Enfants d'abord (Led'a). Déjà, j'ai toujours été épatée par la connivence des familles qui font le choix de la non-scolarisation. Ensuite, si j'ai mis mes enfants au monde, ce n'est pas pour les confier la majeure partie du temps à des étrangers. Et puis, pourquoi l'enfant devrait-il avoir une vie d'adulte en miniature ? »

Comme Delphine, ils sont plusieurs centaines de parents, en France, à avoir opté pour le retrait de leurs enfants, temporaire ou définitif, du système scolaire afin de prendre eux-mêmes en main l'instruction de leur progéniture. La pratique revêt plusieurs appellations, qui reflètent ses multiples facettes : instruction en famille (IEF), école à la maison (*homeschooling*), « desco » (enfants retirés de l'école), « nonsco » (enfants jamais scolarisés) ou encore *unschooling* (instruction libre, sans programme prédéfini, au gré des envies et des intérêts de l'enfant).

Pour savoir combien de mineurs au juste sont concernés par le phénomène, ce n'est pas vers l'Éducation nationale qu'il faut se tourner… mais vers la Miviludes (Mission interministérielle de vigilance et de lutte contre les dérives sectaires), qui regarde depuis toujours l'IEF avec une certaine méfiance. Après plusieurs rapports successifs dans lesquels elle estimait la pratique à environ un millier d'enfants, son cru 2006 indique le chiffre record de 2 813 enfants dont les familles sont assujetties à la déclaration de l'instruction à la maison [1]. « Mais c'est environ 50 000 enfants en tout (soit 0,5 % des jeunes en âge d'aller à l'école) qui ne se rendent pas tous les matins dans un établissement scolaire, car il y a 47 000 inscrits à temps complet dans les cours par correspondance : 40 000 au CNED (Centre national d'enseignement à distance), 7 000 dans des cours par correspondance privés contrôlés par l'État (les familles inscrites ne font donc pas de déclaration d'IEF), précise Claudia Renau, enseignante et organisatrice des sorties de Led'a sur Paris et sa région. Parmi ces familles, l'IEF est parfois un choix par défaut (maladie, handicap, vie itinérante), pour d'autres, un choix mûrement réfléchi et assumé, et la frontière entre les deux est floue… »

1. http://www.miviludes.gouv.fr/IMG/pdf/Rapport_Miviludes_2006.pdf

À l'instar de nombre de pratiques liées à l'éducation alternative et au maternage, l'essor du *homeschooling* doit grandement au web. « Nombreux sont les forums qui en parlent, les listes de discussion qui rassemblent ces familles en quête de contact et d'échanges. Les parents non scolarisants de 2006 sont bien moins isolés que leurs aînés », note Claudia Renau, dans son texte « Ces familles qui choisissent de vivre sans école [1] ». Outre Led'a, deux associations encadrent et soutiennent ce mode d'éducation : Libres d'apprendre et d'instruire autrement (LAIA) et Choisir d'instruire son enfant (CISE).

## 1 – Pourquoi l'IEF ?

Un sondage informel publié sur le site de l'association LAIA donne des indications intéressantes. Sur les 92 réponses recueillies à la question « Vos enfants ne sont pas scolarisés. Quelles étaient vos motivations d'origine ? », 42 % ont répondu que cette question faisait partie de leurs choix idéologiques depuis que leurs enfants sont petits ; 16 % évoquaient des cas de précocité intellectuelle de leurs enfants ; 15 % des difficultés avec l'école (phobie, violences, etc.) ; 7 % une grande mobilité géographique, rendant difficile une sédentarisation scolaire ; 4 % l'absence d'écoles alternatives dans la région ; 3 % des difficultés d'apprentissage scolaire et 2 % un handicap de leur enfant (8 % donnant une explication autre, non précisée).

L'orientation « idéologique », la plus fréquemment citée dans ce sondage, revêt des manifestations très diverses. Une poignée des *homeschoolers* se situe résolument dans la mouvance libertaire « post-soixante-huitarde », pour qui l'institution scolaire (faite, selon eux, de conformisme, de pression sociale, de brimades, voire de violences) est une oppression. Leurs livres de chevet sont *Une société sans école*, du penseur autrichien Ivan Illich, ainsi que *Les Cahiers au feu* ou *Insoumis-*

1. http://www.tice-hg.net/se_documenter/pas_ecole.htm

*sion à l'école obligatoire*, de la Française Catherine Baker. « Dans cette tendance, l'instruction alternative constitue l'aboutissement logique d'un engagement maternant et écolo vécu en profondeur », précise Delphine Gazzabin.

Dans cette mouvance se situent nombre de membres, à commencer par ceux de la principale association de défense de l'IEF : Led'a. Créée en 1988, celle-ci, qui rassemble quelque 450 familles, tient son appellation du titre du livre de l'écrivain féministe Christiane Rochefort, *Les Enfants d'abord*, publié en 1983 [1]. Sous la plume de Claudia Renau et sous le titre « Je ne crois pas en l'autorité », on peut ainsi lire : « Environ 20 % des enfants sont peu à peu broyés par cette grande machine de classement et de tri qu'est l'école : il ne faut pas chercher plus loin certains ferments de révolte [...]. Je soupçonne le système d'être parfaitement adapté à une reproduction sociale habituant les uns à obéir et les autres à faire partie de l'élite dirigeante [2]. »

On retrouve souvent cette méfiance de base envers l'école au sein de LAIA, association née en février 2006 de la scission de quelque 100 familles de CISE. Ce troisième groupement affichait, lui, dès sa naissance en 1998, la volonté de promouvoir une approche plus pragmatique de l'IEF, plus scolaire aussi. « Contrairement à Led'a et LAIA, qui ont des positions plus tranchées, nous ne professons aucune rupture de principe avec le système scolaire, déclare Laure Guinard, co-fondatrice de CISE. Nous souhaitons simplement donner la meilleure instruction possible à nos enfants, en passant, pourquoi pas, par le respect global des programmes. »

Contrairement aux États-Unis, où les raisons religieuses du refus de la scolarisation sont mises en avant par les trois quarts des parents, dans l'Hexagone, la principale motivation à l'IEF

---

1. ROCHEFORT, Christiane, *Les Enfants d'abord*, Grasset, 1983.
2. http://www.tice-hg.net/se_documenter/pas_autorite.htm

semble être politique et psychologique : respecter la liberté et l'épanouissement des enfants, privilégier une véritable vie sociale, plus autonome et plus libre.

À l'instar de Laure et des adhérents à CISE, beaucoup de parents font d'abord ce choix parce que les méthodes et l'environnement proposés par l'Éducation nationale leur semblent inférieurs à ce qu'ils peuvent offrir eux-mêmes à leurs bambins. « Certains formulent des reproches précis et locaux concernant l'école de leur quartier : ils parlent de la violence de la cour de récréation, du bruit, du nombre important d'enfants par classe qui leur semble empêcher une relation de qualité avec l'enseignant, note Claudia Renau dans son texte de présentation de l'IEF. La plupart regrettent la faible place faite aux parents par l'école : ils ne veulent pas confier leur enfant 6 ou 8 heures par jour à quelqu'un qu'ils n'ont pas choisi et avec lequel ils ne peuvent guère interagir. »

Beaucoup ont d'abord regardé du côté des pédagogies alternatives. Mais les écoles « différentes » sont souvent trop loin, trop chères... ou les deux. Elles ne font pas non plus forcément l'unanimité. « N'ayant guère changé depuis le fondateur, leurs méthodes sont parfois perçues comme rigides, un peu dogmatiques, explique Claudia Renau. Et de citer les témoignages d'un père : « Ces écoles restent un lieu spécial d'enseignement déconnecté des activités quotidiennes de l'enfant », et d'une mère de quatre enfants : « Bien qu'elle soit différente, c'est toujours une école, avec des horaires, un nombre insuffisant d'adultes (pas choisis par les parents) pour donner de l'attention à tous les enfants, l'obligation de changer de lieu de vie plusieurs fois par jour, et des apprentissages pas choisis par les enfants. »

De nombreuses familles ont également choisi de retirer leurs enfants de l'école après une scolarisation de plus ou moins longue durée, mais qui s'est révélée décevante pour diverses raisons. En première ligne, la non-adaptation de l'enfant au système scolaire.

**Témoignage**

**Geneviève Carbone, 41 ans, zooethnologue et membre de l'association CISE ; maman de Maxime, 6 ans, et de Lucie, 2 ans et demi**

« Nous n'avons mis Maxime ni en crèche, ni en première année de maternelle. Nous avions une vie tellement remplie, tellement intéressante, que je n'y ai même pas pensé. D'autant plus qu'il a un rythme particulier : il s'endort à 23 heures, se réveille souvent vers 3 heures du matin... Et puis nous sommes en zone rurale, nous habitons loin de l'école.

« Maxime a fait sa première (et, à ce jour, unique) rentrée en grande section de maternelle. Au début, il était très content. Puis, petit à petit, il a donné l'impression de régresser, au niveau du langage, du comportement... Il manifestait des problèmes relationnels, il trouvait les autres enfants méchants, moqueurs entre eux. Il avait du mal à suivre le rythme scolaire. Il avait encore besoin de faire la sieste. J'en ai parlé à l'institutrice, mais elle n'a rien voulu entendre : en grande section, on ne fait plus la sieste ! Plus ça allait, plus il s'ennuyait. Au bout de deux semaines, il m'a déclaré tout de go : "J'ai fait l'expérience de la scolarisation, je ne veux plus y aller."

« Nous avons pris le temps de la réflexion. Tout en continuant à écouter notre enfant, car nous le considérons comme un individu à part entière, qui a le droit de s'exprimer. En surfant sur Internet, nous nous sommes rendu compte que la scolarisation à la maison était un droit. J'ai découvert des personnes heureuses de le faire et des enfants heureux de le vivre. À la rentrée de janvier 2007, nous avons pris l'initiative de le déscolariser. La « desco », c'est bien moins un dogme par rapport à l'école. »

D'autres refusent d'infliger à leurs enfants les contraintes, l'ennui ou la souffrance dont ils gardent le souvenir de leurs années d'école. « Je ne veux pas que l'école leur enlève leur estime d'eux-mêmes comme elle m'a arraché la mienne il y a quinze ans », témoigne une maman. D'autres, enfin, n'inscrivent pas leur enfant suite à une longue réflexion sur l'éducation. « L'appétit d'apprendre d'un tout petit lui a permis de marcher, de parler, de boutonner ses vêtements : le laisser continuer ses apprentissages à son rythme permet de préserver sa curiosité et sa confiance en lui », estime une mère, citée par Claudia Renau.

### Le *home schooling* : un véritable succès dans les pays anglo-saxons

Dans les pays anglo-saxons, où la liberté d'instruction est un dogme à la hauteur de la considération due chez nous à l'école publique, l'école à la maison est en plein essor. Aux États-Unis, champions toutes catégories du *homeschooling*, on estime aujourd'hui le nombre d'enfants éduqués dans le giron familial à environ deux millions, soit de 4 à 5 % de ceux en âge d'être instruits : ce chiffre a triplé en dix ans et continue d'augmenter de 15 à 20 % par an. À noter qu'en 2000, 41 États n'exigeaient aucun programme minimum de la part des parents qui choisissaient l'IEF. 37 d'entre eux ont créé un statut particulier et la moitié font passer chaque année des tests d'évaluation aux enfants. En Grande-Bretagne, l'association *Education Otherwise* a été fondée dès 1977. Elle regroupait en 1996 près de 3 000 familles, 25 000 en 2005, soit quelque 150 000 enfants (1,5 %). On estime à 60 000 le nombre d'enfants instruits en famille au Canada et à 2 500 au Québec. Parmi les raisons invoquées pour justifier ce choix :

violence scolaire, déliquescence de l'enseignement public (couplé à des tarifs rédhibitoires pour beaucoup de familles dans le privé), choix idéologiques ou religieux (surtout aux États-Unis), envie d'un enseignement « à la carte »...

Aux États-Unis notamment, le système éducatif, un temps déstabilisé par la défection massive de l'école publique (financée selon le nombre d'élèves inscrits), s'est vite adapté à cette nouvelle donne, si bien qu'il la favorise désormais. Pour satisfaire les attentes des parents tout en retenant les enfants dans le système scolaire, de nombreux districts permettent aujourd'hui qu'un élève suive à domicile les cours de l'école publique. Grâce à la *virtual education*, plus de 200 000 enfants suivent de chez eux les cours sur logiciel, tout en étant officiellement inscrits à l'école. En 2000, la première fac dédiée aux *homeschoolers*, l'université Patrick-Henry, a vu le jour, à l'initiative d'un mouvement conservateur de chrétiens évangélistes.

## Europe : des législations hétéroclites

Il y a presque autant de législations sur l'éducation en famille que d'États en Europe ! En Allemagne, la scolarité est obligatoire (certains *Länder* tolèrent cependant l'école à la maison). Dans la plupart des autres pays, comme l'Angleterre, l'Irlande, l'Italie, l'Espagne, la Suisse et le Danemark, la liberté d'instruction existe. En revanche, le niveau des contrôles diffère beaucoup. Parfois, le *homeschooling* n'est accepté que sous certaines conditions : revenu et diplôme d'un des parents (Italie), raisons religieuses ou choix éducatifs (Pays-Bas)... Le plus souvent, un contrôle des connaissances est imposé. Une majorité de pays laissent une liberté pédagogique aux parents, comme en France et en Italie. Au Danemark, les parents peuvent même choisir leur inspecteur. Dans d'autres, les acquisitions doivent suivre étroitement les programmes scolaires (Belgique et Autriche).

## 2 – S'instruire à la maison : à chaque famille sa méthode

« La “desco”, ce n'est pas d'un seul bloc ! témoigne Delphine Gazzabin. Au début, je me suis trouvée ballottée entre plusieurs groupes qui avaient chacun son éthique, ses valeurs et ses méthodes. Certains n'utilisent aucun support, d'autres sont très scolaires, mais tous partagent une philosophie : chacun sait ce qui est bon pour lui. J'ai dû tâtonner et chercher par moi-même, d'autant plus que chaque enfant est différent et qu'une méthode qui convient à l'un ne va pas forcément à l'autre... »

La déscolarisation est loin, en effet, d'être un bloc monolithique dans son contenu. Ainsi, l'« instruction en famille » n'a pas grand-chose à voir avec l'« école à la maison ». Dans la première formule, l'enfant apprend « par arborescences », à son rythme, en fonction de ses intérêts et des activités familiales. Cette option, poussée dans sa logique extrême, s'appelle le *unschooling* (apprentissage autonome, informel ou autogéré). L'instruction en famille est l'approche choisie par Delphine, ainsi que par beaucoup d'autres, notamment dans les associations Led'a et LAIA.

« La plupart des parents transmettent des informations en vivant au quotidien avec leurs enfants, à l'occasion de la confection ou du découpage d'un gâteau, du jardinage, d'émissions télévisées, de vision de séries en anglais, de lectures familiales de romans, de visites locales, de voyages plus ou moins longs », explique Claudia Renau.

« Personne ne peut rien apprendre à quelqu'un, il ne peut que lui proposer d'être une source. Un enfant, ça apprend tout seul, pas besoin qu'on le bourre de connaissances, renchérit Delphine Gazzabin. Au jour le jour, chez nous, pas de maître et d'élève, mais deux petits savants en herbe qui découvrent au fur et à mesure et qui s'amusent, car un enfant, ça joue ! » Les apprentissages, chez Delphine, se font avant tout au gré des envies et des activités du moment, sans programme préconçu.

« Tout est bon pour apprendre quelque chose ! poursuit-elle. Je lance une machine, programme 6, essorage 1 000. On remonte, on prend une feuille et on travaille les unités, les dizaines, les centaines... Mamie vient nous voir ? On fait un gâteau, en multipliant toutes les proportions par deux, etc. Pour le reste, je pioche un peu à droite à gauche, en m'appuyant beaucoup sur Internet. L'autre jour, on voulait étudier les batraciens. On a mis les chaussures et c'était parti pour une balade de deux heures au bord du lac du coin. Nous avons pêché des grenouilles et des têtards, et, en rentrant, nous avons synthétisé et complété notre information en surfant sur Internet. Sinon, il se passe parfois trois ou quatre jours sans apprentissage formel : on se balade, on voit plein de docus, ils absorbent une foule d'infos par ce biais. »

À l'inverse, d'autres familles ont adopté une démarche beaucoup plus scolaire et formelle. Certaines (rares, il est vrai), « sonnent la cloche » à 8 h 30 le matin, mettent les enfants au travail devant leur table toute la matinée, puis en fin d'après-midi, après une grande récréation-sieste. Parmi cette population, certains ont fait appel à un cours par correspondance, CNED [1] ou cours privé qui structure très précisément le programme d'apprentissages à suivre par leur progéniture. Mais, de manière générale, note Claudia Renau, « les témoignages convergent sur le temps de travail plus réduit à la maison qu'à l'école “puisqu'il n'y a plus le temps de l'installation, des rappels à l'ordre” et puisque “avec son enfant on s'adapte à sa façon d'apprendre”. Le travail se fait souvent le matin, l'après-midi étant alors consacré à des activités artistiques ou sportives ».

1. Jusqu'en 2004, le CNED n'acceptait en « scolarité complète » que les enfants ayant reçu un « avis favorable » des inspecteurs d'académie. Cet avis était accordé uniquement pour des motifs « répertoriés » (maladie de l'enfant, expatriation des parents...). Cette pratique visait à limiter le nombre de familles qui seraient tentées d'y avoir recours. Désormais, il existe une nouvelle section à « inscriptions libres », qui ne requiert pas d'autorisation, mais qui ne donne pas droit à subventions.

C'est le cas, notamment, chez Geneviève Carbone, de CISE. « Notre organisation de base : on travaille 1 h-1 h 30 de manière "académique" (leçon, dictée, grammaire)... et c'est tout ! En une heure de temps à la maison, on a fait le travail d'une journée-type à l'école. Mais ce rythme n'est pas immuable, il ne dépend que de nous ! Par exemple, la semaine dernière, on a travaillé tous les jours. Cette semaine, rien du tout, mais on a beaucoup parlé. On se rend compte que les périodes de latence permettent des acquis phénoménaux. En fait, Maxime joue, bouquine ou rêve à longueur de journée. » Chez elle, même discours que chez Delphine : tout est prétexte à apprendre. « Souvent, les après-midi sont consacrés à des sorties éducatives, en famille ou en groupe, poursuit Geneviève. On va au musée, chacun emporte un petit carnet avec soi, et on essaie de reproduire un tableau. C'est l'élection présidentielle, on se demande : "C'est quoi, un régime politique ? un président ? Comment vote-t-on ?" Bientôt seront célébrés les cent ans de la traversée de l'Atlantique par Lindberg : nous allons en faire une leçon de géographie ! Ma méthode : cultiver les acquis transversaux, en s'appuyant sur l'expérience concrète. » Mais ce n'est pas l'anarchie pour autant. « J'ai composé un livre-journal, avec deux semaines d'avance à chaque fois, qui couvre toutes les matières, afin d'avoir un cadre sur lequel m'appuyer, et d'éviter les redondances », précise-t-elle.

Même état d'esprit chez Laure Guinard : « Quand mes enfants étaient déscolarisés, nous travaillions tous les jours, je gardais toujours un œil sur les programmes scolaires, mais à la différence de ce qui se pratique en classe, où l'apprentissage est très cloisonné, nous travaillions par thèmes et prenions le temps de creuser sur les sujets qui nous passionnent », explique la cofondatrice de CISE. Et de vanter les avantages de cette liberté sur le rythme des acquisitions. « Les rythmes de l'école sont complètement antiphysiologiques : une immense pause l'été – alors que c'est en cette saison que les enfants apprennent le mieux –, et les apprentissages fondamentaux en plein hiver, lorsque leurs batteries sont à plat ! Du coup, nous bûchions, nous, tout juillet-août, et nous nous accordions deux mois de vacances en novembre et décembre. »

Quelle que soit la méthode et le rythme d'apprentissage choisis, les *homeschoolers* s'accordent tous sur un fait : ce sont l'intérêt et la motivation personnelle qui font avancer les enfants, et qui les font apprendre, bien plus vite et plus efficacement qu'ils ne le feraient à l'école. « On a inventé un alphabet avec les enfants, afin de faire un code secret : c'est par ce biais qu'ils ont compris qu'il fallait des voyelles pour lier les consonnes entre elles ! sourit Delphine. On a fabriqué un volcan en pâte à sel, avec du bicarbonate de soude et du vinaigre, on a réalisé une belle éruption. On fait tout sous forme de jeu... et ça marche ! Quand les enfants sont passionnés par quelque chose, il suffit de leur donner une fois l'information, et c'est gravé ! » Geneviève Carbone confie quant à elle : « Quand on fait des opérations, c'est de façon très ludique. Exemple : "Je te donne quatre bonbons, j'en reprends trois, il t'en reste combien ?" Voir un enfant se mettre à jongler avec des notions de maths apprises par le jeu et qu'on a acquises, nous, à coups de contrôles et de devoirs, c'est fabuleux. Je pense que les enfants pas curieux, ça n'existe pas. Ils ont tous au moins un truc qui les interpelle, qui les passionne, et sur lequel on peut greffer un enseignement. Si Maxime n'avait été passionné que par les voitures, je lui aurais appris à lire à partir des noms d'autos ! En l'occurrence, ce qui le fascine, c'est l'Égypte et les dinosaures : cela nous permet d'aborder des questions de temps, de chronologie, de durée... Il est acteur de son domaine de compétences, c'est génial ! »

Côté outils, les parents s'appuient énormément sur les sites spécialisés qui fleurissent depuis quelques années sur le Net, Mathadore, Défi-Maths..., couplés avec des emprunts aux pédagogies alternatives, à commencer par Montessori, ses lettres rugueuses et ses boîtes à sons. Sans oublier des valeurs sûres, comme la méthode Boscher pour l'apprentissage de la lecture.

## 3 – Quelle socialisation pour les enfants non-scolarisés ?

Les familles « nonsco » ou « desco » font souvent l'objet d'interrogations et de critiques portant sur quatre points principaux. La première des interrogations étant : « quelle socialisation pour leurs enfants ? ». Sous-entendu : comment éviter un repli sur le cocon familial qui ne peut qu'être préjudiciable pour les enfants, notamment eu égard à leur vie future ? Une objection que toutes ces familles balaient d'un revers de main, arguant au contraire d'une socialisation plus saine et plus naturelle de leurs enfants, en interaction permanente non seulement avec leurs semblables, mais aussi avec nombre d'adultes, d'où une plus grande maturité sociale. « Maxime n'est certainement pas enfermé à la maison toute la journée ! s'insurge Geneviève Carbone. Il fait aussi le jardin musical, de l'escalade, du ski, de la marche en montagne et du pataugeage dans les rivières. Sans compter les sorties culturelles régulières de groupe organisées par CISE. On a par ailleurs une vie complètement normale : on va au cinéma, au restaurant... » Quant à Laure Guinard, la critique la fait sourire : « Non socialisation ? J'avais calculé que mes enfants, lorsqu'ils étaient déscolarisés, voyaient quatre-vingts enfants et une bonne dizaine d'adultes par semaine au travers de leurs diverses activités : danse, cheval, école du cirque... » De son côté, Delphine admet : « Ce qui manque parfois aux enfants, ce sont des rapports plus fréquents avec d'autres gamins de leur âge. Mais on pallie avec les activités extra-scolaires, les rencontres "non-sco", les invitations, les centres aérés, les colos... Pas simple quand la majorité des copains potentiels sont enfermés 6 heures par jour dans les écoles, puis occupés le soir aux devoirs ! »

Dans son texte sur l'IEF, Claudia Renau cite un père : « La vie d'un adulte ne se résume pas à la fréquentation d'un groupe de trente personnes du même âge, mais par l'insertion dans divers réseaux de relations, commerçants, voisins, amis, famille, etc. » Elle ajoute : « Un enfant ne demande pas de lui-même des contacts quotidiens pendant huit heures par jour avec d'autres enfants. » Quant à l'objection du manque de préparation à la vie d'adulte et à sa compétition acharnée, certains parents répondent qu'une telle approche ne leur paraît pas indispensable et qu'eux-mêmes vivent sans rapports de force dans leur vie quotidienne, tant dans leur cercle amical que professionnel...

Au moins deux études tendraient à leur donner raison. La première a été réalisée en 1992 par Larry Shyers, chercheur américain [1]. Celui-ci a comparé les comportements de deux groupes d'enfants de caractéristiques de sexe, d'âge et socio-culturelles identiques, l'un instruit à la maison, l'autre dans des écoles traditionnelles, en situation de jeu, d'étude et de travail en équipe. Il en ressort que les enfants de l'école traditionnelle avaient huit fois plus de problèmes de comportement (agressivité, bruit, compétition) que les enfants instruits à la maison, lesquels, d'après lui, manifestaient des comportements positifs et étaient très amicaux dans leurs rapports avec les autres. Shyers concluait par ces mots : « L'étude appuie ce que les adeptes de l'enseignement à la maison soutenaient depuis longtemps : les enfants instruits à la maison sont bien équilibrés socialement et les enfants de l'école traditionnelle peuvent ne pas l'être. »

On retrouve cette appréciation positive dans une autre étude américaine réalisée par Thomas Smedley, lequel a comparé les

1. Shyers, Larry (dir.), « Comparison of social adjustment between home and traditionally schooled students » (Comparaison de la sociabilité des enfants scolarisés de manière classique et des enfants scolarisés à la maison), *Home School Researcher*, 1992.

habiletés en communication et en socialisation ainsi que les habiletés pratiques journalières de deux groupes d'enfants, l'un de l'école publique, l'autre éduqué à la maison. Conclusion de Smedley : « Les enfants instruits à la maison étaient plus sociables et démontraient plus de maturité que ceux provenant de l'école publique, et ce, de façon significative. Cela nous démontre que les familles qui font l'enseignement à la maison répondent adéquatement aux besoins en socialisation de leurs enfants [1]. »

## 4 – Peut-on s'improviser enseignant ?

Le second point d'achoppement entre les IEF et les tenants de la scolarisation porte sur la légitimité et les capacités qu'ont ces parents à prétendre instruire eux-mêmes leurs enfants. Tant sur le plan des connaissances que de la pédagogie, peut-on s'improviser instituteur, voire professeur ? « Il n'est besoin d'aucun diplôme particulier pour enseigner à ses enfants ! assure Laure Guinard. En vous lançant dans l'aventure, vous disposez d'un avantage unique : votre lien affectif avec votre enfant vous permettra de l'accompagner au plus près de ses besoins ; vous bénéficierez aussi d'un contexte particulier : l'individualisation de l'enseignement vous permettra de ne pas perdre de temps et de suivre les progrès de votre enfant au jour le jour. Ces deux éléments donnent à votre enfant un accompagnement qu'il est impossible d'obtenir dans une classe, même pour un enseignant chevronné. Aussi, n'ayez pas de complexes si votre formation antérieure ne vous prédisposait pas à enseigner, car avec une bonne motivation, de la curiosité, du bon sens et un peu de créativité, il est assez facile de devenir rapidement des experts éducatifs pour vos propres enfants et de leur donner de bonnes bases. »

---

1. *Homeschooling Today*, vol. 3, n° 3, mai/juin 1994, S. Squared Publications.

Néanmoins, une fois dépassé le niveau de la maternelle, voire de l'école élémentaire, elle admet que les choses peuvent se compliquer pour certaines, côté connaissances théoriques. Mais là encore, elle a réponse à tout : « Quand vos connaissances seront trop faibles par rapport au contenu du programme, ce qui arrive fréquemment au cours du collège (une langue étrangère, un enseignement spécifique...), ou que vous envisagerez un retour à l'école, vous pourrez naturellement recourir aux cours par correspondance, tout en continuant à être de bons soutiens pour vos enfants, car vous aurez acquis votre expérience d'"enseignant", et vous les aurez préparés à l'autonomie et à l'organisation dans le travail, tout en préservant leur goût d'apprendre. »

Là encore, des études viennent appuyer des propos qui pourraient pourtant en laisser sceptiques plus d'un. Une étude anglaise de 2002 [1] a ainsi démontré le peu d'importance du niveau socio-économique et culturel des parents dans la réussite de leurs enfants. Les conclusions de cette étude rejoignent celles déjà données par une étude américaine en 1994, selon laquelle les enfants dont les parents avaient un niveau scolaire peu élevé tiraient particulièrement avantage de leur instruction à la maison. À l'inverse, les « leaders » traditionnels dans les circuits scolaires, et notamment ceux dont les parents sont enseignants, n'obtiennent pas de meilleurs résultats aux tests que les autres.

Autre interrogation néanmoins : comment pallier le manque de motivation des enfants face à certains aspects du programme ? Claudia Renau écrit : « Les tenants du *homeschooling* mettent en avant leur enthousiasme et leur créativité pour présenter aux enfants les aspects des programmes les moins plaisants. Les parents *unschoolers* répondent que l'enfant accédera

1. ROTHERMEL, Paula, *Home Education : Rationals, Practices and Outcomes*, Université de Durham, 2002.

de lui-même à des apprentissages plus formels, par exemple en mathématiques, le jour où ces connaissances lui seront utiles dans un projet motivant ! »

Enfin, n'est-il pas inconfortable pour un parent d'être professeur de son enfant ? De devoir le punir s'il n'a pas fait son travail ou s'il a perdu ses affaires ? « Beaucoup de parents interrogés réfutent la notion de punition, y compris dans leur éducation en général, répond Claudia Renau. Si l'enfant est laissé moteur de ses apprentissages, il n'y a plus de notion ni de récompense ni de contrainte. »

## 5 – Ce confinement familial n'est-il pas malsain ?

Troisième objection généralement formulée aux parents qui instruisent leurs enfants au foyer : n'est-il pas étouffant, pour ne pas dire malsain, de rester ainsi les uns sur les autres en permanence ? Pour les enfants, de vivre toujours sous le regard des parents ? Et, pour ces derniers – en l'occurrence, la mère dans l'immense majorité des cas –, comment est vécu le renoncement obligé à toute vie professionnelle et à toute liberté personnelle, afin de se consacrer aux apprentissages de ses chérubins ?

Sur ce point comme sur les autres, les « non-sco » affichent leur sérénité. « Certes, ce n'est pas tous les jours facile financièrement, étant donné que nous ne vivons que sur le salaire de mon mari, admet Delphine. Mais je compense le manque de vie professionnelle par une vie associative intense ! Et s'agissant de liberté personnelle, je n'ai jamais été aussi libre que depuis qu'ils sont à la maison ! Comme ils sont rassurés par le fait que je suis avec eux, ils sont très autonomes et indépendants et participent sans broncher à toutes les tâches de la maison. Lorsque j'ai besoin de faire un break, ils le comprennent très bien et vont tranquillement jouer dans leur chambre. Et puis, je m'accorde tous les samedis matins pour faire de l'aviron ! »

D'une manière générale, les parents « non-sco », qui sont aussi, dans leur quasi-totalité, adeptes du maternage intensif, estiment qu'un enfant a besoin avant tout de la sécurité émotionnelle de la vie familiale. « Ces parents non scolarisants ont, à l'inverse, plutôt l'impression que l'école sert surtout à... libérer de nombreux parents de leurs enfants », déclare Claudia Renau. Et elle cite une mère de trois enfants : « Calculant le bonheur par le taux de croissance du PNB, notre société occidentale moderne sépare les parents (qui doivent travailler) des enfants qui doivent être gardés, et le sont finalement correctement par l'école, étant donné le budget alloué. »

Face à cette « garderie » oppressante et inutile qu'est selon eux l'école, les *homeschoolers* mettent en avant le bonheur qu'ils ont à voir grandir leurs enfants, en toute autonomie. « L'un des grands avantages de l'instruction parentale est de renforcer l'unité familiale, assure une maman sur le site de CISE. Elle oblige à avoir des liens profonds et harmonieux avec ses enfants. Notre maison, c'est l'endroit où se construit chaque jour notre famille. La maison, c'est un refuge où nous voulons que nos filles s'épanouissent et apprennent à aimer la vie. Oui, décidément, le bonheur est à la maison. »

## 6 – L'IEF, UN CHOIX ÉLITISTE ?

Dernière critique souvent faite aux familles IEF : celle de faire un choix consumériste, élitiste. Sous-entendu : tout le monde ne peut pas se le permettre, pour des raisons financières et/ou intellectuelles – remarque objectivement non dénuée de fondement si l'on considère deux points. D'une part, la nécessité de ne vivre que sur un seul salaire qui doit être suffisant, d'autant que les familles faisant ce choix sont très souvent des familles nombreuses. « En ce sens, la déscolarisation est un phénomène fondamentalement inégalitaire d'un point de vue social, souligne l'historienne Yvonne Knibiehler lorsqu'on l'interroge. Il faut un mari pour faire bouillir la marmite et une ouverture culturelle suffisante. C'est le retour du précepteur... ».

D'autre part, bien que l'on ne dispose d'aucune statistique précise, il semble bien que les *homeschoolers* comptent en leurs rangs une impressionnante proportion d'enseignants, instituteurs ou professeurs du secondaire (voire du supérieur). « Ce sont eux qui ont les meilleures compétences pour enseigner à leurs enfants, et la plus grande motivation, étant donné qu'ils ont vu de l'intérieur les insuffisances du système », souligne Delphine. On l'a vu, des enfants dotés de parents de niveau socioculturel modeste, très éloignés de l'enseignement, peuvent très bien tirer un immense profit de l'instruction en famille. Toutefois, il semble *a priori* plus aisé pour une personne formée à enseigner de s'y retrouver dans les méandres des programmes et des pédagogies que pour le parent lambda. De fait, les enfants éduqués à domicile sont massivement issus de familles de catégories sociales et de niveau d'éducation supérieurs à la moyenne. Et si les nombreuses rencontres entre familles déscolarisées autour d'activités extra-scolaires entraînent une indéniable socialisation, elles ne favorisent que très peu le brassage social que l'on peut trouver dans une cour de récréation...

Ces critiques ne troublent pas davantage les familles « non-sco ». « Les revenus de ces familles sont moyens, conteste Claudia Renau. Elles ont fait en sorte de réduire leurs dépenses, par exemple en quittant la région parisienne (beaucoup vivent à la campagne). Leur richesse est surtout composée de temps libre, d'assurance pour faire face à la pression sociale, assurance liée à un certain capital culturel. » Quant à l'égoïsme dont sont taxées ces familles, du fait du retrait pur et simple de leur enfant du système au lieu de vouloir améliorer celui-ci de l'intérieur, « certains répondent qu'il est illusoire de vouloir changer l'école à l'échelle d'une famille et qu'ils ne veulent pas sacrifier leur enfant au nom de beaux principes », poursuit Claudia Renau.

D'autres bottent en touche, en mettant en avant l'échec avéré de l'ambition égalitaire de l'école et en pointant l'importance de la reproduction sociale actuelle du système.

## 7 – Le versant sombre de l'instruction en famille : le regard des autres et les contrôles

Faire le choix de la déscolarisation ne comporte pas, loin s'en faut, que des joies et une sérénité ineffables. Deux épreuves attendent les candidats à l'instruction à la maison. Il y a d'abord le regard, au mieux interloqué, au pire totalement intolérant, de la société. La non-scolarisation volontaire n'a pas franchement bonne presse dans notre pays, qui voue un grand culte à l'institution scolaire et à sa mission originelle de creuset social et républicain. « L'instruction en famille est vue comme une forme d'instruction inférieure menée par des parents arrogants, sans formation, qui essaient de faire d'une manière maladroite et inefficace ce qui est clairement un travail d'enseignants professionnels », résume le docteur R. Bell [1], cité par Delphine Gazzabin dans le mémoire de licence de sociologie qu'elle a consacré à l'IEF [2]. Les parents *homeschoolers* sont contraints en permanence de justifier leurs choix... et leurs enfants d'expliquer à des adultes ébahis et méfiants de les voir se promener ou jouer en pleine journée pourquoi ils ne sont pas à l'école. Conséquence indirecte de cette hostilité larvée : le milieu de l'IEF a des allures de Fort Knox : avant de se voir ouvrir quelques portes, nous avons dû montrer patte blanche.

Le second problème, qui découle directement du précédent, est celui des inspections que subissent les familles, annuelle-

1. Safran Barson, Leslie (dir.), *Apprentissage autogéré et instruction à la maison : une perspective européenne*, Learning illimited, Educational Heretics Press, 2006. Le docteur Bell est cité dans ce rapport.

2. Gazzabin, Delphine, « Ces citoyens qui font le choix d'instruire leurs enfants en famille », mémoire de licence de sociologie, 2007.

ment en ce qui concerne l'Éducation nationale, tous les deux ans pour la visite sociale. Ces contrôles tournent souvent au psychodrame, surtout pour les familles qui ont fait le choix d'un enseignement informel. « Lorsque la famille suit les programmes de façon scolaire, le contrôle se déroule bien, note Claudia Renau. Dans le cas de familles qui suivent les questionnements de leurs enfants, le contrôle peut mettre au jour des incompatibilités de vision du monde. »

« Le problème du *homeschooling* informel, c'est qu'on n'arrive pas très bien à quantifier ce qu'ils ont appris, quand et quoi, témoigne Delphine Gazzabin. Par exemple : en "vrai", nous travaillons selon les opportunités, de manière assez anarchique. Sur le coin du plan de travail, sur un bout de papier (pour griffonner les tableaux de conversion pendant la préparation d'un repas) ou même sur la table de salon, à l'arrière d'un magasine (pour dessiner un continent et situer un pays dont on parle pendant une émission...). Du coup, avant le passage de l'inspecteur, on en est réduits à une sorte de mise en scène. On compile toute l'info que l'on peut dans un classeur intitulé "Sciences et nature" ou "Mathématiques", afin d'en avoir une trace présentable ! »

Mais quand l'envoyé de l'Éducation nationale est là, aucune préparation, aucun artifice n'évite le stress, voire l'humiliation. « C'est une pression énorme, poursuit-elle. Quand l'inspecteur débarque chez vous, c'est forcément pour vous dire que vous faites la plus belle connerie de votre vie. La dernière fois, il est venu, a fait son rapport à son supérieur (rapport que nous n'avons obtenu que sur demande expresse !) et nous avons pu lire : "Pas satisfaisant, je demande un nouveau contrôle, dès le prochain trimestre." Avec le commentaire suivant : "Parents en souffrance, qui cèdent sur tout, très ouverts néanmoins. Très inquiet pour la scolarité du petit garçon et pour celle de sa sœur." Je lui ai répondu dans une lettre que je n'étais pas soumise au rythme scolaire et qu'il ne lui appartenait pas de juger le comportement et les résultats de Nath. Heureusement, le contrôle suivant a été beaucoup plus positif. Mais en attendant, mon mari et moi n'en avons pas dormi des nuits durant ! » Quant à la visite sociale, elle est « humiliante dans son principe », selon les termes d'un père cité par Claudia Renau. « Les inspections *a priori* insinuent que nous sommes des parents irresponsables », déclare, agacé, un autre père. Dans les cas les plus conflictuels, certaines familles, notamment parmi les pratiquantes du *unschooling*, doivent même aller jusqu'au procès afin de faire valoir leurs choix éducatifs.

### 8 – Face à une loi de plus en plus stricte, un combat qui se déplace sur le terrain politique

En France, conformément à la loi du 28 mars 1882, la scolarité n'est pas obligatoire. C'est l'instruction qui l'est, entre 6 et 16 ans. « L'instruction obligatoire peut être donnée soit dans les établissements d'instruction primaire et secondaire, soit dans les écoles publiques ou libres, soit dans les familles, par le père de famille lui-même, ou par toute personne qu'il aura choisie », énonce l'article L 131-2 du code de l'éducation.

Depuis, de nouveaux textes sont venus renforcer la loi originelle, allant tous dans le sens d'un renforcement des contrôles, dans le cadre de la lutte contre les sectes. La loi du 18 décembre 1998 précise les modalités de contrôle des familles par l'État : à compter de l'année civile du 6e anniversaire de leur enfant, ses parents doivent obligatoirement déclarer son instruction à domicile quinze jours avant la rentrée scolaire, auprès de la mairie de la commune et de l'inspection académique du département, sous peine de 1 525 € d'amende. La première effectue désormais tous les deux ans une enquête sociale, afin d'établir « s'il leur est donné une instruction dans la mesure compatible avec leur état de santé et les conditions de vie de la famille ». Quant à la seconde, elle procède, une fois par an, à la vérification de la réalité de l'instruction reçue par les enfants. Les résultats de ce contrôle sont notifiés aux parents avec indication du délai dans lequel ils devront fournir leurs explications ou améliorer la situation. Au terme de ce délai, si un second contrôle se révèle toujours insuffisant, les parents sont mis en demeure d'inscrire leur enfant, dans les quinze jours, dans un établissement d'enseignement. Un refus d'obtempérer est théoriquement passible de six mois d'emprisonnement et de 7 620 € d'amende.

Le contenu des connaissances exigées dans le cadre de l'école à la maison a été défini par le décret du 23 mars 1999. D'après ce texte, aucune obligation n'est faite aux familles de suivre le programme en vigueur, classe par classe. En revanche, elles doivent se prévaloir d'une progression nette dans les savoirs et savoir-faire acquis par leurs enfants. Objectif affiché par le décret : que l'enfant non scolarisé atteigne à 16 ans « un niveau comparable à celui des élèves scolarisés ».

Las ! Fin 2006, à la suite de l'affaire de la secte Tabitha's Place, dans laquelle dix-huit mineurs non scolarisés avaient été trouvés dans un état d'enfermement physique et psychologique total, deux amendements, déposés par les députés Georges Fenech (UMP) et Philippe Vuilque (PS), proposent de modifier le code de l'éducation. Il s'agit d'obliger les parents à « justifier d'un état de santé et d'un handicap de leur enfant, d'un déplacement de la famille ou de toute autre raison réelle et sérieuse » et d'empêcher que l'instruction soit dispensée « au même domicile à plus de deux familles ».

Face à ces restrictions de leur liberté, les deux associations Led'a et LAIA ont organisé la résistance en créant conjointement, en décembre 2006, le Collectif pour la liberté d'instruction (CPLI) – organisme s'affirmant, comme elles, indépendant de toute appartenance philosophique, politique ou religieuse. Face à la levée de boucliers, la loi du 5 mars 2007 réformant la protection de l'enfance n'a pas retenu l'amendement Fenech, mais continue néanmoins de restreindre la liberté d'instruction en famille, en ajoutant l'obligation de déclarer désormais toute inscription dans un établissement d'enseignement à distance. « Les familles qui prennent des cours à distance n'auront toujours pas de visite de l'inspecteur (puisque c'est le cours lui-même qui est contrôlé). En revanche, elles devront se plier à une visite sociale de la mairie », traduit Claudia Renau. Et surtout, en complétant le quatrième alinéa de l'article L.131-10 du code de l'éducation par la phrase suivante : « Il [le contrôle par l'inspecteur] vérifie notamment que l'instruction dispensée au même domicile l'est pour les enfants d'une même famille. »

Cette mesure est prise comme un véritable camouflet pour des familles qui s'organisent souvent en petits groupes de travail et de sorties pédagogiques. « Donc, désormais, si les enfants de plus d'une famille sont instruits au même domicile, les responsables de l'enseignement doivent se déclarer comme école, ils ne peuvent pas chacun déclarer leurs enfants comme simplement instruits dans la famille », déplore Jennifer Fandard, de Led'a.

Les partisans de l'éducation en famille comprennent d'autant moins cette méfiance que le rapport 2006 de la Miviludes, paru en janvier 2007, est très rassurant. « Il est bien entendu que les enfants éduqués dans les familles ne le sont pas parce que les parents appartiennent systématiquement à des mouvements sectaires, ils le sont la plupart du temps pour des raisons purement idéologiques... », note t-il. Et de citer le nombre « très modeste » de mises en demeure de scolarisation effectuées dans l'année : vingt-trois seulement (soit moins de 1 % des familles inspectées), dans tous les cas pour cause de niveau jugé insuffisant. Dès 2003, le rapport Miviludes notait d'ailleurs que « la suspicion de dérive sectaire n'est apparue que très rarement lors de ces contrôles ».

Le CPLI ne relâche pas sa pression sur les pouvoirs publics. Il a rédigé et diffusé (notamment en ligne) une pétition rageusement intitulée : « Éducation : non au licenciement des parents ! » – pétition qui soutient le droit des familles à choisir les approches pédagogiques les mieux adaptées à leurs enfants. La troisième association française, CISE, se démarque ouvertement de cette démarche offensive : « Nous pensons, pour notre part, que la loi est bien faite : des contrôles, il en faut, le secteur doit être surveillé », déclare Laure Guinard.

## 9 – L'instruction en famille... et après ?

Que ce soit pour un an, pour dix ans ou jusqu'au baccalauréat, tôt ou tard, l'instruction en famille laisse la place à une intégration dans le système scolaire, universitaire ou encore dans la vie active. Comment ces enfants y trouvent-ils ou retrouvent-ils leurs marques ? La question de son « efficacité », aussi bien scolaire que psychologique, est au cœur du débat sur le degré de légitimité de l'IEF...

Le retour à l'école après déscolarisation est, lui aussi, strictement encadré. Tout élève ne provenant ni de l'enseignement public, ni de l'enseignement privé sous contrat, est soumis à un examen d'entrée.

S'agissant de l'adaptation au système scolaire, les témoignages et les avis sont extrêmement divergents. Si l'on en croit Laure Guinard, ce retour à l'école s'est passé comme une lettre à la poste. « J'ai deux filles de 14 et 13 ans et un garçon de 8 ans, tous trois intellectuellement précoces, qui jusqu'à l'année dernière n'étaient jamais allés à l'école, raconte-t-elle. C'est eux qui ont émis le souhait de revenir dans le système, pour "savoir comment c'était". Le plus jeune est entré directement en CE1, avec un an d'avance, car il savait lire. L'année s'est si bien passée sur le plan scolaire qu'il a sauté le CE2 et entre directement en CM1 à la rentrée prochaine. Mon aînée, elle, est entrée en quatrième cette année, après une simple rencontre avec le principal, qui l'a trouvée brillante ; la deuxième a fait des premiers pas en sixième. Pour aucun des trois, je n'ai eu le moindre souci sur le plan des connaissances. Les seules difficultés que mes enfants ont eues à affronter, c'est le rythme (il leur a fallu, notamment, réapprendre à se lever tôt, à demeurer une heure durant sans bouger sur une chaise) et le bruit. L'une de mes filles était particulièrement impressionnée par le brouhaha et la foule des élèves pendant les inter-cours. Arriver dans une classe de trente, ça fait bizarre au début ! »

Les enfants au QI supérieur à la moyenne, caractérisés par une curiosité naturelle et par l'envie d'apprendre, semblent effectivement tirer particulièrement bien leur épingle du jeu de l'IEF. Et leur réussite se poursuit bien après le collège. Témoignage d'une expérience libertaire qui s'est achevée en beauté...

**Témoignage**

**« En sixième, après quasiment tout le primaire à la maison, j'étais l'une des meilleures de ma classe. »**
**Marion Ecalle, 28 ans** [1]

« J'ai été déscolarisée lors du premier trimestre de mon CE1.

« Pendant quatre ans, nous avons fonctionné à quatre familles, comptant en tout sept enfants. Le principe était le suivant : deux jours par semaine, tous les enfants se retrouvaient dans une des familles, avec rotation.

« Avec l'une des familles, nous avons fait du théâtre et des manifs antinucléaires, visité des forêts à la découverte des arbres et des histoires, parrainé une fille en Inde... Avec une autre, nous avons construit un vrai tipi, appris à construire des paniers en osier, fait de la sculpture sur bois, étudié l'his-

1. http://laia.asso.free.fr/

toire des Amérindiens, conçu des jeux de piste. Avec la troisième, nous avons fabriqué du miel, des bougies en cire, réalisé des ateliers musique. Avec la mienne, nous avons pratiqué des activités scolaires (ma mère est institutrice). Et à vrai dire, c'est de ma famille dont je me souviens le moins !

L'"école de tous les jours", comme nous l'avions appelée, s'est dissoute l'année de mon CM2. Je souhaitais aller au collège. J'ai étudié le programme CM1-CM2 pour me remettre à niveau pendant le dernier trimestre. Au test d'entrée en sixième, je suis arrivée première en maths et deuxième en français (ça, c'est pour les mauvaises langues qui disent que j'ai passé quatre ans sans étudier scolairement parlant). Déléguée de classe, j'étais tout le temps envoyée par les autres enfants pour parler aux adultes quand il y avait des problèmes (ça, c'est pour ceux qui pensent que si on ne va pas à l'école, on n'est pas "social"). De fait, j'ai trouvé l'école un peu ennuyeuse. J'étais une des meilleures de ma classe dans toutes les matières ("trop facile d'avoir des bonnes notes lorsqu'on vous donne les cours tout mâchés", disais-je).

« Que ce soit ceux de mes amis qui ont réintégré l'école classique après cette période d'instruction en famille, ou ceux qui ont fait l'école Steiner puis l'école classique, nous avons tous aujourd'hui des diplômes universitaires. Pour ma part, j'ai une licence de psychologie, obtenue en France et en Espagne, ainsi qu'une maîtrise de français langue étrangère. Aujourd'hui, je suis mère au foyer, car je viens d'avoir des jumelles. Mais juste avant, je travaillais comme responsable linguistique et culturelle dans un consulat honoraire en Équateur. »

Ces témoignages enthousiastes sont néanmoins battus en brèche par certains spécialistes de l'enfance. Ainsi, le psychologue Didier Pleux a des mots très durs sur les suites de l'instruction en famille à court et à moyen terme : « Si on peut prouver que l'instruction en famille rend les gens plus autonomes, ça m'intéresse ! Des jeunes qui ont été éduqués selon ce principe de la pédagogie de la motivation, de l'apprentissage par le plaisir, j'en vois passer régulièrement dans mon cabinet : c'est bien beau tout ça, mais quand le gamin voudra faire des études de médecine et qu'il devra bachoter des heures durant, il aura du mal ! Apprendre, c'est aussi, nécessairement, “se farcir des choses” pas très drôles : des règles de grammaire, des tables de calcul, du solfège, des verbes irréguliers pour maîtriser une langue... De même, créer un lien social, c'est aussi accepter les contraintes de l'emploi du temps, les profs qu'on n'aime pas, les collègues moroses, la petite copine qui vous largue, etc. La socialisation, c'est être en déséquilibre : je vais rencontrer des gens qui ne sont pas d'accord avec moi, qui ne m'attendent pas, qui ne m'aiment pas. Le monde façon *peace and love*, c'est très sympa, mais ce n'est pas très responsable de faire croire à ses enfants que la vraie vie ressemble à ça. Parce que dans leur famille comme dans leurs écoles “différentes”, ils restent bien dans un cocon, à vivre à leur rythme, à ne fréquenter que des gens qui leur ressemblent, dans les idées comme d'un point de vue social. Résultat des courses : ces enfants s'écroulent généralement dès les premières difficultés. Dès qu'on leur met une contrainte, ça ne marche plus. »

Pourtant, plusieurs études, souvent réalisées sur commande d'associations de défense du *homeschooling*, et selon des critères tout à fait scientifiques, tendraient à prouver que celui-ci produit plutôt de bons, voire de très bons résultats sur le moyen et le long terme. Et ce, tant du point de vue des résultats scolaires en eux-mêmes que de celui de cette fameuse socialisation, qui cristallise tant de débats. Ces études sont, dans leur quasi-totalité, d'origine anglo-saxonne, et notamment américaine.

Parmi celles qui portent sur les connaissances scolaires des enfants instruits hors école, des études faites à la fin des années 1980 dans différents États américains ont démontré que les enfants non scolarisés ayant passé des tests standardisés donnés habituellement aux enfants scolarisés ont eu des scores élevés par rapport à la moyenne nationale. Le docteur Brian Ray, fondateur de la *National Home Education Research* (l'organisme américain de recherches sur l'instruction à la maison), a sondé 7 300 ex-*homeschoolers*, aujourd'hui âgés de 18 à 24 ans : 74 % sont allés à l'université, contre 46 % seulement pour l'école publique, et 12 % sont diplômés d'une maîtrise contre 8 % côté public.

Quant à l'impact du *homeschooling* sur la socialisation et l'équilibre émotionnel futurs des enfants, il serait au moins aussi satisfaisant. Les études de divers universitaires américains ont conclu que les enfants non scolarisés ont une meilleure image d'eux-mêmes, qu'ils participent à autant d'activités extra-scolaires et autres activités développant des qualités de *leadership*, et qu'ils ont moins de problèmes de comportement en groupe que les enfants scolarisés étudiés. Pour le docteur Ray, ce sont de plus grands lecteurs (98,5 % ont ouvert un livre durant les six derniers mois, contre 69 % dans le public), ils sont plus actifs dans leur communauté (71 % contre 37 %) et, loin de s'exclure de la société, ils se positionnent en citoyens largement plus consciencieux (74 % votent, contre 29 %).

Enfin, si on leur laisse la parole, les adultes ayant été éduqués à la maison considèrent, pour plus de 75 % d'entre eux, que leur éducation les a aidés dans leurs rapports avec des personnes issues de tous les niveaux de la société ; 96 % de ces adultes ne regrettent pas le choix éducatif qu'ont fait leurs parents [1].

---

1. Pour les références de ces études et d'autres, voir : http://www.lesenfantsdabord.org

### Quelle vie après la déscolarisation en France ?

L'unique étude hexagonale sur le devenir des enfants non scolarisés est l'œuvre de Jennifer Fandard, de Led'a. Celle-ci a interrogé vingt-cinq jeunes adultes âgés de 18 et 26 ans en 2000-2002. Parmi ceux-ci, 19 % n'ont jamais été scolarisés, 23 % ne l'ont été qu'après 15 ans, 58 % l'ont été pour une partie de la période d'instruction obligatoire.

À la question « Que faites-vous actuellement ? », les réponses étaient extrêmement diversifiées (avec une forte présence, néanmoins, de métiers ou formations à dominante artistique : musique, théâtre, cirque, etc.).

**Les jeunes avaient obtenu des diplômes des niveaux suivants :** 23 % bac ou études supérieures ; 27 % BEPC, CAP ou BEP (71 % poursuivant leurs études) ; 15 % avaient un diplôme correspondant à une formation particulière ; 23 % n'avaient pas actuellement de diplôme, mais poursuivaient leurs études ou suivaient une formation professionnelle ; 12 % enfin n'avaient pas de diplôme et exerçaient un métier artistique ou agricole.

Vingt et un sur vingt-trois se disaient contents d'avoir vécu cette expérience, deux se montraient plus mitigés.

### Témoignages

#### Maternantes... mais peu enclines à la non-scolarisation

**Elles allaitent, portent et élèvent leurs enfants sans violence. Pourtant, elles n'ont pas (ou pas encore) fait le grand saut vers la solution extrême de l'instruction en famille. Leurs raisons...**

« J'apprécie l'instruction de l'école, à partir du moment où elle est dispensée par un bon instit. Je complète l'instruction de l'école à la maison, je leur apprends nos valeurs, qui parfois entrent en contradiction avec celles de l'école. Mais cela aussi leur apprend la diversité. » (Anne-Sophie)

« Mes enfants sont tous heureux d'aller à l'école, et je ne me sens pas la volonté pour faire l'IEF. Je serais davantage ouverte sur les écoles différentes, comme Montessori. Hélas, c'est trop cher pour mon budget. » (Gaëlle)

« Mon grand est entré en maternelle en mars à presque 4 ans et ça me convient bien. Il a des copains, fait de la cuisine, des expériences et adore sa maîtresse. À ce niveau, c'est plus le côté social qui me convient, mais la scolarisation à domicile n'est pas exclue. À voir par la suite... » (Jade)

« L'IEF : non ! Il suffit de choisir son école, qu'elle soit publique ou privée. Il y en a tellement qu'on a l'embarras du choix ! » (Mélanie)

« Je pense que l'école est quelque peu le reflet de la société non maternante dans laquelle nous vivons. L'idée, c'est que ma fille aille à l'école "normale" et que je la soutienne tout au long de sa scolarité, pour qu'elle profite des avantages sans en subir les inconvénients. » (Karine)

« Non, je ne me sens pas capable intellectuellement de pratiquer l'école à la maison. En plus, je n'ai ni la motivation, ni la patience. J'ai aimé, pour ma part, souffler à l'école, loin de la maison (maman au foyer, famille nombreuse), donc je le souhaite pour ma fille. » (Sandra)

Plus qu'un simple choix d'enseignement, la non-scolarisation s'affirme comme un choix de vie, qui influence non seulement le comportement familial, mais aussi le comportement social tout entier. Il reflète, de la part des familles qui le pratiquent, le désir profond de se libérer, temporairement ou définitivement, des contraintes d'un système dans lequel elles ne se reconnaissent pas ou qui ne convient pas à leurs enfants. Les contraintes de plus en plus strictes qui enserrent l'instruction en famille, loin de les décourager, les ont renforcées dans leur volonté farouche de défendre leur liberté d'instruire leurs enfants comme bon leur semble. Au niveau associatif comme au niveau individuel, chacun rivalise d'imagination pour continuer à faire vivre au mieux la pratique. « La loi actuelle nous bloque pour organiser une instruction commune à plusieurs familles, déclare Delphine Gazzabin. Alors, en attendant qu'elle soit assouplie, ce que nous espérons tous, nous allons essayer de la contourner en faisant intervenir des associations extérieures et habilitées, qui viendraient animer des ateliers sur des thèmes divers. À nous de travailler pour que ce que nous proposons soit très différent de ce que pratiquait la secte Tabitha's Place, par exemple. J'ai bon espoir que, les choses évoluant, on arrive à considérer l'IEF comme un choix respecté et libre de tout présupposé négatif… »

Quoi qu'il en soit, que l'on reconnaisse ou non, d'un point de vue individuel, le bien-fondé de cette pratique sur les acquisitions intellectuelles et sociales des enfants, l'école à la maison continuera forcément à donner de l'urticaire à la société. Car elle met le doigt sur les insuffisances actuelles de l'école, tout en montrant qu'il est possible de s'en dissocier. Laissons le mot de la fin à Philippe Meirieu, cité dans *Le Monde de l'éducation* [1] : « Si l'école à la maison reste aujourd'hui un sujet tabou, parfois perçu comme une trahison du système éducatif, c'est parce que, si on commençait à en parler, ce serait un aveu que nous n'avons pas réussi et que nous reculons sur cet idéal d'une école mixte, hétérogène. »

---

1. « L'école à la maison, pour les déçus du système », *Le Monde de l'éducation*, janvier 2005.

## Bibliographie

**Pour**

Laure Guinard, cofondatrice de l'association Cise http ://cise.fr

**Oui, mais...**

VINCENT, Guy, *La Socialisation démocratique*, Presses universitaires de Lyon, 2006.

Agence Informations Enfance, *Écoles différentes : guide-annuaire 2008.*

CHAVENAS, Sophie, *Guide des écoles pas comme les autres*, Pierre Horay, 2005.

HOLT, John, *How Children learn* (Comment apprennent les enfants), Perseus Pubishing, 1995.

HOLT, John, *How Children fail* (Comment les enfants se trompent), Perseus Pubishing, 1995.

HOLT, John et FARENGA, Patrick, *Teach Your Own : The John Holt Book of Homeschooling* (Faites l'école vous-même : le livre de l'école à la maison), Perseus Pubishing, 2003.

SCHMID, J.-R., *Le Maître-camarade et la pédagogie libertaire*, Maspero, 1972.

THOMAS, Alan, *Educating Children at Home : How Children Learn at Home* (L'apprentissage des enfants dans l'école à la maison), Continuum International Publishing Group, 2007.

*Grandir autrement* n° 6 (juillet-août 2007). Dossier : « Les écoles différentes », et hors-série n° 3 : « L'école à la maison » (mars 2008).

*L'Enfant et la vie* (journal des écoles Montessori) www.lenfantetlavie.fr/

**Pour en savoir plus sur les écoles Montessori**
www.montessori-France.asso.fr
http://www.la-ferme-des-enfants.com/

**Pour en savoir plus sur les classes et les écoles Freinet**
www.freinet.org

**Pour en savoir plus sur les écoles Waldorf-Steiner**
www.steiner-waldorf.org

**Pour en savoir plus sur l'Association nationale pour le développement d'une éducation nouvelle**
www.anen.fr

**Pour en savoir plus sur les *living school***
http://www.livingschool.fr/

**Les associations de défense de l'IEF**
http://www.lesenfantsdabord.org/index.php
http://laia.asso.free.fr/
http://www.cise.fr/

# Chapitre 6
# Consommer et vivre de façon plus naturelle et équitable

## POUR
## Carine Phung

**« Nous sommes victimes de désinformation sur les méfaits de nombreux produits. »**

**Carine Phung est rédactrice en chef du magazine *Grandir autrement*, maman de deux garçons de 3 et 10 ans, et enceinte de son troisième enfant.**

« Le fait de devenir parents et de songer à quelle planète nous allons laisser en héritage à nos enfants fait que certaines familles ont envie de changer leurs habitudes. Maintenant, chacun chemine à son rythme ! Ainsi, certains produits de consommation courante sont dangereux ou à déconseiller, à commencer par les produits d'entretien (à cause de tout ce qu'ils contiennent et que l'on respire), les peintures d'intérieur et les cosmétiques (surtout sur la peau si perméable des bébés). Il vaut mieux les remplacer par des préparations ou astuces "nature", de préférence faites maison, comme celles qu'on trouve sur le livret *Le Grand Ménage* de Raffa, et qui reviennent alors à trois fois rien pour la même efficacité. Pour les soins du corps, les huiles végétales, souvent riches en oméga 3 notamment, font des merveilles. Et pour les cheveux, on peut utiliser du rhassoul (sorte d'argile marron).

« Cette démarche écolo passe aussi par le fait d'avoir moins systématiquement recours à la médecine allopathique "officielle". Pour ma part, je n'ai jamais eu de médecins, traditionnels ou pas, qui aient prescrit des antibiotiques à mes enfants (et mon second n'en a jamais pris), sauf cas de force majeure (infection urinaire, par exemple). Je consulte un médecin homéopathe et, pour l'asthme, je me suis tournée vers la méthode Gesret, une technique de soins alternative. Sinon, on peut soigner beaucoup de choses avec du lait maternel, de l'extrait de pépins de pamplemousse et autres produits naturels.

« Au sujet de la vaccination, au regard de mon expérience personnelle avec un enfant polyallergique pour qui celle-ci n'a pas été sans conséquences (otite, asthme, hospitalisation), je sais qu'aujourd'hui, il est hors de question de vacciner mes enfants à l'avenir. J'ai beaucoup pesé les risques et les bénéfices... Je pense que si l'on vaccine, il ne faudrait faire que les injections obligatoires et pas en même temps, ni trop tôt. Et il faudrait faire un test avant, pour savoir si l'enfant n'est pas déjà naturellement immunisé (on peut le demander, mais ce n'est pas remboursé par la Sécurité sociale). Pourtant mon aîné a eu tous les vaccins, même optionnels, sans aucun désagrément visible, mais qui peut savoir les conséquences invisibles ? Nous manquons d'études sérieuses.

« S'agissant de l'alimentation, je ne pense pas que le végétarisme soit une nécessité, mais en tout cas je préfère consommer bio, et aussi moins de produits animaux, c'est important. Pour le cas des enfants, je pense que tant qu'ils sont allaités, ils n'ont pas besoin de protéines animales. Mon deuxième fils est végétalien du fait de son intolérance à toute protéine animale quelle qu'elle soit (sauf les œufs dans des gâteaux, qu'il tolère désormais) et il est en bonne santé. Je pense que l'obstacle majeur à ce changement de vie, c'est le manque d'information ou même la désinformation. Un obstacle que nous espérons qu'une publication comme *Grandir autrement* pourra contribuer à lever. »

**OUI, MAIS...**
**Irène Kahn-Bensaude, pédiatre à Paris.**

**« La vaccination est la première forme de solidarité ! »**

« Pour soigner les multiples agressions virales dont est victime un enfant dans les premières années de sa vie, point n'est forcément besoin de recourir systématiquement aux antibiotiques. Je suis la première à dire qu'on en a trop abusé à un certain moment. L'homéopathie peut être un remède efficace contre les rhumes, les états grippaux et les angines virales. Mais décrier par principe les antibiotiques me semble outrancier, car ceux-ci ont été et sont toujours incontournables pour venir à bout des maladies infectieuses.

« En revanche, ne pas vacciner ses enfants relève à mon sens de la plus stricte inconscience. Les trois vaccins obligatoires, notamment pour la fréquentation de la crèche ou de l'école (polio, diphtérie et tétanos) sont des obligations majeures de santé publique, pour se préserver soi-même et protéger les autres. Les vaccins ont sauvé des millions de vies dans le monde entier depuis près d'un siècle. Les parents qui les refusent à tout prix prennent une responsabilité phénoménale envers un enfant qui n'a pas demandé à venir au monde.

« En ce qui concerne les injections non obligatoires, s'abstenir systématiquement de les pratiquer n'est pas non plus une solution valable. Le virus de la coqueluche existe toujours, il continue à tuer, surtout les tout-petits. C'est pourquoi il faut même revacciner les parents de jeunes enfants. La méningite à pneumocoque peut provoquer une hydrocéphalie, handicap effroyable. Quant à la rougeole et aux oreillons, il est de bon ton d'en parler comme de maladies bénignes. Mais lorsque j'étais responsable du pavillon des rougeoles à l'hôpital Claude-Bernard, dans les années 1980, j'ai eu sept morts en trois ans ! La vaccination contre l'hépatite B, tant décriée, a été faite sur des millions d'enfants de moins de 6 ans, sans jamais la moindre complication. Et la rubéole, si elle n'atteint pas forcément gravement l'enfant, est potentiellement très dangereuse pour l'entourage, par exemple pour une institutrice enceinte qui ne serait pas immunisée, et dont la maladie peut être gravissime pour le fœtus. Être solidaire, c'est d'abord et avant tout se vacciner !

« Enfin, l'éviction de toute protéine animale, parfois préconisée par certaines familles, me semble être une aberration. Un enfant en pleine croissance a besoin de consommer régulièrement produits laitiers, œufs et poissons, si ce n'est de la viande, sous peine de graves carences. »

« La Terre n'est pas un héritage de nos parents, elle est un emprunt que nous faisons à nos enfants... », peut-on lire sur la page d'accueil du site www.materrenette.com. C'est pourquoi toute maman « nature » qui se respecte materne autant la Terre que sa progéniture, à qui elle souhaite léguer une planète morale et viable. D'où un rapport à son environnement écologique basé sur le respect des équilibres naturels et la recherche, sous tous ses aspects, d'une consommation moins artificielle : nourriture, vêtements et produits de soins bios, gestion respectueuse des déchets, priorité donnée aux énergies naturelles... Objectif : préserver les ressources de la planète en polluant moins celle-ci, tout en faisant du bien à son corps et à celui de ses enfants.

## I – Alimentation : moins de viande, plus de bio

« Mon dada, c'est la toxicité et l'impact sur l'environnement de nos produits de consommation. Si j'ai fait le blog, c'est pour agir contre cela [1] », explique Raffa, biologiste belge trentenaire

1. http://raffa.over-blog.com/

(sans enfants). Pour elle, non seulement manger bio s'impose comme une évidence pour toute personne soucieuse de préserver son environnement, mais cette démarche va de pair avec la réduction, voire la disparition, de sa consommation de viande. Cette optique qui n'est pas tant fondée sur l'amour des animaux que sur une économie bien comprise des ressources de la planète. Selon elle, l'élevage intensif industriel non seulement entraîne des conditions de vie et de mort souvent effroyables pour les bêtes, mais, « du côté de la santé des gens, c'est aussi la vache folle, les hormones, les antibiotiques, etc., écrit-elle. Par ailleurs la consommation de viande est bien trop importante en Occident et est la cause de pas mal de maladies cardiovasculaires ».

Qui plus est, précise Raffa, l'agriculture, dont l'élevage, « est l'une des principales causes de pollution de la planète et l'une des activités les plus destructrices des écosystèmes fragiles (montagne, forêts primaires...). La solution : manger bio. Mais cultiver uniquement en bio n'est pas possible pour nourrir tous les êtres humains. La solution : ne plus manger de viande ou limiter la consommation le plus possible ». Privilégiant moins d'une dizaine d'espèces, l'élevage intensif est encore taxé d'être un « appauvrissement de la biodiversité ». « La terre ne possède que 10 % de zones cultivables, dont beaucoup trop sont utilisées pour les fourrages des bestiaux élevés intensivement ou sont converties en pâtures (ce qui provoque la dégradation des sols) », déclare Raffa. Or, estime-t-elle, « on pourrait nourrir beaucoup plus de monde en enlevant cet intermédiaire animal entre la plante et nous. Sans pour autant perdre en qualité nutritionnelle ». Elle évoque enfin la désertification croissante des terres et l'appauvrissement des ressources maritimes et piscicoles, assortis d'une pollution croissante. Seule solution, encore : ne plus manger de viande ou se cantonner au poisson d'élevage bio.

Ces conseils ne sont pas tombés dans l'oreille d'un sourd chez nombre de mamans « nature ». « Je privilégie les produits bios depuis plusieurs années, déclare Émilie, 34 ans, mère de trois enfants. Mais comme ils sont plus chers que les produits traditionnels, notre consommation de viande a considérablement diminué. Au début, cela nous pesait un peu, car avec mon mari, nous étions de grands carnivores. Mais à force d'en être privés, nous nous y sommes très bien accoutumés ! » Certains vont plus loin et mettent sérieusement le frein sur toute consommation de protéines d'origine animale, accusées de provoquer des allergies. Les intolérances aux protéines de lait de vache, au lactose ou à la caséine toucheraient actuellement environ 20 % de la population française. Ainsi, dans la rubrique culinaire du magazine *Grandir autrement*, non seulement toutes les recettes sont végétariennes, mais, dans la plupart, les œufs, le lait ou le fromage sont remplacés par des aliments végétaux protéinés comme le soja, le quinoa, le tofu, les fruits ou les légumes secs...

Pour nourrir leurs enfants, en complément ou à la place des laits végétaux (à base de céréales comme le riz ou l'avoine, d'oléagineux comme les amandes ou les châtaignes ou de légumineuses – soja, quinoa...), certains parents « nature » choisissent une alternative au lait de vache : le lait de chèvre ou de brebis, de jument ou d'ânesse, plus digestes et à peu près aussi riches en éléments nutritifs, ces deux dernières boissons étant en outre les plus proches du lait humain. Seul inconvénient, leur coût : jusqu'à 20 ou 30 € le litre !

Pour faire leurs courses, outre les points de vente classiques ou spécialisés fournissant des produits bios, les parents « nature » sont des habitués des Biocoop, réseau de plus de 280 magasins à travers la France et leader de la distribution alimentaire biologique. Créé en 1986 sous forme de simple groupement associatif de consommateurs bios, la chaîne est devenue une société commerciale en 2002. Une structure effectivement plus appropriée pour ses 250 millions d'euros de chiffre d'affaires réalisés en 2006, soit une progression de 22 % par rapport à 2005.

## II – Habillement : sus aux matières polluantes !

Les mamans « nature » connaissent les chiffres accablants de l'industrie textile, l'une des plus polluantes au monde en raison de sa grosse consommation d'eau, d'énergie et de produits chimiques. « Les différents éléments qui composent un jean sont transportés sur 65 000 km avant d'être assemblés, ce qui entraîne une grosse pollution causée par les engins motorisés qui les véhiculent. La culture du coton consomme le quart des insecticides utilisés dans le monde, jusqu'à 30 fois plus d'eau qu'une culture de blé et 60 fois plus qu'une culture de pommes de terre ! » dénonce le blog écolo Les Conseils du Géant Vert [1]. La transformation du coton est également polluante : l'ennoblissement du textile (blanchiment, teinture, lavage...) se fait à grands renforts de chlore, de formaldéhyde et/ou de métaux lourds. Autant d'ajouts chimiques qui, non contents d'être des agressions répétées en matière environnementale, sont parfois sources d'allergies et d'irritations diverses pour la peau.

Les mamans « nature » contre-attaquent en évitant le coton produit par l'agriculture conventionnelle et en privilégiant, pour elles-mêmes comme pour leurs enfants, des matières comme la laine (de préférence pure, vierge et non traitée), la soie, le lin et le chanvre. Ces deux dernières matières sont issues de plantes dont la culture nécessite moins de soins – elles présentent donc un caractère plus écologique que le coton. Ces mères se tournent aussi vers les vêtements en coton issu de l'agriculture biologique, proposés par un nombre croissant de marques (labels Eko, RvA et KbA), ou vers des vêtements estampillés de l'éco-label, garantissant la qualité du produit, notamment lié à l'environnement. Elles plébiscitent également la fibre polaire, matière certes artificielle, mais qui a l'avantage de pouvoir être fabriquée à partir de bouteilles en plastique recyclées (de 14 à 25 bouteilles pour un pull).

---

1. http://geantvert.canalblog.com/

Elles fuient aussi comme la peste le Nylon et le polyester, matières artificielles dont la fabrication convoque des produits pétrochimiques non renouvelables et qui mettent 30 à 40 ans à se dégrader. Ne leur parlez pas non plus de fourrure (hormis, chez certaines, la peau d'agneau, dont elles apprécient la douceur et le naturel pour étendre leurs bébés). Son commerce exige l'abattage de nombreux animaux et encourage le braconnage pour les espèces protégées. Fausse, elle demande l'utilisation de plusieurs litres de pétrole par manteau.

Pour les mêmes raisons, elles ne sont pas non plus fans du cuir, et ce, bien qu'elles plébiscitent les petits chaussons et chaussures souples en peau pour leurs bouts de chou, en réponse aux avertissements des podologues, qui, selon le magazine *Grandir autrement* de septembre 2006, déconseilleraient le port de chaussures rigides « avant l'âge de 2 ans au moins ». Ces petits souliers colorés sont fabriqués selon des méthodes de tannage et de teinture non polluantes et non toxiques pour ceux qui les manipulent. On les trouve essentiellement sur Internet, sur les sites bios et dédiés au maternage.

## III – Les couches, oui... mais lavables !

Les femmes qui les ont connues sont choquées lorsqu'on leur parle d'un retour aux couches lavables. Pour elles, le mot est synonyme de carré de coton à plier et à ajuster tant bien que mal sur l'enfant par une batterie d'épingles à nourrice, de corvées de nettoyage peu ragoûtantes et assorties de nombreux rinçages, ou encore d'innombrables fuites et d'érythèmes fessiers ravageurs. Elles se trompent : les couches lavables modernes n'ont plus rien à voir avec ces accessoires d'un autre âge. Préformées, munies d'élastiques aux cuisses et à la taille, elles s'ajustent parfaitement à la morphologie de l'enfant, et sont facilement repositionnables grâce à des systèmes de fermeture adaptés tels que Velcro et boutons pression.

De nombreux modèles existent, de la couche lavable classique – en coton éponge, flanelle ou bio, en polyester/rayon ou chanvre (qui nécessite l'ajout d'une culotte de protection imperméable) – aux couches « tout en un », les plus proches par leur apparence des changes complets jetables. Ces dernières sont constituées d'une couche lavable classique à laquelle est cousue une culotte de protection, en laine, polaire, Nylon ou polyéthylène, toutes matières synthétiques respirantes et faciles d'entretien. Pour recueillir les selles ou pour éviter tout débordement, il est possible de glisser dans la couche une doublure absorbante ou un voile de protection, à laver séparément ou à jeter (voile biodégradable). Il y a encore les couches à poche, culottes imperméables dotées d'une ouverture permettant de glisser un « insert » qui est la partie absorbante. Les inserts peuvent être constitués de coton, de chanvre, de fibre synthétique (microfibre)...

Tous les coloris et tous les motifs sont possibles : fleurs, nounours, déco indienne, rayures, etc. Les maternantes rivalisent d'imagination et de coquetterie pour orner les fesses de leurs tout-petits de la couche la plus pittoresque (voire unique, pour les mamans couturières) – un plaisir inconnu des mamans cantonnées aux jetables !

Lorsqu'il s'agit de nettoyer les cinq à sept couches quotidiennes de bébé, les choses sont moins drôles. Les changes, préalablement débarrassés des excréments trop encombrants, se lavent en machine, à 40 ou 60 degrés. Seul souci : couches comme culottes de protection n'aiment pas trop le sèche-linge. Il est donc conseillé de les laisser sécher à l'air libre. Ce qui peut prendre un certain temps, notamment pour les couches « tout en un ». Les inserts, eux, passent généralement sans problème au séchoir. Ouf !

Pourquoi les lavables ? Les maternantes avancent trois arguments d'ordre environnemental, hygiénique et financier. Trois millions de tonnes de couches jetables sont utilisés chaque année en France. Selon la chercheuse belge Anne-Sophie Ourth, qui leur a consacré une thèse [1], chaque bébé produit ainsi, rien qu'en couches-culottes, 500 kilos de déchets. Celles-ci nécessitent la destruction annuelle de 5,6 millions d'arbres et l'utilisation de 47 000 tonnes de pétrole. Elles constituent aussi l'un des pires déchets, avec un temps de dégradation compris entre 200 et 500 ans.

Et pour la peau fragile des nourrissons, les jetables ne seraient pas la panacée. Composées de papier, de dérivés pétrochimiques et de coton, elles contiennent un gel hyperabsorbant, le polyacrylate de sodium, retiré du marché des tampons hygiéniques pour femmes en 1985 car on a découvert qu'il est associé au syndrome de choc toxique (dangereux en cas de contact avec les yeux ou d'inhalation). Mais ce n'est pas tout : « Des analyses faites sur les couches ont montré la présence de dioxine, reconnue par l'OMS comme substance cancérigène à long terme, et de TBT (trybutil étain), substance qui, même en très faible concentration, peut nuire au système immunitaire de l'homme et endommager son système hormonal », accuse Anne-Sophie Ourth. Sans compter d'autres risques insoupçonnés. « La couverture plastique étanche ne laisse pas respirer la peau ; il en résulte une augmentation de la température sous la couche, qui pourrait gêner le développement des testicules. »

Anne-Sophie Ourth s'est livrée à une comparaison en règle des avantages et des inconvénients des couches lavables et jetables, pour en arriver à la conclusion qu'en intégrant à la fois le cycle d'utilisation et le cycle de production de la culotte, les couches lavables nécessitaient 2,3 fois moins d'eau, 3,5 fois moins d'énergie et 8 fois moins de matières premières non renouvelables qu'une couche jetable. Verdict : l'empreinte éco-

---

1. « Les couches lavables constituent une alternative moderne, écologique et économique aux couches jetables », Faculté universitaire des sciences agronomiques de Gembloux, 2003.

logique de la couche lavable est plus de deux fois supérieure à celle de la couche jetable. Côté porte-monnaie, enfin, la balance penche également en faveur de la couche lavable. Cette dernière nécessitait, en 2003, un budget de 780 € pour les trente premiers mois de l'enfant, contre 831 à 2 249 € pour la couche jetable, en fonction de la marque choisie. Et cet avantage comparatif croît avec l'extension de la famille, car les couches lavables peuvent être réutilisées, voire revendues.

« Ce travail vise à balayer les idées reçues sur les couches lavables, déclare Anne-Sophie Ourth. Mais aussi sur les jetables. Le consommateur moyen croit que ces dernières ont deux gros avantages sur les lavables : confort et facilité. Or, je prouve que les jetables prennent bien plus de temps aux parents qu'ils ne le pensent. Achat, stockage... autant d'activités devenues banales, mais qui constituent véritablement des pertes de temps, et qui sont par ailleurs peu agréables. Quant au confort, ces couches étanches, chaudes et bourrées de produits qui dégagent une odeur chimique dès le premier pipi, me laissent sceptique... »

Les mamans écolos qui trouveraient les lavables trop fastidieuses peuvent se rabattre sur une solution intermédiaire : les couches jetables non blanchies (de couleur brun clair), sans agents conservateurs ni parfums, en partie ou totalement biodégradables ou compostables et, pour certaines, dénuées de toute trace du fameux polyacrylate de sodium. À noter que plusieurs pays ont déjà trouvé, depuis quelques années, une autre solution à ce qu'il faut bien reconnaître comme étant le principal frein au développement des lavables : le lavage ! En Allemagne, aux Pays-Bas et en Grande-Bretagne, ainsi qu'aux États-Unis et au Canada, il existe des services de location de lavables, avec nettoyage express après reprise en porte à porte des changes salis. Environ 10 % des ménages américains et 7 % des ménages allemands font appel à un tel service. Histoire d'allier écologie et tranquillité d'esprit...

## IV – Laver, oui… mais propre !

Si l'empreinte écologique des couches lavables est si bonne, c'est peut-être aussi parce que celles-ci sont souvent nettoyées avec des détergents dénués de produits chimiques, comme les lessives sans phosphate ou bio. Quant à celles que le tarif de ces produits rebute ou qui veulent jouer la carte écolo jusqu'au bout, elles sont de plus en plus nombreuses à utiliser des noix de lavage. Ces fruits d'un conifère du Népal ont la faculté, au contact de l'eau, de dégager de la saponine, un savon totalement naturel. « Il faut entre 3 et 6 moitiés de noix pour faire une machine, explique Sandrine, maman de deux enfants convertie depuis six mois à ces fruits "miraculeux". C'est sans odeur. Il faut donc ajouter des huiles essentielles comme la lavande pour que le linge sente bon. Le résultat est tout à fait satisfaisant, à condition toutefois que le linge ne soit pas très sale ou taché. Et côté finances, c'est royal ! Un sac de 1 kg de noix de lavage, d'un coût de 20 €, permet de tenir 1 an, à raison de 2 à 3 lessives par semaine. Une fois séchées, les moitiés de noix peuvent être réutilisées jusqu'à trois fois et mises dans le compost pour enrichir la terre ! »

### Limiter et gérer au mieux ses déchets : l'exemple des toilettes sèches

Pratiquer assidûment le tri sélectif et limiter les emballages au minimum, c'est bien. Mais les vrais parents « nature » sont passés à la vitesse supérieure. Les plus engagés d'entre eux n'utilisent plus leurs WC (qui dévorent 1 500 litres d'eau potable par personne et par mois) et se sont convertis aux « toilettes sèches ». Éric Viard, un agronome de 35 ans, papa de trois enfants, a poussé la logique à l'extrême en se débarrassant totalement de ses anciennes commodités. « Nous avons tout simplement démonté nos toilettes à eau, bouché le trou d'évacuation aux égouts et l'arrivée d'eau avec un bouchon de plomberie spécial acheté en grande surface de bricolage, explique t-il. Nous avons ensuite réalisé une sorte de caisson en bois avec une structure de chaise/tabouret sciée en deux et une planche de contre-plaqué de 2 centimètres d'épaisseur, que nous avons copieusement lasuré avec une lasure écologique. L'avant est fermé par un tissu qui tient avec trois punaises. Le récipient est une poubelle de 50 litres en plastique. Pour commencer, il faut disposer une litière de copeaux de bois ou de sciure dans le fond de la poubelle, sur une couche de 7 à 10 centimètres environ. Ensuite, il faut verser deux louches de copeaux de bois ou de sciure après chaque passage. Les copeaux neutralisent toute odeur. Le récipient est ensuite vidé sur le tas de compost dans le jardin. C'est facile, économe et tellement plus respectueux de l'environnement ! »

## Vers une hygiène féminine plus naturelle

Couches jetables et protections féminines classiques, même combat ! Les mamans « nature » sont certes des femmes comme les autres... Mais elles ont trouvé des solutions de remplacement aux serviettes hygiéniques et tampons applicateurs bourrés de produits chimiques et emballés de plastique. Premier pas en ce sens : les serviettes et tampons écologiques. Des protections jetables, garanties en coton bio pur et naturel, non blanchies au chlore, sans herbicide, pesticide et résidus de dioxine et sans OGM. Elles sont également exemptes de rayonne, liants, plastiques, résines ou parfums. Deuxième solution : les serviettes lavables, aussi ergonomiques et pratiques que les couches de leurs bébés. On les trouve en différents tissus (dont le coton bio et le chanvre) et en plusieurs couleurs et motifs. « Notez qu'il faut les rincer à l'eau froide avant de les laver, sinon le sang sera cuit », précise tout de même Raffa sur son blog. Troisième possibilité : les éponges menstruelles, naturelles (animaux marins, donc), qui remplacent les tampons et peuvent être utilisées entre 6 mois et 1 an. Enfin, l'option la plus écologique et sans conteste la plus originale est celle des coupes menstruelles (ou *mooncup*). En latex ou silicone, ces petites coupes de quelques centimètres de longueur et de circonférence se placent dans le vagin, à la sortie du col de l'utérus, et recueillent les menstruations. Une fois passé le cap, parfois délicat, du placement et surtout de l'enlèvement de l'objet (comme le faisait remarquer avec humour une internaute : « les premières fois, j'ai cru devoir passer aux tenailles pour la sortir ! »), les utilisatrices se déclarent ravies. « On ne la sent absolument pas, on peut faire du sport et même aller à la piscine avec ! » assure l'une d'elles. La coupe est à vider et à rincer trois ou quatre fois dans la journée. Et à désinfecter avant et après les règles. Son coût ? Environ 30 euros... pour une durée de plusieurs années ! Tous ces produits sont en vente quasi exclusivement sur Internet.

## V – Se soigner plus naturellement

Un pédiatre américain, le professeur Mendelsohn, affirme que dans 95 % des cas d'indisposition enfantine, il est inutile, voire dangereux, d'appeler le médecin [1]. Ce discours connaît un succès croissant outre-Atlantique et est relayé avec enthousiasme par plusieurs sites « nature » français.

Les parents « nature » sont souvent assez méfiants à l'égard de la médecine allopathique actuelle, qu'ils jugent intrusive, voire dangereuse pour l'organisme et qu'ils soupçonnent d'être le jouet du *lobbying* des laboratoires pharmaceutiques. Deux aspects cristallisent cette réticence : les vaccinations et les antibiotiques.

Sur le premier point, ils sont en accord avec toute une frange de la médecine aujourd'hui très critique à propos de l'agressi-

1. Mendelsohn R., *How to raise a healty Child... in spite of your Doctor* (Comment élever un enfant en bonne santé... malgré votre médecin), Éd. Soleil, 1984.

vité du calendrier vaccinal imposé aux nourrissons. « Les pédiatres vaccinent trop tôt, trop abruptement, de manière trop rapprochée et contre trop de maux à la fois. Assené trop tôt, le choc vaccinal peut créer un tel déphasage que jamais plus l'enfant ne retrouvera l'équilibre perdu », accuse Jean Elmiger, médecin lausannois, dans son livre *La Médecine retrouvée*[1].

De l'agressivité soupçonnée au danger avéré, il n'y a qu'un pas, que certains ne se privent pas de sauter, en rappelant les dérapages passés de certaines campagnes de vaccinations, dont les souches, contaminées par des virus, ont entraîné des milliers de morts. À commencer par la dérive de la campagne de vaccination Salk, qui provoqua en France, en 1957, une épidémie de poliomyélite, entraînant le taux de mortalité le plus élevé connu dans le pays.

Autre pratique sur la sellette : l'antibiothérapie, dont l'usage souvent abusif par le passé est d'ailleurs aujourd'hui considéré comme tel par la quasi-totalité du corps médical. Trois arguments sont avancés pour la réduire. D'une part, la résistance croissante qu'offrent les bactéries à ce type de médicaments à mesure que l'organisme y est soumis. Il faut donc prescrire des quantités de plus en plus grandes d'antibiotiques ou en trouver sans cesse de nouveaux pour continuer à lutter contre les diverses infections bactériennes... – cercle vicieux s'il en est. D'autre part, il est reproché aux médecins de prescrire des antibiotiques beaucoup trop facilement, souvent même pour des raisons injustifiées comme dans le cas de certaines infections virales, tels le rhume ou la grippe, ou dans la moindre petite affection bactérienne. Enfin, les antibiotiques sont regardés d'un mauvais œil pour exercer certains méfaits directs dans l'organisme, notamment la destruction de la flore intestinale.

---

1. ELMIGER, Jean, *La Médecine retrouvée ou les Ambitions nouvelles de l'homéopathie*, Favre, 1989.

On retrouve ces critiques, à des degrés divers, dans la plupart des foyers adeptes du maternage. « En tant que fille de médecins, j'ai suivi le chemin traditionnel au début de ma maternité : antibiotiques, calendrier vaccinal respecté à la lettre... se souvient Emmanuelle Sallustro. Mais aujourd'hui, je ne fonctionne plus qu'à l'homéopathie. Ma petite dernière n'a jamais reçu aucun vaccin... et elle ne s'en porte pas plus mal ! »

D'autres mamans sont plus nuancées, tout en conservant une vigilance aiguë envers le système médical. « Je ne crois pas du tout en l'homéopathie et je suis attachée aux vaccins, mais je ne ferai que ceux dont les maladies peuvent être redoutables et qui ne présentent pas d'effets secondaires dangereux, déclare Bérengère, maman d'une petite fille de 2 ans et enceinte à nouveau. En revanche, je prête beaucoup d'attention à l'alimentation et aux vertus naturelles des plantes et j'utilise les huiles essentielles pour nous soigner. » « J'évite, dans la mesure du possible, les antibiotiques, par exemple, et mes enfants n'ont pas eu le BCG, ajoute Mélanie. En revanche, si le besoin est réel, je n'hésite pas. Cette alternative est acceptable quand les problèmes sont mineurs, mais en cas de gros souci, nous nous tournons vers la médecine classique. »

En toute logique, ce sont les parents confrontés à de graves maladies qui ont le discours le plus prudent. « Je pratique souvent la médecine naturelle, mais seulement pour les petits bobos, témoigne Yasmine, maman de quatre enfants. Deux de mes enfants étant atteints d'une maladie génétique incurable, je ne peux pas jouer avec leur santé en refusant la médecine allopathique. Ce serait une condamnation à mort pour eux à très court terme ! Je suis également pour une vaccination réfléchie, tant pour moi que pour les autres. Je ne pourrais pas me dire défenseur de la planète, acheter équitable, etc., tout en refusant un petit acte qui pourrait sauver des milliers de personnes dans les pays défavorisés. J'ai souvent l'impression que la non-vaccination devient un caprice de riche... »

## L'engouement pour les médecines alternatives

Les parents qui rechignent à se livrer pieds et poings liés à la médecine conventionnelle ont le choix entre plus de quarante spécialités de médecines non conventionnelles, allant de l'homéopathie à l'acupuncture, en passant par la kinésiologie, la réflexologie, la macrobiotique ou encore les massages thérapeutiques. Toutes ces pratiques ont deux points communs. *Primo*, elles respectent le fonctionnement naturel du corps, par l'emploi de techniques manuelles ou par l'administration de substances naturelles, non synthétiques. *Secundo*, reposant en général sur une tradition séculaire, elles sont basées sur la méthode expérimentale, contrairement aux traitements de la médecine allopathique classique, pour lesquels les médecins ont parfois peu de recul.

Préventives pour nombre d'entre elles, ces méthodes thérapeutiques s'appuient avant tout sur une relation de confiance entre praticien et patient. Le praticien peut être médecin ou sage-femme de formation, avoir suivi un cursus paramédical (kinésithérapeute notamment) ou universitaire (psychologue)... Toutefois, dans certains cas, la qualité et la validité de son profil sont plus flous (art-thérapeute, naturopathe, magnétiseur...). D'où une certaine méfiance, pour ne pas dire des critiques ouvertes, de la part d'une bonne part du corps médical, ou de chercheurs comme ceux du Mouvement sceptique contemporain (Observatoire zététique en France).

En Europe, certaines pratiques font pourtant l'objet d'une reconnaissance progressive, qui croît depuis les années 1990. Selon les pays, les médecines parallèles sont reconnues, interdites, tolérées et même remboursées. En France, l'ostéopathie est reconnue depuis 2002, mais le conventionnement de ses praticiens et le remboursement de leurs actes par la Sécurité sociale est toujours épineux. L'acupuncture et la sophrologie sont aujourd'hui acceptées dans certains hôpitaux. Pour le reste, les médecines naturelles ne font généralement l'objet d'aucune prise en charge, hormis par certaines mutuelles complémentaires.

Attention : « médecine naturelle » n'est pas forcément synonyme de « médecine douce »! Certains traitements peuvent engendrer des « crises curatives » parfois très brutales. « Les huiles essentielles, notamment (qui sont le liquide concentré des composés aromatiques volatiles d'une plante), sont à manier avec la plus grande précaution, souligne Chantal Ravasio, naturopathe à Pontoise (Val-d'Oise). Ce sont des substances hautement actives et donc potentiellement dangereuses. Il ne faut pas les utiliser sans avis médical sur les enfants de moins de 6 ans, les femmes enceintes et allaitantes et les personnes atteintes de pathologies particulières. »

### Zoom sur les colliers d'ambre et de noisetier

Contre les douleurs dentaires de leurs bébés, les mamans « nature » boudent les gels gingivaux vendus en pharmacie. En complément ou même en substitut de l'homéopathie, nombre d'entre elles ne jurent que par le collier d'ambre.

Cette résine de conifère du temps de l'ère quaternaire est connue, depuis l'Antiquité grecque, pour avoir comme propriété de s'électriser par frottement. Ce collier régulerait la circulation des énergies dans d'organisme de ceux qui le portent et faciliterait la percée des dents des petits enfants. Il ferait aussi merveille contre les allergies, les eczémas et les éruptions cutanées. Il permettrait aussi de lutter contre l'anxiété, l'angoisse, les sentiments déprimants, les cauchemars. On en trouve de trois sortes : classique (couleur cognac), multi-couleurs et jaune transparent.

Le collier de noisetier (baguettes généralement entrecoupées de pierres, notamment d'ambre) est également très prisé des maternantes. Le noisetier, considéré lui aussi comme un vecteur énergétique depuis les anciens druides, aurait pour effet de neutraliser l'acidité du corps, et de prévenir ou de soulager aussi bien brûlures d'estomac et constipation que poussées dentaires ou problèmes de peau (psoriasis, eczéma...).

Ces barrières naturelles contre les bobos de leurs tout-petits, au léger parfum d'ésotérisme, sont-elles vraiment des remèdes-miracle ? Comme le souligne avec humour une maman sur un forum de discussion, « comme c'est un joli petit collier, autant croiser les doigts et le lui mettre : ça ne peut pas lui faire de mal... ».

À partir de là, tout est une question de croyance et d'usage personnels. Si certains préconisent de le glisser autour du cou du bébé dès sa naissance, comme on le faisait naguère dans les campagnes, d'autres précisent qu'il est préférable d'attendre que l'enfant ait atteint l'âge de 4 mois. Des parents le laissent en permanence autour du cou, d'autres estiment préférable de l'ôter pour la nuit. À savoir que les deux types de collier existent en version bracelet, ce qui peut être plus simple ou plus rassurant : de toute façon, les vertus, réelles ou supposées, de ces bijoux restent les mêmes !

Où les trouver ? Sur Internet et dans les magasins bios. Prix : entre 10 et 30 € en moyenne pour les colliers, de 8 à 20 € pour les bracelets. Durée de vie : un an environ pour le noisetier, illimitée pour l'ambre.

## Vaccins : ce que dit la loi française

Depuis la suspension, début juillet 2007, de l'obligation (hormis en Guyane) de pratiquer le BCG, vaccin antituberculose en vigueur en France depuis plusieurs décennies, seuls trois vaccins demeurent obligatoires pour les tout-petits. Ils sont exigés pour l'inscription dans une collectivité ou un établissement scolaire.

– Les injections contre la diphtérie et le tétanos (trois injections à un mois d'intervalle, plus un rappel au bout d'un an), qui doivent avoir été effectuées ensemble avant l'âge de 18 mois.

– Le vaccin contre la poliomyélite : trois injections ou trois vaccins oraux à effectuer avant l'âge de 18 mois.

## Contraception : la prime au non-chimique

Les mamans « nature » détestent l'idée que leur cycle menstruel, auquel elles sont, en général, particulièrement attachées, soit régi par des artifices. La pilule contraceptive n'a donc pas vraiment la cote auprès d'elles, pas plus que les stérilets à diffusion chimique. Mais pas question non plus pour elles de revenir à la désastreuse méthode Ogino (ou méthode du calendrier), aussi contraignante qu'inefficace. Non, les mamans « nature » sont des femmes modernes. Pour éviter de concevoir, elles plébiscitent trois méthodes.

Jeunes accouchées, elles adoptent la méthode de l'allaitement maternel et de l'aménorrhée, également appelée MAMA, popularisée à partir de 1995 par l'OMS, l'Unicef et le FHI (Family Health International). Cette méthode de régulation des naissances se fonde sur l'utilisation de l'infertilité lactationnelle. Selon la Leche League, elle peut être utilisée pendant les six premiers mois suivant la naissance par les mères allaitant exclusivement, à la demande et avec des tétées fréquentes, et qui n'ont pas eu leur retour de couches. Si ces trois conditions sont respectées, l'efficacité de cette contraception naturelle serait de 98 à 99 %.

Une fois ces six mois révolus ou en cas de sevrage, elles se rabattent souvent sur la méthode Billings. Cette technique de régulation des naissances, mise au point dans les années 1970 par un couple de médecins australiens du même nom, a en effet une origine ouvertement religieuse. Le principe : l'observance des modifications de la glaire sécrétée par le col utérin, laquelle augmente et change de consistance autour de la période de l'ovulation. Billlings annonce une grossesse indésirée sur cent cycles, soit une efficacité de 99 %.

À ce procédé peuvent s'adjoindre la prise de température et l'auto-observation des modifications du col de l'utérus. On parle alors de « méthode sympto-thermique ». La technique nécessite un doigté particulier. Laissons parler une experte : « Pour trouver votre col, introduisez deux doigts dans le vagin, jusqu'au fond, à partir de la position accroupie, conseille sur son blog[1] Isabelle, qui pratique l'auto-observation du col depuis dix ans. Orientez vos doigts vers le haut et vers l'avant. Vous sentez deux bourrelets, c'est votre col. » Plus loin, la jeune femme explique : « Il faut un peu de pratique pour parvenir à repérer chacune des subtiles modifications de son col. En ce qui me concerne, une période d'apprentissage d'environ six mois m'a été nécessaire pour repérer exactement mon cycle. [...]

« Après deux ou trois cycles, vous parviendrez déjà à repérer votre rythme personnel. Puis, progressivement, les autres signaux de votre corps. Envie de vous jeter sur votre homme ? L'ovulation est en cours ou déjà faite. Ce petit pincement à droite ou à gauche ? Le follicule vient de libérer un ovule. Baisse totale de libido ? Vous êtes très probablement dans la période entre l'ovulation et les règles.

« Avec la pratique, la surveillance du col une semaine par mois vous suffit pour vous repérer.

« En gros, la période d'abstinence nécessaire pour ne pas concevoir est de 3 à 4 jours par mois. Et si l'abstinence ne vous convient pas ? Il vous reste les autres moyens mécaniques de contraception locale comme le latex, le diaphragme et les éponges spermicides ! » La méthode sympto-thermique est créditée par l'OMS de 98 % de réussite. Ces taux sont à mettre en parallèle avec les résultats de la pilule contraceptive en mode

---

1. http://biboudavril.over-blog.com/article-10489682.html

d'utilisation correct, 99,7 %, et avec ceux du stérilet, entre 99,4 et 99,9 % selon les modèles (chiffres OMS, 2005).

Gratuites, sans accessoires (préservatifs ou stérilet) ni effets secondaires et simples d'utilisation, ces méthodes ne conviennent néanmoins qu'à des couples stables, prêts à dialoguer et à accepter une certaine discipline... ainsi qu'un risque non totalement négligeable de grossesse. De plus, toute inflammation vaginale peut modifier la glaire cervicale. Quant à l'appréciation de la modification du col, elle demeure un jugement personnel. Enfin, la méthode n'est pas utilisable sur les femmes employant des lubrifiants ou sous traitement hormonal (comme durant la périménopause).

## VI – Vivre équitable et solidaire

Rio, 1992. Le deuxième Sommet de la Terre s'achève par l'une de ces constatations : « La cause principale de la dégradation continue de l'environnement mondial est un schéma de consommation et de production non viable, notamment dans les pays industrialisés. » En tant que citoyens, les parents « nature » ont une conscience aiguë de leur responsabilité dans ce désastre annoncé. Un chiffre les révolte tout particulièrement : 20 % de la population mondiale consomme plus de 80 % des richesses mondiales.

Les parents « nature » sont généralement assez proches, du moins par le cœur, du courant altermondialiste. Comme ses militants, nombre d'entre eux ont fait du best-seller *No Logo : la tyrannie des marques*, de la journaliste canadienne Naomi Klein, un de leurs livres de chevet. Et leur devise, celle de Gandhi : « Si tu veux changer le monde, commence par te changer toi-même. » Cette résolution passe par deux voies : la consommation solidaire et équitable d'une part, la simplicité volontaire de l'autre.

## Consommer local et solidaire

Plus le transport des marchandises est long, plus la facture est lourde côté pollution. Cet inconvénient va généralement de pair avec la multiplication des intermédiaires, à commencer par les plus gros (les chaînes de supermarchés et d'hypermarchés), au détriment des petits producteurs. La solution : privilégier les circuits de distribution les plus courts, en donnant, par la même occasion, du travail à l'agriculteur le plus proche de chez soi.

C'est pourquoi, sur la planète maternage et nature, les Associations pour le maintien d'une agriculture paysanne (AMAP) ont le vent en poupe. Dans ces groupements présents dans vingt-cinq pays du monde (au Japon depuis quarante ans, aux États-Unis depuis vingt ans), et nés en France en avril 2001 à l'initiative de la Confédération paysanne du Var, les consommateurs adhérents s'engagent à acheter à un agriculteur un panier de ses produits chaque semaine. Le producteur est ainsi assuré par avance d'écouler sa production à un prix décent, tandis que, de son côté, le consommateur est précisément informé sur les méthodes de culture ou d'élevage employées, ainsi que sur la qualité de ce qu'il achète.

Les AMAP doivent en effet être signataires depuis 2003 d'une charte dont les principes sont les suivants : la garantie de l'éthique des pratiques agricoles et de l'éthique sociale et citoyenne ; la fourniture d'aliments de bonne qualité gustative, frais, de saison, sans pesticides, sans désherbants ni engrais chimiques de synthèse. Les deux tiers des agriculteurs engagés dans des AMAP sont certifiés agriculture biologique, les autres ne traitent leurs produits qu'en cas de nécessité absolue et en en informant les consommateurs. Au nombre de plus de 200 aujourd'hui, ces associations alimentent environ 24 000 personnes dans l'Hexagone. Certaines familles se réunissent aussi en groupes plus informels autour de la même relation directe avec des producteurs, ou constituent elles-mêmes un réseau local, à l'instar de l'opération « Couleur Café » créée à l'initiative d'Attac Nièvre en partenariat avec Artisans du monde. Il s'agit d'un réseau de particuliers qui ouvrent les portes de leur domicile pour vendre des produits alimentaires de consommation courante issus du commerce équitable. D'autres ont choisi de se fournir auprès des Jardins collectifs à vocation d'insertion sociale du réseau Cocagne. Ce réseau associatif créé en 1999, aujourd'hui fort d'une cinquantaine de jardins, permet à des adultes en difficulté, à travers la production de légumes biologiques, distribués sous forme de paniers hebdomadaires à des adhérents-consommateurs, de retrouver un emploi et de construire un projet personnel.

## La galaxie équitable

Les parents « nature » refusent d'être de simples consommateurs. Citoyens et militants pour qui l'acte d'achat peut revêtir une dimension politique, ils se rêvent « consom'acteurs ». L'économie mondiale souffre de déséquilibres de plus en plus flagrants, dont les premières victimes sont les producteurs de produits agricoles tropicaux. Selon l'Organisation des Nations unies pour l'Alimentation et l'Agriculture, sur les 840 millions de personnes qui souffraient de la faim en 2005, 800 millions étaient des agriculteurs. « Les prix et les conditions d'achat leur sont imposés sans négociation par les intermédiaires les plus puissants (grandes marques commanditaires, groupes industriels, organismes financiers, grands distributeurs, centrales d'achat) et, le plus souvent, ces prix d'achat ne couvrent pas même les coûts de production », dénonce le site de la plateforme pour le commerce équitable. Face à ce fléau, les parents « nature » considèrent qu'il est de leur devoir de se mobiliser. « Consommer équitable, c'est la goutte d'eau que chacun d'entre nous peut apporter, et des millions de gouttes d'eau peuvent faire un fleuve », estime Nathalie, 39 ans, maman de deux enfants.

**Pratiquer la simplicité volontaire**

L'expression « simplicité volontaire » (SV) fut pour la première fois utilisée en 1936 par le philosophe américain Richard Gregg, l'un des penseurs du mouvement non violent. On peut en résumer la signification par le mot du mahatma Gandhi, « Vivre plus simplement pour que d'autres puissent tout simplement vivre », ou par l'expression consacrée par le best-seller de l'économiste britannique d'origine allemande E.F. Schumacher, *Small is beautiful*[1]. L'Occident ne la découvre néanmoins pleinement qu'à partir des années 1980, sous la plume de Duane Elgin, chercheur américain en sciences sociales[2], puis, en 1985 et 1998, sous celle de Serge Mongeau, médecin québecois[3].

De quoi s'agit-il ? La SV consiste à pratiquer une déflation généralisée de ses comportements de consommation, afin de se dépouiller du superflu dont nous inonde la société de consommation et de revenir vers l'essentiel : le partage et la redécouverte de soi. C'est la version, au niveau individuel, de la notion de « décroissance » chère au mouvement altermondialiste. La SV s'affiche ainsi comme la conséquence logique des prises de conscience évoquées plus haut : la double catastrophe – écologique et humanitaire – annoncée si les habitudes occidentales de production et de consommation n'effectuent pas un virage à 180 degrés dans les plus brefs délais.

Très présente aux États-Unis et au Canada, la SV n'en est encore qu'à ses balbutiements en Europe, et notamment en France. Il est vrai que le mot d'ordre récente « Travailler plus

1. SCHUMACHER, E.F., *Small is beautiful*, New Ed., 2001.

2. ELGIN, Duane, *Voluntary Simplicity, Revised Edition : Toward a Way of Life That Is Outwardly Simple, Inwardly Rich* (La simplicité volontaire, édition révisée : vers une vie matérielle simple, pour une vie spirituelle riche), Harper Paperbacks, 1998.

3. MONGEAU, Serge, *La Simplicité volontaire, plus que jamais*, Écosociété, 1998.

pour gagner plus » n'est pas exactement en harmonie avec les principes d'existence induits par le choix de la SV...

Le « simple volontaire », qui ne veut pas « perdre sa vie à la gagner », commence en effet d'abord par travailler moins. Et tant pis, voire tant mieux, si de ce fait il empoche moins. « Le travail rémunéré a dorénavant pour but de subvenir aux frais pour vivre, et n'est plus fonction des attentes de l'entourage, et encore moins d'un statut social à maintenir », expose Claire de Brabander sur le site Simple et Pratique, dédié à la SV[1]. L'engagement dans la SV va souvent de pair avec le choix de se lancer dans une activité qui passionne vraiment, créative ou engagée socialement. Dans nombre de cas, cette activité est indépendante, à domicile. Elle va souvent de pair, aussi, avec une diminution de son temps de travail, au profit du temps pris pour soi, pour la famille ou pour la communauté. « Question revenus, on a changé de vie, témoigne Sabine, maman de deux enfants de 7 et 8 ans, qui, comme son mari, a récemment plaqué son job de cadre sup en ville pour s'installer à la campagne et monter son entreprise. On vit actuellement à quatre avec 1 000 € par mois ! Il y a deux ans, on avait plus de quatre fois ça, et il y a dix ans, près de dix fois plus... Pourtant, on n'a pas l'impression de manquer, n'en déplaise à notre entourage, qui nous prend pour des fous. Désormais, on travaille à notre compte tous les deux, donc plus de chef à subir. On est tous les deux au foyer, on gère notre temps en liberté, c'est top luxe ! »

Une fois « désintoxiqué » du boulot, « il devient possible de se défaire de tous ces appareils, systèmes, produits préparés, qui font gagner du temps ; temps que l'on utilisait à travailler pour les payer », souligne Claire de Brabander. Selon ses adeptes, pratiquer la SV, c'est en effet, et avant tout, se désencombrer massivement de tous les objets issus de la propagande marketing qui encombrent les intérieurs et dont on n'a, au fond, que

1. www.simplepratique.net

faire. Superflu matériel comme psychologique. « Est-on si sûr de devenir ringard en continuant d'ignorer le téléphone Tartempion dernier modèle ? Sera-t-on vraiment tenu à l'écart du bonheur en ne se douchant pas en compagnie du savon Malpolive ? » questionne Yann Fiévet, vice-président d'Action Consommation, sur le site de l'association [1].

Qu'il se rassure : les adeptes de la SV font résolument leur le principe feng shui selon lequel on ne doit pas s'encombrer de trop d'objets, sous peine de nuire à la circulation de l'énergie. Alors, on bazarde, sans états d'âme, ces robots ménagers, bibelots ou autres vêtements qu'en un autre temps on avait adorés. Certains ustensiles, pas forcément évocateurs des meilleurs souvenirs, partant, il est vrai, plus facilement que d'autres. « Pour le linge, j'ai depuis peu fait l'acquisition d'une paire de mains à repasser, je m'en sers de plus en plus, au détriment du fer... Gain d'énergie garanti ! (à commencer par la mienne...) », déclare avec humour une internaute sur un forum de discussion. Télé, radio et journaux eux-mêmes, parfois accusés de polluer l'esprit de la propagande avec la « pensée unique », disparaissent de certains foyers avec une facilité déconcertante. Le retour à l'âge de pierre ? Certainement pas. Les mamans maternantes qui pratiquent la SV reconnaissent volontiers que le dernier outil de la société moderne dont elles pourraient se passer est leur ordinateur avec connexion Internet haut débit...

Une fois la maison et l'esprit allégé, comment vit-on, au quotidien, en tant que « simple volontaire » ? « Ce n'est pas grand-chose, explique Géraldine, 28 ans, maman d'une petite fille de 8 mois. C'est mettre un couvercle quand on fait bouillir de l'eau, c'est admettre qu'on n'a que deux pieds et donc pas besoin de dix paires de chaussures, c'est mettre un pull quand il fait froid au lieu d'allumer le chauffage... En fait, il n'y a pas de préceptes clairs dans la SV, chacun fait comme il peut pour

1. www.actionconsommation.org

éviter d'épuiser les ressources de la planète et de faire tourner les usines. » Émilie ajoute : « Au niveau des vêtements : deux ou trois tenues pour moi, pareil pour mon mari, mais les enfants... nettement plus ! On déménage pour ne plus avoir à prendre la voiture à tout va. On part en ville : on pourra y continuer le potager. Concrètement, je vais un minimum en supermarché, on réduit les déchets. J'ai un composteur que je vais mettre en place dans la nouvelle maison. Le sèche-linge, je ne m'en sers qu'en cas d'extrême urgence (3 fois par an). On récupère au maximum l'eau de la douche (l'eau savonneuse est très efficace contre les pucerons dans les fleurs). On ne tire pas la chasse d'eau à chaque fois. Je coupe les cheveux de mon homme et des enfants et une copine coupe les miens une à deux fois par an. On achète équitable au max. Biocoop, évidemment. Gâteaux et pain maison. »

De fait, aux dires de tous, le mode de consommation va se modifier petit à petit et en douceur, se modelant en fonction des besoins réels et non des besoins jugés conditionnés et factices. Clés de cette nouvelle vie : acheter moins et mieux (bio, solidaire et équitable) et, surtout, miser sur le « fait maison », en tendant au maximum vers l'autosuffisance. Car acheter bio-/équitable, cela a un coût : environ 30 % plus cher que les produits classiques. Un luxe que peu de familles « nature », souvent nombreuses et vivant sur un seul salaire, peuvent se permettre au quotidien. D'où le « do it yourself », qui allie sécurité des produits, moindres coûts et originalité. « Chez nous, c'est ménage écolo maison et potager bio depuis des années, explique Sabine. Et pain bio maison depuis environ sept à huit ans. » « Je fais aussi mes produits ménagers moi-même, renchérit Mélanie. Nous sommes attentifs aux énergies, et avons opté pour la géothermie pour chauffer notre maison et pour la récupération des eaux de pluie. Nous avons également un jardin potager et fruitier ».

Les forums de maternage regorgent de « couturières », qui s'échangent trucs et patrons pour fabriquer elles-mêmes couches et lingettes lavables, écharpes de portage, chaussons souples… Lola fait pousser depuis peu ses propres graines germées dans son jardin, Sophie fabrique du liniment oléocalcaire (à base d'huile d'olive et d'eau de chaux) pour les fesses de son bébé. Bible de ces aventurières : le blog de Raffa, qui indique des dizaines de pistes pour fabriquer ses propres produits d'entretien (à partir de vinaigre blanc, de bicarbonate de soude et de savon noir pour les sols, de cendre pour la lessive). La scientifique belge donne même les clés pour fabriquer son propre dentifrice !

### Les systèmes d'échanges locaux (SELs)

Certains parents « nature » y viennent par nécessité financière, afin de subvenir à quelques-uns de leurs besoins sans bourse délier. Pour d'autres, c'est l'aspect relationnel qui prime : les systèmes d'échanges locaux (SELs), associations d'échanges à but non lucratif, permettent de tisser un véritable réseau de solidarités. D'autres, encore, y voient avant tout un acte de résistance constructive, de militantisme, contre les déséquilibres provoqués par les échanges marchands.

Apparues dès les années 1930 aux États-Unis, puis, à partir de 1994, dans l'Hexagone, les SELs sont désormais solidement ancrés dans le paysage de l'économie solidaire nationale. Leur but : permettre à leurs adhérents de troquer des biens ou des services par le biais d'une monnaie d'échange fictive aux appellations variées (grains de SEL, cacahuète, truffes, bouchons, noix de coco…). Spécificité de cette « devise » : elle est uniquement calculée en fonction du temps consacré à la tâche en question. En clair, avoir dispensé une heure de philosophie ou de physique quantique vaut exactement la même chose qu'avoir passé 60 minutes à réparer une clôture, tondu une pelouse ou promené un chien.

> Les quelque 380 SELs existant actuellement dans toute la France, qui rassemblent plus de 20 000 personnes, se retrouvent sur une volonté de « consommer autrement », une réflexion sur les besoins réels des gens et le désir d'y répondre sans avoir recours au « tout payant ». Cette démarche n'est pas sans rappeler les projets du socialisme utopique.

Comme l'ascétisme hindou mène parfois au nirvana, la SV a pour conséquence et apogée un renouveau de la spiritualité, une fois l'esprit débarrassé de ses « déchets » matérialistes. « L'évolution personnelle et la conscience écologique et citoyenne mènent forcément à évoluer et à modifier les objectifs et projets de vie. [...] En faisant évoluer la conscience, une compréhension de faire partie d'un tout apparaît qui, elle aussi, pousse à la responsabilisation et à la solidarité. Ce niveau d'évolution n'est pas forcément perçu, voire accepté, par ceux qui débutent. Il apparaît cependant indispensable par la suite. Et invariablement, en dépit des orientations religieuses diverses, ou de l'athéisme pour certains, ces valeurs rejoignent pour la plupart les préceptes rencontrés dans de nombreux courants philosophiques et religieux », déclare Claire de Brabander sur simplepratique.net. Avec à la clé, pour les chanceux qui parviendront à atteindre cet état quasi méditatif, un profond sentiment d'apaisement et de joie.

## Témoignage

**« Oui, il est possible de vivre libre en 2007 ! »**
**Éric Viard**

**Il a 35 ans, est agronome, fondateur de Biovie, entreprise de vente et de promotion de l'alimentation vivante, père de trois enfants de 3, 7 et 10 ans**[1].

« Pour moi, il est parfois nécessaire de perdre la tête, de cesser d'analyser, pour réussir à m'écouter et à me diriger vers ce qui me correspond vraiment. Il est toujours possible de faire des choix de vie, chaque jour. Il est possible de vivre libre en 2007. Libre sans publicité, sans supermarché, sans télévision, sans téléphone portable, par exemple.

La liberté c'est aussi choisir. Choisir d'instruire mes enfants, choisir une alimentation végétale vivante qui me nourrit à un niveau cellulaire et qui me procure tant d'énergie, choisir de faire des trajets de 12 km en vélo pour me rendre sur mon lieu de travail le long de la rivière en croisant pêcheurs et vacanciers plutôt que de jouer l'automobiliste pressé, choisir de focaliser mon attention sur ce qui va bien dans le monde plutôt que sur ce qui va mal.

Les "plaisirs" éphémères, rapides, creux et addictifs que la société me propose ne m'intéressent pas. Plaisir et joie sont deux notions différentes. La joie est pour moi un sentiment puissant qui me porte et qui est présent en arrière-plan de façon permanente. Je suis persuadé qu'il y a et qu'il y aura toujours largement assez d'amour, d'argent, de nourriture, de temps pour nous tous, et qu'un modèle de vie basé sur la peur du manque et la recherche de la sécurité n'apporte pas le bonheur. »

1. www.eco-bio.info

**Témoignage**

**« Ma non-lettre au Père Noël »**
**par Isabelle [1].**

« Père Noël,

« Je t'écris cette non-lettre pour te dire que je ne t'aime pas. Je vais t'expliquer pourquoi.

« Tu promets d'apporter des cadeaux aux enfants sages. Soit. Qu'est ce qu'un enfant sage ? Tu ne t'es jamais donné la peine de définir ce concept, mais chaque enfant en âge de croire en ton existence sent confusément que "sage" correspond dans l'esprit des adultes à soumis, obéissant, silencieux... En gros, tu es par ce biais un moyen pour les parents d'obtenir un résultat qu'ils n'obtiennent pas autrement (peut-être parce que c'est trop demander ?). Tu sers donc d'épouvantail ! Pas terrible, n'est-ce pas ? Et d'abord, comment peux-tu prétendre savoir si les enfants sont sages ou pas ? À cette question, mes parents m'avaient répondu que tu voyais tout ! Tu es donc une sorte d'Œil de Moscou ou de Big Brother à qui rien n'échappe, et toute petite déjà je n'aimais pas ça.

« Maintenant, je suis adulte et maman. Lorsque j'ai eu une fille, j'ai eu des réticences à lui raconter des sornettes à ton propos. Pourtant, je ne sais plus qui m'a convaincue de continuer à perpétuer ce canular d'un goût douteux, au nom de la part de rêve à laquelle nos enfants ont droit.

« Parlons-en, du rêve ! Dis-moi franchement, Père Noël, dans les lettres que t'envoient les enfants, vois-tu souvent des demandes du style : "Je voudrais que plus personne ne soit malheureux" ou bien "que tous les enfants aient des pouvoirs magiques" ? Je te parie ton pesant de cacahuètes que ce que les enfants te demandent, ce sont les jouets en plastique présentés dans les catalogues, ceux qui sont mis en avant dans

1. http://biboudavril.over-blog.com/

les magasins et qui passent à la télé. Avec un tel matraquage publicitaire, cela n'a rien d'étonnant.

« Le voilà, le rêve : la consommation. Avec Noël, on forme très tôt des petits consommateurs, qui toute leur vie croiront que le bonheur passe par la possession de la dernière télé écran plat ou je ne sais quoi. Et çà, grâce ou plutôt à cause de toi. Permet-moi de te le dire, Père Noël : ce n'est pas joli-joli !

« Et que dire de ces jouets que tu apportes chaque année à des millions d'enfants ? Ces tonnes de cochonneries en plastique non recyclable, fonctionnant à piles, dont la production est ultra-polluante, et qui en plus ont une durée de vie limitée ? Pas très écolo tout ça, mon (trop) cher Père Noël !

« Et d'ailleurs, ils sont fabriqués par qui, ces jouets ? Par des enfants, souvent, en Asie ou ailleurs, mais en tout cas dans des pays où les petits doivent travailler pour nourrir leur famille. Des enfants qui vont gagner entre 20 et 60 euros par mois pour 8 à 10 heures de travail par jour. Ceux-là ne t'écrivent pas : ils n'en ont ni le temps, ni la possibilité. Ces enfants pauvres qui travaillent dur pour fournir leur part de rêve aux enfants riches, tu fais quoi pour eux ? Rien, tu cautionnes cette honteuse inégalité. Pas très moral, ça, Père Noël !

« Donc, Père Noël, si tu existais, on ne serait vraiment pas copains... Et pour bien te faire comprendre que je ne veux rien, je t'ai préparé une non-liste, c'est-à-dire la liste de ce que je ne veux pas.

« – Des jouets en plastique inutiles et coûteux pour Bibou. Il s'amuse très bien avec des casseroles et d'autres objets qu'il trouve déjà à la maison, merci !

« – Des objets qui nécessitent un autre achat pour fonctionner (donc oublie les stylos de marque, les consoles de jeu, les cafetières à dosettes, etc.).

« – Des cadeaux issus de l'industrie pétrochimique : je m'efforce chaque jour de minimiser mon impact sur l'environnement, ne viens pas me compliquer la tâche, s'il te plaît.

« – Des bijoux, maquillages, vêtements etc. J'en ai largement assez.

« – Des produits fabriqués à bas prix de l'autre côté de la planète par des gens surexploités.

« Bref, tu as compris le principe.

« Je sais que ma demande reste un vœu pieu. Parce que tu as fait de cette fête prétendument magique et familiale une fête commerciale obligatoire, je suis à peu près sûre que ces demandes ne seront pas respectées, du moins en ce qui concerne les cadeaux à Bibou. Mais si cette non-lettre permet à quelques personnes de réfléchir à cette idée, je serai déjà très contente. »

# Bibliographie

## Vie nature et solidaire

*Alternatives économiques*, hors-série pratique n° 3, *L'Épargne alternative et solidaire en 80 fiches*, 2001.

Amalou Pierre, Barioulet, Hervé et Vellas, François, *Tourisme, éthique et développement*, L'Harmattan, 2003.

Belpomme, Dominique et Pascuito, Bernard, *Ces maladies créées par l'homme. Comment la dégradation de l'environnement met en péril notre santé*, Albin Michel, 2004.

Boisvert, Dominique, *L'Abc de la simplicité volontaire*, Écosociété, 2005.

Choffat, François (dir.), *Vaccinations : le droit de choisir*, Jouvence, 2001.

Clergeaud, Chantal et Lionel, *Comment nourrir naturellement son enfant de 0 à 10 ans*, Les Trois Spirales, 2001.

Cupillard, Valérie, Barret, Philippe et Gauthier-Moreau, Myriam, *Cuisiner bio mode d'emploi*, La Plage, 2004.

Elain, Christophe, *Un petit coin pour soulager la planète : toilettes sèches et histoires d'eau*, Goutte de sable, 2006.

Georget, Michel, *Vaccinations, les vérités indésirables*, Dangles, 2000.

Jacquiau, Christian, *Les Coulisses du commerce équitable. Mensonges et vérités sur un petit business qui monte*, Mille et Une Nuits, 2006.

Laville, Élisabeth et Balmain, Marie, *Achetons responsables ! Mieux consommer dans le respect des hommes et de la nature*, Seuil, 2006.

LÉCUYER, Philippe, *Guide des vacances écologiques, édition 2007-2008*, Fraysse.

LEROY, Milène, *Guide du consommateur responsable*, Marabout, 2002.

MOLL, Ralf, *Mon bébé bio : l'alimentation naturelle de la maman et du bébé*, Terre vivante, 2001.

PACAUD, Gérard, *L'Alternative aux antibiotiques : se soigner autrement*, Marabout, 2005.

RIDOUX, Nicolas, *La Décroissance pour tous*, Parangon, 2006.

RIMSKY-KORSAKOFF, JEAN-PIERRE, *Au-delà du bio : la consom'action*, Yves Michel, 2003.

SERVAN-SCHREIBER, David, *Guérir, le stress, l'anxiété et la dépression sans médicaments ni psychanalyse*, Robert Laffont, 2003.

**Les sites des associations**

www.greenpeace.org/france/
www.planetecologie.org
http://terresacree.org/reseau.htm
www.earthday.net/Footprint/index.asp (calculez votre empreinte écologique)
www.decroissance.info
www.terra-economica.info
http://www.nologo.org/
http://www.attac.org/
www.ethique-sur-etiquette.org
www.passerelleco.info
http://www.artisansdumonde.org/

**Les sites de médecines alternatives**

www.naturamedic.com
www.medecines-douces.com/impatient/ (site d'Alternatives Santé).

www.sram.org/ (site de *The Scientific Review of Alternative Medecine*)
www.naturosante.com
www.zetetique.ldh.org/
http://www.creatifsculturels.fr/
www.grainesdechangement.com (voir notamment le « Journal d'une jeune maman », par Élisabeth Laville :
http://grainesdechangement.net/docs/Journal_jeune_maman.pdf
www.yvesmichel.org/ editions/etes-vous-creatif-culturel (quiz)

**Contraception au naturel**
http://billings.free.fr/
http://www.lllfrance.org/allaitement-information/aa/60-fertilite.htm

**Consommer équitable**
http://alliancepec.free.fr/Webamap/ (site des AMAP)
www.reseaucocagne.asso.fr
www.commercequitable.org/

**Tourisme équitable**
www.unat.asso.fr/f/ts/
http://www.uniterre.com/

**Épargne solidaire**
www.finansol.org
www.cigales.asso.fr/

**Systèmes d'échanges locaux**
http://www.selidaire.org/spip/

# Conclusion
# Le maternage : plus qu'une pratique, un état d'esprit

## Le maternage, et après ?

Tenter de conclure sur le maternage, c'est d'abord s'interroger sur ses résultats, à moyen et à long terme. Laissons parler les mamans... et les enfants ! « Le maternage apprend aux enfants à être écolos et un peu roots [sauvages] ! » témoigne Gaëlle, journaliste au magazine *Grandir autrement* et maman de quatre enfants âgés de 10 à 2 ans. « Disons qu'ils se mettent pieds nus un peu partout, ils adorent la nature et les petites bêtes, montent aux arbres, se déguisent avec des feuillages, et cueillent des fleurs tous les jours, jouent avec trois fois rien dehors. Rien d'extraordinaire, mais c'est vrai que par rapport aux enfants moyens alentour et toutes proportions gardées, ils sont plus nature et moins civilisés, moins impliqués dans tout ce que propose la consommation (jouets, télé, etc.). » Sylvie, maman de deux enfants de 6 et 11 ans, estime pour sa part : « Ils grandissent et je ne vois que des avantages au maternage : ils ont vraiment confiance en eux et expriment plus facilement leurs opinions que les enfants de leur âge. » « Mes gosses sont beaux, n'ont aucun problème de santé. Et sur le plan psychologique, le maternage leur a donné une sécurité, une autonomie plus forte que chez la moyenne des enfants », confirme Emmanuelle Sallustro.

Et cette satisfaction semble perdurer largement au-delà de l'enfance. Chez Anne-Lyse, 39 ans, maman de quatre filles, dont une de 16 ans et une de 14 ans, ni crise d'adolescence... ni cordon vraiment coupé. « Avec mes deux aînées, j'ai pratiqué co-dodo et allaitement, de manière totalement instinctive : personne ne parlait de ces pratiques au début des années 1990 ! raconte-t-elle. J'ai aussi énormément pratiqué le portage à bras. Surtout, j'ai privilégié, autant que j'ai pu, la compréhension et le dialogue. Je pense que j'ai été et que je suis toujours beaucoup plus à l'écoute de mes enfants que mes amies. Que de fois n'ai-je entendu : "Mais tu laisses faire ça ?" Par exemple, si, petites, dans le bac à sable, elles ne voulaient pas prêter leur pelle et leur râteau, je ne les forçais pas, mais j'en prenais en supplément pour les donner aux petits copains ! Elles n'ont pas le droit de tout faire, mais elles ont leur mot à dire sur certaines choses. Aujourd'hui encore, j'essaie de m'intéresser à leurs centres d'intérêt : rock, mangas... Je suis toujours là pour elles si elles ont besoin de parler. Ma fille aînée est encore venue l'autre jour discuter des piercings dans la cuisine avec moi, il était deux heures du matin... Et, pour le moment, ce choix a tout de la relation "gagnant-gagnant". Je n'ai encore été confrontée à aucune crise d'adolescence. C'est sûr, elles râlent de temps en temps, mais c'est tout. Je trouve qu'elles sont beaucoup plus complices avec moi que leurs copines avec leur mère. Leurs copains, je les trouve sans repères, un peu vides. Elles, ce sont des ados bien dans leurs baskets. Soit on a beaucoup de chance, soit on y est pour quelque chose. C'est difficile de faire la part des choses... »

Anne-Lyse admet néanmoins que certains des comportements de ses ados sont un peu « décalés » par rapport à ceux des gens de leur âge. « Celle de 14 ans adore que je vienne la chercher à l'école et que je lui apporte son goûter, comme quand elle était petite. Elle est très câline, elle aime se faire pouponner. Quant à mon aînée, elle se verrait bien rester toute sa vie à la maison, on dirait ! Moi, à 16 ans, je n'avais qu'une envie : partir de chez mes parents ! » Pas non plus de crise d'ado chez l'aîné de la nichée d'Ingrid Van den Peereboom, maman de sept enfants nés entre 1991 et 2005. « Je sais qu'on me fait confiance, explique le jeune garçon. Je me mets moi-même des limites. Il faut dire que notre père discute énormément avec nous. »

Pour les penseurs du maternage et de l'« éducation consciente », cette sérénité n'a rien d'étonnant. « Cela fait une vingtaine d'années que je développe le concept d'*aware parenting* (« parents conscients ») à travers le monde occidental, note Aletha Solter. Nous commençons donc à avoir du recul sur les effets de ce mode de fonctionnement en famille. » Et la psychologue suisse-américaine poursuit en assurant : « Les enfants élevés selon ces principes sont très épanouis, non violents. Ils n'ont pas non plus de dépendance aux drogues. Ils n'ont pas tendance à être déprimés, ils savent aimer et se faire aimer. Comme ils ont su exprimer, dans l'enfance, leurs émotions pénibles, appris à gérer et à surmonter leurs traumatismes, ils deviennent des adultes sans bagage émotionnel excessif. »

Il y a une dizaine d'années, dans son livre *Vivre avec un bébé aux besoins intenses*, le docteur Sears, « père » du maternage, énonçait déjà les certitudes suivantes : « Le bon preneur devient bon donneur plus tard. L'enfant partagera plus facilement, il se souciera également davantage des besoins et des droits des autres enfants qui l'entourent. Ses parents ont atteint un équilibre sain quant au don de soi, c'est-à-dire qu'ils ne cèdent pas trop facilement mais ils ne sont pas trop rigides non plus. Cette attitude est à l'opposé de celle des enfants soi-disant gâtés, qui sont fréquemment le résultat de soins inappropriés, soit en trop ou en insuffisance. » Plus loin que le partage, le maternage devrait, selon lui, mener l'enfant à un profond état d'apaisement, propre à durer toute une vie : « Un sentiment de bien-être intérieur envahit l'enfant et devient pour lui une seconde nature. L'enfant rayonne une forme de paix ; il est fait pour vivre dans le monde qui est le sien, et ce monde est fait pour lui. »

Ces théories sont néanmoins battues en brèche par plusieurs auteurs, à commencer par le célèbre pédiatre et psychanalyste Winnicott. Selon lui, sorti des fameux « cent jours » de « préoccupation maternelle primaire », la mère ne doit certainement pas être parfaite, mais juste être « suffisamment bonne » et « banalement dévouée ». Telle est la condition pour que l'enfant puisse exprimer toute l'agressivité dont il est naturellement porteur et se heurter à la frustration, qui seule lui permettra d'aller de l'avant et de partir à la conquête du monde.

On a aussi reproché au maternage de ne guère se fonder sur des bases scientifiques prouvant de manière irréfutable que cette approche éducative est, en quelque manière que ce soit, supérieure sur le long terme au courant dominant d'éducation moderne. Il est vrai que les avantages de l'*attachment parenting* apparaissent le plus souvent heureux à partir des études prouvant la nocivité de traitements agressifs ou violents sur un enfant. Mais nous avons vu dans ces pages que, depuis une dizaine d'années, les travaux faisant état de relations directement positives entre certaines pratiques du maternage et l'évolution de l'enfant se multipliaient aux quatre coins du monde (la France étant, en la matière, remarquablement absente de ces études).

## Le maternage, chance ou danger pour l'équilibre familial ?

Outre ses répercussions potentiellement discutables sur la psychologie de l'enfant, cette question de l'investissement maternel exacerbé induite par le maternage (allaitement, *co-sleeping*, portage ou encore instruction en famille) a entraîné de vives critiques, notamment d'auteurs américains. Certains ont reproché au maternage d'être exténuant pour les parents et difficile à mener sans un réseau serré d'amis ou de famille. Ce à quoi ses partisans répliquent que leur effort de parentage est un investissement sur le futur, au vu de la simplification ultérieure de l'éducation permise par le renforcement de la relation parents-enfants...

Certains défenseurs de la condition des femmes ne sont pas tendres non plus avec le maternage. L'écrivain américaine Judith Warner [1] a ainsi stigmatisé une « culture de maternage total », qui aurait conduit à une « ère de l'anxiété » chez les mères de la société américaine moderne. Et pour la sociologue Sharon Hays [2], l'« idéologie du maternage intensif » impose des obligations irréalistes et entretient une double rupture pour les femmes qui travaillent. En France, il est probable que l'instauration du congé parental d'éducation a été un formidable outil de développement du maternage proximal, difficilement compatible, dans les premières années de l'enfant (voire beaucoup plus tard, en cas de choix de l'instruction en famille), avec un travail rémunéré à l'extérieur. Dans nombre de pays (à commencer par les États-Unis) les femmes n'ont pas cette chance et doivent choisir entre materner et travailler.

La critique la plus courante faite au maternage est néanmoins l'enfermement, plus ou moins important, dans lequel serait placé le couple mère-enfant, tant à l'égard du père que de la société tout entière (le point le plus extrême étant celui de la déscolarisation). « Ce qui est redoutable dans ce phénomène de maternage, c'est que l'enfant est tellement soumis à sa mère que si jamais celle-ci se montre doctrinaire ou l'isole trop, il sera en danger », estime ainsi l'historienne Yvonne Knibiehler, qui appelle de ses vœux la fondation d'associations féministes pour accompagner et encadrer ce mode d'éducation. Pour elle, il faudrait aussi motiver davantage les pères, encore trop peu impliqués. Mais pour l'historienne, loin d'être sec-

---

1. WARNER, Judith, *Perfect Madness : Motherhood in the Age of Anxiety* (La folie parfaite : la maternité à l'ère de l'angoisse), Riverhead Books, 2006.
2. HAYS, Sharon, *The Cultural Contradictions of Motherhood* (Les contradictions culturelles de la maternité), Yale University Press, 1998.

taire, cette alliance d'un nouveau genre entre maternité et modernité est plutôt séduisante. « Il y aurait sectarisme si ces parents se coupaient totalement de la société, estime-t-elle. Mais ils se proposent un idéal et essaient de s'en approcher. L'utopie est utile, car elle aide à penser l'avenir. »

## Le maternage, système ouvert ou fermé ?

La devise « Avant j'avais des principes, maintenant j'ai un enfant… » prend en effet un sens tout particulier dans les familles maternantes. Écoutons Salwa, 22 ans, maman d'un petit garçon né en 2006 : « Je pense qu'on en est toutes là… Maternantes, chacune à sa manière… Imparfaites, cela va de soi. Et heureusement ! À vrai dire, c'est mon fils qui m'a imposé le maternage, plutôt qu'un précepte que j'aurais suivi… Avant d'être enceinte, je tenais le discours “une fessée de temps en temps, ça ne fait pas de mal”. Je n'étais pas choquée d'entendre des bébés pleurer des heures au moment de la sieste et leur maman faire la sourde oreille. J'étais pour l'allaitement, mais pas spécialement long… Quant au co-dodo, je ne me posais pas la question, car pour moi il était évident qu'un bébé devait avoir sa propre chambre dès le plus jeune âge. Et puis, j'ai accouché. Et c'est sûr que tout change alors… Bien sûr, on lui avait préparé sa chambre. Mais, bien sûr aussi, c'était plus pratique qu'il dorme avec moi, dans son landau, et bien souvent, on dormait ensemble, l'un à côté de l'autre. Je n'ai jamais eu peur de l'étouffer, ni rien. Aujourd'hui, je l'allaite toujours… Et j'espère que ça va durer encore au moins un an ! Pour les fessées, c'est non, non et re-non… Mais je n'en suis encore qu'au début de mon cheminement… »

Salwa met là le doigt sur un point fondamental : l'éducation respectueuse est un idéal vers lequel les parents « maternants » cherchent à tendre. Aucun ne prétend l'avoir atteint, être devenu un parent parfait, irréprochable. Le maternage s'apparente ainsi à une quête plus qu'à une doctrine, à un état d'esprit plus qu'à une série de pratiques mises bout à bout. Au-delà des recettes-miracles d'éducation (s'il en existait, cela se saurait), c'est avant tout un respect mutuel. « Il n'y a pas de “panoplie de la mère écolo”, souligne Catherine Dumonteil-Kremer. L'essentiel du maternage de proximité, c'est d'être connecté à son enfant, d'être proche de lui, de savoir quels sont ses besoins et d'y répondre. » « Pris sur un plan strictement psychologique, le phénomène de la régression, dont on a parfois taxé une fusion jugée excessive entre la mère et son enfant, n'est pas toujours une mauvaise chose, ajoute Yvonne Knibiehler. Les enfants nous obligent à réfléchir, à remettre en cause en permanence ce qui nous a été enseigné. Et c'est comme cela que nous grandissons avec eux. »

De fait, il y a autant de maternages différents que de mamans et d'enfants : une méthode qui convient avec tel enfant peut se révéler parfaitement inadaptée à son frère ou à sa sœur. « Ma définition du maternage : réfléchir sans cesse à sa façon d'élever ses enfants, et non reproduire mécaniquement des schémas traditionnels, sans esprit critique, témoigne une maman. Pour moi, le maternage, ce n'est rien d'autre qu'une façon de vivre vraiment avec ses enfants, de les regarder évoluer, de les comprendre, de les connaître, de les respecter. »

Cette conception « ouverte » du maternage va souvent de pair avec une compréhension et une indulgence envers d'autres pratiques éducatives. « Je ne me considère pas comme une meilleure mère que mes copines qui n'élèvent pas du tout comme moi leurs bébés (biberons, lingettes, petits pots, etc.), déclare Lola, 32 ans. Je suis juste une maman qui aime sa fille et fait ce qu'elle pense être le mieux pour elle. Comme des millions de mamans qui ne sont pas toutes dans le trip maternage. » « On a tous envie d'être les meilleurs parents possible, et même quand on fait des erreurs, c'est la plupart du temps par amour », admet Françoise. Toutes avouent avoir craqué ou oublié leurs principes à un moment où à un autre. Mais le propre du parent maternant, c'est de savoir se remettre sans cesse en question et de garder en ligne de mire cette devise : « Traite ton enfant comme, en tant qu'adulte, tu aimerais être traité. » Ingrid Van den Peereboom résume ce pragmatisme en ces termes : « En Belgique, on a beaucoup moins de débats abstraits sur ces questions-là qu'en France. On veut simplement que nos enfants se sentent bien dans leur peau. Pour ma part, j'ai souhaité leur donner confiance en eux, avec pour seule ambition qu'ils ne sortent pas de chez moi en ayant besoin d'aller dix ans chez un thérapeute ! »

Les parents maternants demeurent certes toujours une minorité ; ils pourraient néanmoins être beaucoup plus nombreux qu'on le pense. Combien de mamans pratiquent l'« éducation consciente » sans le savoir ? « J'ai discuté l'autre jour avec une amie que j'avais perdue de vue depuis longtemps, raconte une maman. Elle était toute surprise de me voir porter ma fille en écharpe, elle n'avait jamais entendu parler de ça. Les couches lavables, elle a carrément cru que c'était une blague. Son fils de quatre ans a porté des chaussures rigides à 3 mois. Elle ne comprend pas qu'on puisse dormir avec son enfant, ni l'allaiter plus de quelques mois. Bref, elle était à mille lieues de ce maternage dont on parle ici. Je lui ai demandé s'il lui arrivait de craquer et de donner une fessée ou autre. Elle m'a regardée avec des yeux ronds. Elle n'a jamais eu l'idée de frapper son fils, pas plus que de l'humilier, de lui dire des mots violents. N'ayant jamais reçu de fessées elle-même, ce n'est tout simplement pas dans ses habitudes. »

Le maternage est avant tout l'art d'être maman, tout simplement...

## Le maternage, avenir de l'humanité ?

Nous l'avons vu à plusieurs reprises dans ces pages : de nombreux théoriciens du maternage (Willi Maurer, Jean Liedloff et Olivier Maurel, pour ne citer qu'eux) estiment que la plupart des comportements humains agressifs ou désespérés, et indirectement la violence globale qui sévit sur la planète, sont imputables à un manque de maternage dans l'enfance. De là à dire que les enfants maternés ont une chance de sauver l'humanité, il n'y a qu'un pas, que certains, comme Aletha Solter, n'hésitent pas à franchir : « La paix dans le monde commence par l'instauration de la paix au sein de la famille. Dans cette "discipline démocratique" fondée sur le respect mutuel, personne ne gagne les conflits... et tout le monde les gagne. Ce sont ces enfants-là qui sauront résoudre les conflits par la non-violence, qui vont peut-être pouvoir changer le monde », assure-t-elle. L'obstétricien Michel Odent partage cet espoir et écrit dans son livre *L'Amour scientifié* : « La solution à tous les problèmes urgents auxquels l'humanité doit faire face exige d'abord le développement des différents aspects de la capacité d'aimer. » Renouveau de l'acte de naissance, harmonie familiale et prise de conscience de la vulnérabilité de la Terre entraîneront, selon lui, la mutation de l'*Homo superpredator* que nous sommes actuellement en *Homo ecologicus.*

En tant qu'historienne, Yvonne Knibiehler est plus mesurée ; elle approuve néanmoins l'idée selon laquelle une révolution silencieuse est peut-être en train de se produire. « Nous sommes dans une phase de profonde mutation culturelle, qui se traduit par le brassage de toutes sortes de pratiques, car nous n'avons pas encore trouvé de repères sûrs, analyse-t-elle. L'Histoire est faite de mouvements de balancier. Le progrès technique et scientifique est monté très haut au siècle dernier et nous en avons souffert. Écologistes et maternants font aujourd'hui remonter le balancier très haut de l'autre côté. Le refus de la violence mondiale amène à une prohibition de celle-ci que l'on voudrait absolue en ses murs. En même temps, comme on se sent trahis par le développement de la médecine scientifique, on va chercher ailleurs des solutions parfois improbables. Il faut laisser le temps à ces familles de mesurer les excès de la liberté. Le balancier redescendra forcément, jusqu'à atteindre un phénomène d'équilibre, de classicisme culturel. Je ne crois pas, toutefois, à un retour en arrière : Internet, notamment, rend cette évolution irréversible. Même si on rétablit l'autorité dans les foyers, ce ne sera plus la même qu'avant. Ce sera une autorité expliquée, commentée. Et la médecine ne sera plus jamais consommée aussi aveuglément que par le passé. Tout cela va dans le bon sens : dans celui d'une reprise en main, en douceur, par ces parents, de leur destin et de celui de leurs enfants. »

Au sortir de ce livre, nous espérons vous avoir ouvert une fenêtre sur des pratiques que vous avez peut-être pu estimer surprenantes, incongrues, voire, parfois, choquantes. Mais peut-être, en explorant de plus près la planète maternage, avez-vous eu, comme les parents « nature » l'ont perçue avant vous, la révélation d'une autre manière de vivre la relation avec son corps, avec ses enfants et avec la drôle d'orange bleue qui nous porte. Peut-être vous découvrirez-vous une âme de parent à la fois « extra-terrestre » et plus que jamais « terrien » ? Peut-être à votre tour choisirez-vous, à votre rythme, de faire vôtres certains des principes du maternage. Pour que la perspective d'ouvrir, puis de léguer un monde meilleur à vos enfants ne relève plus de la simple science-fiction.

# Table des matières

## Introduction

## CHAPITRE 1
## DONNER NAISSANCE PLUS NATURELLEMENT

## CHAPITRE 2
## NOURRIR SON BÉBÉ À LA SOURCE

## CHAPITRE 3

### GARDER SON ENFANT CONTRE SOI JOUR ET NUIT

## CHAPITRE 4
## ÉDUQUER SANS VIOLENCE ET DANS LE RESPECT DE L'ENFANT

## CHAPITRE 6
## CONSOMMER ET VIVRE DE FAÇON PLUS NATURELLE ET ÉQUITABLE

## CONCLUSION
## LE MATERNAGE : PLUS QU'UNE PRATIQUE, UN ÉTAT D'ESPRIT

# Remerciements

Merci du fond du cœur à toutes les mamans et aux quelques papas maternants qui ont accepté de répondre à mes questions parfois indiscrètes. Merci à tous les acteurs et penseurs du maternage et de l'éducation nature qui ont apporté leur contribution à cet ouvrage.

Remerciements tout particuliers à Claude-Suzanne Didierjean-Jouveau, Claudia Renau, Delphine Gazzabin, Blandine Poitel et Catherine Chaumont, qui ont été des interlocutrices aussi fidèles qu'indispensables dans cette enquête. Merci, enfin et surtout, à Axel, Morgane et Cassiopée, qui chaque jour m'enseignent qu'être mère, c'est ne jamais cesser d'apprendre.

Pour l'éditeur, le principe est d'utiliser des papiers composés de fibres naturelles, renouvelables, recyclables et fabriquées à partir de bois issus de forêts qui adoptent un système d'aménagement durable.

En outre, l'éditeur attend de ses fournisseurs de papier qu'ils s'inscrivent dans une démarche de certification environnementale reconnue.

Photocomposition Nord Compo.

Imprimé en Espagne par Liberduplex

Pour le compte des Éditions Marabout.
Dépôt légal : Janvier 2008
ISBN : 978-2-501-05620-5
40.8155.0
Édition 01